O QUE ESTÃO FALANDO SOBRE

MARKETING CONVERSACIONAL

> " David Cancel é a pessoa que melhor entende as necessidades dos profissionais de marketing e de vendas da atualidade. Isso foi algo que vi em primeira mão e continuei acompanhando enquanto David construía a Drift. *Marketing Conversacional* é o resultado de anos de pesquisa e experimentação. É o modelo comprovado para o hipercrescimento que todos os times de marketing e vendas deveriam seguir."
>
> **MIKE VOLPE,**
> CEO da Lola.com e ex-CMO da HubSpot

> " Em *Marketing Conversacional*, David Cancel fornece um guia passo a passo para você adaptar o seu negócio à forma como as pessoas preferem comprar hoje em dia, sob demanda e em tempo real. É leitura obrigatória para todas as empresas de *software-as-a-service* (SaaS) e *business-to-business* (B2B), bem como para qualquer um que queira permanecer na vanguarda do marketing e das vendas e estar inserido no cenário de negócios atual."
>
> **HITEN SHAH,**
> Cofundador da Crazy Egg, da KISSmetrics e da FYI

" Alguns meses depois de adotarmos uma estratégia de marketing e vendas conversacional na Ipswitch, as conversas em tempo real se tornaram nossa principal fonte de *leads* qualificados, correspondendo a US$ 2,6 milhões em negócios no funil de vendas. Para equipes de marketing e vendas em busca de um caminho mais rápido para a receita, este é o manual mais atual a seguir."

JEANNE HOPKINS,
CMO da Ipswitch

" Ao longo da última década, vi um grande número de empresas com dificuldade em entregar o tipo de experiência que os compradores de hoje passaram a esperar. Com *Marketing Conversacional*, David Cancel reescreve o manual tradicional e reimagina a forma como as empresas compram de outras empresas. O futuro do marketing e das vendas será tornar os clientes incrivelmente bem-sucedidos, e este livro fornece as orientações táticas que as empresas precisam para fazer isso acontecer."

PAT GRADY,
Sócio da Sequoia Capital

" Neste exato instante, o marketing conversacional parece o início do que o *inbound* marketing fez em 2005. As empresas que o dominarem antes da concorrência irão liderar o relacionamento com o cliente em seu mercado na próxima década. O livro de David deveria ser leitura obrigatória para qualquer profissional de marketing e vendas de hoje."

MARK ROBERGE,
Palestrante Sênior na Harvard Business School,
ex-SVP de Vendas e Atendimento na HubSpot

MARKETING CONVERSACIONAL

Copyright © 2019 Drift.com, Inc. Todos os direitos reservados.
Copyright desta edição © Autêntica Business 2023

Título original: *Conversational Marketing: How the World's Fastest Growing Companies Use Chatbots to Generate Leads 24/7/365 (and How You Can Too)*

Todos os direitos reservados pela Autêntica Editora Ltda.
Nenhuma parte desta publicação poderá ser reproduzida,
seja por meios mecânicos, eletrônicos, seja via cópia xerográfica,
sem autorização prévia da Editora.

EDITOR
Marcelo Amaral de Moraes

TRADUÇÃO
Maíra Meyer Bregalda

PREPARAÇÃO DE TEXTO
Marcelo Barbão

CAPA
Diogo Droschi

REVISÃO TÉCNICA
Marcelo Amaral de Moraes

PROJETO GRÁFICO E DIAGRAMAÇÃO
Christiane S. Costa

REVISÃO
Felipe Magalhães

**Dados Internacionais de Catalogação na Publicação (CIP)
(Câmara Brasileira do Livro, SP, Brasil)**

Cancel, David
  Marketing conversacional : como gerar mais *leads* e convertê-los em clientes fiéis por meio de conversas relevantes e engajadoras / David Cancel, Dave Gerhardt ; tradução Maíra Meyer Bregalda -- 1. ed. -- São Paulo : Autêntica Business, 2023.

  Título original: Conversational Marketing: How the World's Fastest Growing Companies Use Chatbots to Generate Leads 24/7/365 (and How You Can Too)
  ISBN 978-65-5928-320-0

  1. Marketing 2. Marketing conversacional 3. Vendas 4. Venda conversacional 5. Mídias sociais 6. Mensageria I. Gerhardt, Dave. II. Título.

23-165425   CDD-658.8

Índices para catálogo sistemático:
1. Marketing : Administração estratégica : Administração de empresas 658.802

Aline Graziele Benitez - Bibliotecária - CRB-1/3129

A **AUTÊNTICA BUSINESS** É UMA EDITORA DO **GRUPO AUTÊNTICA**

São Paulo
Av. Paulista, 2.073 . Conjunto Nacional
Horsa I . Sala 309 . Bela vista
01311-940 . São Paulo . SP
Tel.: (55 11) 3034 4468

Belo Horizonte
Rua Carlos Turner, 420
Silveira . 31140-520
Belo Horizonte . MG
Tel.: (55 31) 3465-4500

www.grupoautentica.com.br
SAC: atendimentoleitor@grupoautentica.com.br

DAVID CANCEL | DAVE GERHARDT

MARKETING CONVERSACIONAL

Como gerar mais *leads* e convertê-los em **clientes fiéis** por meio de **conversas relevantes** e **engajadoras**

TRADUÇÃO:
Maíra Meyer Bregalda

SUMÁRIO

Introdução:
A mudança de oferta para demanda . 12

13 Hoje, são os clientes que têm todo o poder

16 Vencedores e perdedores: por que as empresas precisam se adaptar

17 Amazon *versus* Borders

18 Netflix *versus* Blockbuster

19 Uber e Lyft *versus* táxis

21 Por que escrevi este livro (e por que agora)

PARTE UM
O surgimento do marketing e das vendas conversacionais · 25

CAPÍTULO 1
O seu site está perdendo receita (e como consertar isso) . 26

27 58% dos sites B2B são "lojas vazias"… O seu é um deles?

29 90% das empresas B2B não respondem aos *leads* com rapidez suficiente… E você?

31 81% dos compradores de tecnologia não preenchem formulários… Você ainda os usa?

33 Usando conversas em tempo real para alcançar o hipercrescimento

36 A metodologia de marketing e vendas conversacionais

CAPÍTULO 2
O crescimento da mensageria . 40

42 As três ondas da mensageria
    (e como a terceira onda mudou tudo)

47 Por que 90% dos consumidores globais querem
    usar a mensageria para falar com as empresas

51 Usando a mensageria para capturar e qualificar *leads* em um único passo

53 Mas... como tornar esse processo escalável?

CAPÍTULO 3
A ascensão dos *chatbots* . 56

58 *Chatbots*: eles são nosso apoio

59 Uma breve história dos *chatbots*

63 *Chatbots* e humanos: encontrando o equilíbrio perfeito

66 Como os *chatbots* proporcionam uma experiência
    de compra melhor

70 Como um único profissional do marketing pode agendar
    reuniões para dezenas de vendedores usando *chatbots*

CAPÍTULO 4
Substituindo os formulários de captura de *leads* por conversas . 74

76 Os problemas dos formulários de captura de *leads*

80 Como começou o movimento #NoForms

85 Repensando o nosso conteúdo e as estratégias
    de geração de *leads*

87 Substituindo os *Marketing-Qualified Leads* (MQLs)
    pelos *Conversation-Qualified Leads* (CQLs)

CAPÍTULO 5
Acabando com a rixa entre marketing e vendas . 90

91 Um sistema falho: a batalha permanente pelos *leads*

94 Otimizando a passagem de bastão do marketing para vendas
    com o uso de inteligência artificial

96 Será o fim dos *Business Development Reps* (BDRS)?

99 Compartilhando a métrica mais importante: a receita

PARTE DOIS

Começando a usar o marketing conversacional · 103

CAPÍTULO 6
Primeiro passo: coloque mensageria em tempo real no seu site e comece a capturar mais *leads*. 104

- 106 Substitua seus formulários ou acrescente uma "segunda opção" (não se preocupe, leva cinco minutos)
- 111 Coloque uma mensagem de boas-vindas
- 113 Defina expectativas com horas *online* e *offline*
- 115 Mostre a cara
- 117 Crie caixas de entrada separadas para vendas, suporte, *customer success* etc.
- 118 Saiba o que fazer (e use ferramentas que possam ajudar)
- 120 Capture *leads* (sem usar formulários de captura de *leads*)

CAPÍTULO 7
Segundo passo: mude a sua estratégia de e-mail marketing para "em tempo real". 122

- 124 O e-mail não está morto (você só o está usando de forma errada)
- 125 Os problemas com o e-mail marketing tradicional
- 128 Alguns pequenos ajustes para levar a sua estratégia de e-mail marketing para o mundo do tempo real
- 132 Por que as respostas são a métrica mais importante de e-mail marketing

CAPÍTULO 8
Terceiro passo: domine a arte (e a ciência) da qualificação de *leads* por meio de conversas. 136

- 138 Então, é… o que eu devo dizer?
- 139 As melhores perguntas para fazer a quem visita seu site
- 142 Use dados para ter conversas melhores
- 145 Pontue os *leads* com quem você conversa (e envie os melhores para o pessoal de vendas)

CAPÍTULO 9
Quarto passo: elimine o ruído e foque os seus *leads*. 150

152 Por onde começar: focando as páginas de alto interesse do seu site
152 Segmentando os visitantes com base em seu comportamento no site
154 Segmentando os visitantes com base nos sites dos quais eles vêm
156 Segmentando os visitantes com base nas empresas para as quais eles trabalham
160 Outras opções de segmentação para aumentar as taxas de conversão

CAPÍTULO 10
Quinto passo: desenvolva um *chatbot* de qualificação de *leads* (sem escrever nem uma linha de código). 164

166 Criando perguntas e respostas para o seu *bot*
175 Decidindo sobre *call-to-action* (CTA)
177 Cinco dicas para tornar as suas conversas por *chatbot* mais engajadoras

PARTE TRÊS
Convertendo *leads* de marketing conversacional em vendas · 181

CAPÍTULO 11
Como colocar seu funil de vendas no piloto automático. 182

184 Criando regras de distribuição de *leads* para que eles sempre estejam conectados com o profissional de vendas certo
185 Use *chatbots* para agendar reuniões de vendas 24/7
186 Transforme o botão "Fale conosco" do seu site em uma conversa em tempo real
188 Faça com que os profissionais de vendas criem cartões de visita digitais
189 Receba notificações em tempo real quando os *leads* estiverem *online*
192 Dê adeus à inserção manual de dados

CAPÍTULO 12
Como os times de vendas podem criar uma experiência de compra melhor por meio de conversas em tempo real. 194

196 Peça licença antes de começar a fazer perguntas
198 Deixe a personalidade dos seus profissionais de vendas aparecer

199 Use frases empáticas para demonstrar que você está escutando

203 Mostre o valor da sua solução

205 Use uma chamada de vídeo para personalizar a pergunta final

CAPÍTULO 13
Como enviar sequências de e-mails de vendas que realmente engajem os compradores . 208

210 Foi-se o tempo do "disparar e rezar"

215 Usando a inteligência artificial para descadastrar pessoas que não estão interessadas

217 Customizando os seus e-mails de venda com links de calendário

219 Criando mensagens de boas-vindas personalizadas para as pessoas que abrem os seus e-mails

CAPÍTULO 14
Account-based Marketing (ABM) e *Account-based Selling* (ABS) conversacionais . 224

226 O que é *Account-based Marketing* (ABM)? (E por que você deveria se importar com isso?)

227 Como uma abordagem em tempo real pode resolver o maior problema do ABM

228 Estendendo o tapete vermelho para seus *prospects* ABM

233 Minerando novos *prospects* ABM no seu site

PARTE QUATRO
Depois da venda · 239

CAPÍTULO 15
Continuando a conversa . 240

241 Criando uma experiência de marca incrível

244 Ficando perto de seus clientes (por meio do feedback contínuo)

249 O que fazer com o feedback do cliente assim que você o recebe

CAPÍTULO 16
Uma abordagem conversacional para o *customer success* . 254

256 Reformulando a abordagem tradicional para o *onboarding*

259 Criando uma via de acesso rápido para os seus CSMs (*Customer Success Managers*)

260 Usando as conversas em tempo real na luta contra o *churn* (evasão de clientes)

264 Fazendo *upselling* por meio de conversas 101 (*one-to-one*)

CAPÍTULO 17
Mensurando o marketing conversacional e a performance de vendas . 268

270 Reuniões de venda agendadas

271 Oportunidades de negócio criadas

272 Impacto no funil de vendas

273 Fechamentos/Ganhos

273 Métricas conversacionais

278 Métricas de performance para os times

280 Consideração final

Sobre os autores . 282

Índice remissivo . 284

INTRODUÇÃO

A MUDANÇA DE OFERTA PARA DEMANDA

Pense na forma como você compra produtos e serviços hoje em dia e compare como fazia há 10 ou 20 anos. Quer você esteja adquirindo um livro (como este aqui), alugando um filme ou procurando um transporte para o aeroporto, a experiência de compra passou por uma completa transformação.

Hoje, em vez de ser obrigado a comprar na hora e local apropriados para *a empresa*, você pode comprar praticamente qualquer coisa do conforto da sua casa ou do escritório, ou de quase todos os lugares (desde que tenha uma conexão de internet). E o melhor de tudo é que você pode comprar em tempo real ou quando for mais conveniente para *você*, o cliente.

HOJE, SÃO OS CLIENTES QUE TÊM TODO O PODER

Quer rever seu filme favorito? Poucos anos atrás, isso significava ser obrigado a ir até uma locadora de vídeo e esperar na fila para poder alugar um DVD ou uma fita VHS. Hoje, com alguns cliques, você pode assistir a todos os seus filmes e programas de TV favoritos sob demanda – sem enfrentar filas.

Quer ir ao aeroporto? Há poucos anos, isso era sinônimo de ir até um ponto de táxi ou ficar na calçada tentando acenar para um (não é tão fácil quanto parece), ou ligar para uma companhia de táxis na véspera, ficar na espera telefônica, precisar ligar de novo na manhã seguinte e, mesmo assim, ainda não ter certeza se alguém iria aparecer. Hoje em dia, você pode agendar uma corrida pelo celular clicando um botão e o transporte chega até você em questão de minutos. (E é possível acompanhar o deslocamento do motorista em um mapa dentro do app, para saber exatamente quando ele vai chegar.)

Neste mundo em tempo real e sob demanda em que vivemos, no qual o acesso a uma oferta infindável de produtos e serviços está a poucos cliques de distância, os profissionais de marketing e de vendas que competem por nossas empresas precisam se conformar com uma nova e fundamental verdade: o equilíbrio de poder mudou.

Hoje, quem tem poder é o cliente. E as empresas que terminarão vencendo neste novo mundo não serão as donas da oferta, mas sim as que tiverem o controle da demanda. A seguir apresento as três principais razões que levaram a essa mudança colossal.

1. Informações sobre produtos agora são gratuitas

Terminou a época em que as empresas conseguiam guardar a sete chaves todas as informações sobre seus produtos e serviços e mantê-las longe de seus potenciais clientes. Hoje, graças a motores de busca, sites de avaliações e recomendações em mídias sociais, os clientes não dependem mais de profissionais do marketing ou de vendas para obter informações e, assim, tomar decisões fundamentadas de compra.

Em vez de simplesmente acreditar na palavra de uma empresa de que o produto ou serviço dela vale o preço cobrado, ou poderá resolver um problema específico, os compradores de hoje podem consultar uma grande quantidade de recursos e opiniões para ter um panorama mais completo do que esperar da compra. E, é claro, os compradores de hoje não estão apenas pesquisando e avaliando os potenciais benefícios dos produtos em si; também estão avaliando as próprias empresas e o nível do serviço que elas oferecem, o que me leva ao fator número dois:

2. Os clientes querem interações em tempo real

O segundo motivo pelo qual os clientes têm todo o poder hoje em dia: o padrão agora são as interações em tempo real. Atualmente, bilhões de pessoas no mundo usam mensagens em tempo real para sua comunicação diária. Estamos cada vez mais batendo papo com amigos e familiares em apps como o WhatsApp, e no trabalho conversamos com nossos colegas por meio de ferramentas colaborativas movidas a mensageria como o Slack.

A consequência dessa mudança na maneira como nos comunicamos, aliada ao fato de que agora podemos comprar tantos produtos e serviços sob demanda com apenas alguns cliques, é que nossas expectativas como clientes evoluíram. Ficamos condicionados a esperar respostas em tempo real quando fazemos perguntas e a esperar soluções instantâneas quando temos problemas.

3. A oferta se tornou infinita

Independentemente do produto ou do serviço que esteja procurando, hoje, em geral, existem algumas opções que você pode escolher como comprador. E, em muitos casos, há dezenas de concorrentes brigando pelo seu dinheiro. (Basta ir a um supermercado e contar quantas marcas diferentes de batatas chips você vê nas prateleiras.) Como clientes, isso quer dizer que temos mais opções e podemos ser mais seletivos. Como profissionais de marketing e de venda, significa que não podemos mais esperar que nossas empresas vençam em determinada categoria apenas fazendo nosso produto "aparecer" – mesmo que ele seja muito bom. **Não basta dominar a oferta**.

Considere a empresa de lâminas de barbear Gillette, que dominou o setor de barbeadores por mais de um século. A Gillette teve sucesso por possuir a segurança de ter a patente do design de seu barbeador, ter criado os centros de distribuição para levar seus barbeadores aos varejistas e garantir o relacionamento com esses varejistas. Trocando em miúdos, a Gillette dominava a oferta. E durante décadas, se você quisesse comprar uma lâmina de barbear, não tinha escolha a não ser ir a uma loja física, como a CVS ou a Walgreens, onde inevitavelmente encontraria barbeadores da Gillette à venda nas prateleiras.

Então, em 2011, a Dollar Shave Club entrou em cena e mudou completamente o modelo de ofertas dominado pela Gillette. Em vez de entrar em confronto com ela e competir por espaço nas prateleiras, o método adotado por concorrentes como a Schick e a BIC, a Dollar Shave Club contornou os varejistas e começou a vender seus barbeadores diretamente para os consumidores. Para gerar burburinho sobre o novo serviço, ela elaborou campanhas de marketing memoráveis, destacando como os barbeadores nas lojas eram caros, como era difícil lembrar de comprá-los, e como todas as novas características que as empresas de lâminas de barbear focadas na oferta estavam acrescentando a seus produtos (como cabos que vibravam) não tinham nenhum valor. Em seguida, a Dollar Shave Club apresentou seu serviço de assinaturas, que oferecia, como solução, lâminas premium (mas sem frescuras) por um preço mais baixo. **Em vez de se concentrar em dominar a oferta, eles focaram em dominar a demanda.**

Em 2016, após anos de aumento contínuo de receita, a Dollar Shave Club foi comprada pela Unilever por US$ 1 bilhão. Mais ou menos na mesma época, de 2011 a 2016, o *market share* (fatia de mercado) norte-americano da Gillette caiu de 71% para 59%.

VENCEDORES E PERDEDORES: POR QUE AS EMPRESAS PRECISAM SE ADAPTAR

Durante anos, as empresas foram bem-sucedidas criando produtos maravilhosos e construindo marcas que nos encantavam. Mas, em um mundo onde a oferta não tem fim, um produto maravilhoso e uma marca encantadora não são mais suficientes. Para ganhar vantagem sobre a concorrência, é preciso também oferecer um serviço incrível. Estes são os três mecanismos de defesa que você precisa construir em torno do seu negócio: produto, marca *e* serviço.

Os clientes de hoje não se importam apenas com *o que* estão comprando (produto) e de *quem* estão comprando (marca), mas também *como* conseguem comprar (serviço). Eles se importam com o processo de compra em si. E se esse processo demora muito ou parece complicado demais, ou não atende às expectativas, é provável que esses potenciais clientes levem seu dinheiro para a concorrência.

No fim, a Gillette conseguiu reconhecer que precisava se adaptar a essa mudança fundamental na maneira como as pessoas preferem comprar. Em 2017, ela lançou seu próprio serviço de barbeadores direto ao consumidor, com o nome apropriado de Gillette On Demand.

E ainda que a empresa tenha conseguido (ao menos por enquanto) vencer a tempestade provocada pela Dollar Shave Club e outros serviços de assinatura de barbeadores, nem todas as empresas focadas na oferta tiveram tanta sorte.

AMAZON *VERSUS* BORDERS

Quando a Amazon começou a vender livros *online* em 1995, o setor era dominado por "mega-stores" físicas. A Borders em particular gerava em torno de US$ 1,6 bilhão em vendas anuais. Numa época em que havia uma preocupação cada vez maior de que as redes de mega-stores como a Borders acabariam com livrarias menores locais, a Amazon apareceu e puxou o tapete de todo o setor. Em 2006, a Amazon ultrapassou a Borders em rendimento anual (veja a Figura I.1), e, em 2011, a antiga gigante do varejo de livros estava fora do mercado.

É claro que a queda da Borders não pode ser atribuída somente ao crescimento da Amazon, mas isso teve um papel crucial, sem dúvida. A Amazon reinventou a forma como as pessoas compram livros, e o lançamento de seu *e-reader* Kindle, em 2007, também reinventou a maneira como as pessoas leem. Antes da Amazon, quem comprava livros não tinha escolha a não ser ir a alguma livraria, onde era possível encontrar milhares de livros de capa mole e capa dura alinhados nas prateleiras. Depois da Amazon, os compradores podem procurar milhões de títulos *online*, e, em vez de encher as estantes de casa com cópias físicas de livros, podem receber cópias digitais enviadas instantaneamente para seus *e-readers*.

Ainda que a Borders tenha tentado se adaptar a esse novo paradigma, nunca o adotou totalmente. Por exemplo, em 2001, em vez de lançar uma livraria *online* própria, a Borders optou por terceirizar suas vendas *online* para a Amazon, acordo que durou até 2007. E quando a Borders lançou uma loja de *e-books* em 2010 para competir com a Kindle Store da Amazon, já era tarde demais. Hoje em dia, a Borders não existe mais, enquanto a Amazon (que atualmente vende muito mais que somente livros) está avaliada em mais de US$ 800 bilhões.

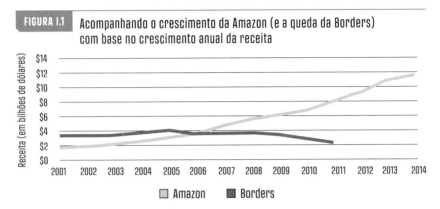

Fonte: Relatórios anuais da Amazon e Borders (www.sec.gov).

NETFLIX *VERSUS* BLOCKBUSTER

Quando a Netflix foi criada, em 1997, com seu aluguel de filmes por serviço de correio, a Blockbuster era a rainha incontestável do setor de locação de vídeos. Entre 1985 e 1992, a Blockbuster passou de um único local em Dallas para mais de 2.800 lojas pelo mundo. Em 1994, foi adquirida pela Viacom e o valor estimado da empresa era de US$ 8,4 bilhões. Naquela época, ninguém poderia prever que, em 2010, a Blockbuster iria à falência... ou que, em 2011, a Netflix teria uma receita anual maior do que a da ex-rainha incontestável do setor de locação de filmes (veja a Figura I.2).

Mais uma vez, estamos analisando o caso de uma empresa que não foi capaz de se adaptar ao novo paradigma. À medida que mais clientes começavam a usar a pesquisa *online* para encontrar os filmes que queriam, primeiro alugando por serviços de correio e, depois, por *streaming* sob demanda, a Blockbuster ficou presa ao modelo que já conhecia. Em vez de evoluir o serviço fornecido e alinhá-lo aos desejos dos clientes, ela se contentou em manter as conquistas que sua conhecida marca tinha conseguido. E se apoiou no fato de dominar a oferta. Quando a Blockbuster percebeu como as expectativas do cliente estavam mudando, lançou seu próprio serviço ao estilo Netflix em 2004 e eliminou as multas por atraso (algo que os clientes odiavam), mas já era tarde demais. A Netflix já tinha roubado a demanda.

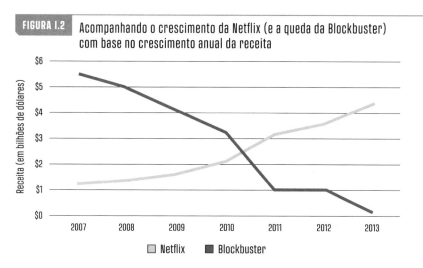

FIGURA I.2 Acompanhando o crescimento da Netflix (e a queda da Blockbuster) com base no crescimento anual da receita

Fonte: www.chiefinnovator.com.

O que torna essa história excepcionalmente dolorosa é o fato de que, no início, a Blockbuster teve a chance de investir no seu futuro, mas a deixou escapar. Em 2000, o CEO da Netflix, Reed Hastings, entrou em contato com a Blockbuster e propôs um acordo de fusão. Hastings queria que a Blockbuster comprasse a Netflix por US$ 50 milhões, e, como parte do acordo, a equipe da Netflix gerenciaria a marca *online* da Blockbuster. Como você já sabe, esse acordo nunca aconteceu – a Blockbuster recusou a oferta de Hastings. Hoje, a Netflix vale mais de US$ 150 bilhões.

UBER E LYFT *VERSUS* TÁXIS

Por mais de um século, táxis foram o meio de transporte preferido para as pessoas que estavam tentando ir do ponto A ao ponto B sem se preocupar com estacionamento ou com os horários do transporte público. E eram pintados de amarelo (no caso de Nova York) – tradição que começou em 1908 – para atrair a atenção de potenciais passageiros. Porém, desde o início de 2010, quando a Uber e a Lyft lançaram seus serviços de compartilhamento de viagens, as empresas de táxi tradicionais estão sob ataque (veja a Figura I.3). Em 2017, a Uber ultrapassou os táxis amarelos da cidade de Nova York (táxis são licenciados pela Taxi and Limousine Commission da cidade) em viagens por dia, e a diferença continuou a aumentar. A Lyft também vem abocanhando uma fatia de mercado dos táxis amarelos.

Embora, historicamente, os táxis tivessem o controle sobre a oferta das corridas, a Uber e a Lyft conseguiram gerar mais demanda por meio de apps fáceis de usar que facilitaram o agendamento e o pagamento das viagens. Imediatamente os clientes perceberam o valor disso: chega de passar dificuldades para chamar um táxi, chega de contar dinheiro ou penar com máquinas de cartão de crédito não confiáveis. É só fazer um upload de informações sobre pagamento no app uma vez e você já está pronto para solicitar corridas sob demanda.

Em 2013, o custo de uma licença de táxi na cidade de Nova York chegou a valer US$ 1,3 milhão. Em 2017, despencou para US$ 241 mil – um quinto do que valia apenas alguns anos antes. A Uber e a Lyft (como a Netflix e a Amazon antes delas) viraram o setor de pernas para o ar e fizeram isso apelando para as preferências e expectativas de seus clientes, criando uma experiência superior de uso. Agora, as duas empresas são avaliadas em cifras multibilionárias.

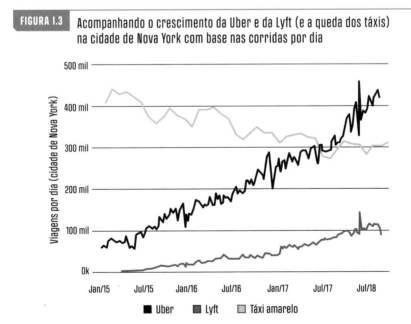

FIGURA I.3 Acompanhando o crescimento da Uber e da Lyft (e a queda dos táxis) na cidade de Nova York com base nas corridas por dia

Fonte: Taxi and Limousine Commission da cidade de Nova York.

POR QUE ESCREVI ESTE LIVRO (E POR QUE AGORA)

Nas duas últimas décadas, desenvolvi softwares para equipes de marketing e vendas, primeiro na Compete, depois na Lookery, na Performable e na HubSpot – e agora na Drift. Tive milhares de conversas com profissionais de marketing e de vendas do mundo todo. Fui aos escritórios deles, estudei seus hábitos e descobri quais eram suas dores. Durante esse período, observei como o equilíbrio de poder mudou da oferta para a demanda, e da empresa para o cliente. Observei empresas como Amazon, Netflix e Uber descobrirem como proporcionar experiências de compra em tempo real e sob demanda que os clientes de hoje passaram a desejar. E finalmente, há alguns anos, entendi:

> A maneira como estamos fazendo marketing e vendas já era. Ela foi criada para um mundo que não existe mais.

Uma visita a praticamente todos os sites *business-to-business* (B2B) ou *software as a service* (SaaS) revelará a verdade: empresas do mundo todo estão ignorando descaradamente seus potenciais clientes. Em vez de proporcionar uma experiência de compra em tempo real sob demanda para as pessoas que entram nos sites e demonstram interesse pelos produtos e serviços, nós as obrigamos a preencher formulários de captura de *leads* e a esperar e-mails ou ligações de *follow-up*. Em vez de deixarmos nossos clientes comprarem quando é conveniente *para eles*, puxamos toda a brasa para a *nossa* sardinha. E ficamos tão obcecados com dados e análises, com preenchimento de tabelas e em rastrear cada detalhe que nos esquecemos *das pessoas* que estamos servindo.

A boa notícia? A solução é simples. Na verdade, ela está nos encarando há séculos. Como profissionais de marketing e de vendas, precisamos voltar ao básico. Precisamos voltar à essência do que sempre foi o processo de compras: **uma conversa entre comprador e vendedor**.

Você tem em suas mãos o manual para aproveitar o poder das conversas em tempo real para sua empresa: *Marketing Conversacional*. Quem é novato no mundo do marketing e vendas encontrará uma explicação passo a passo de como começar a capturar, qualificar e se conectar com *leads* em seu site por meio de conversas em tempo real. Leitores mais experientes entenderão mais a fundo como as pessoas preferem comprar em tempo real e sob demanda no mundo atual, além de descobrir novas estratégias e táticas que estão faltando nos manuais tradicionais de marketing e vendas.

Atualmente, mais de 100 mil empresas estão adotando a metodologia do marketing e das vendas conversacionais, e estão se adaptando à mudança da oferta para a demanda. Mas isso ainda é só o começo. Estou feliz por você estar aqui e fazer parte desse processo.

David Cancel (@dcancel)

Como profissionais de marketing e de vendas, precisamos **voltar ao básico**. Precisamos voltar **à essência** do que sempre foi o processo de compras: **uma conversa entre comprador e vendedor**.

PARTE UM

O SURGIMENTO DO MARKETING E DAS VENDAS CONVERSACIONAIS

CAPÍTULO 1

O SEU SITE ESTÁ PERDENDO RECEITA (E COMO CONSERTAR ISSO)

Imagine ver a propaganda de uma loja recém-inaugurada em seu bairro, mas, quando você entra na loja, não tem ninguém atendendo. Na verdade, não há nenhum funcionário. Nenhum vendedor andando para pedir informações. Nenhum atendente atrás dos balcões. E o que torna a situação ainda mais intrigante é que todas as prateleiras da loja estão vazias. Não há nenhum produto real para você testar ou experimentar, apenas fotos e descrições.

À primeira vista, isso parece uma loja – uma loja que você acabou de ver em uma propaganda há poucos minutos, imagine isso – que não permite que você compre nada.

Mas então você vê algo: lá no fundo, há uma mesa antiga e empoeirada, e nessa mesa há uma caneta e uma prancheta. "Pronto para comprar?", pergunta o formulário que está na prancheta. "É só preencher isto e mais tarde entraremos em contato com você."

"Mas e se eu quiser comprar agora?", você pergunta em voz alta, para ninguém.

58% DOS SITES B2B SÃO "LOJAS VAZIAS"... O SEU É UM DELES?

O cenário anterior parece ridículo porque *é* totalmente ridículo. Nenhuma loja física pagaria por anúncios e geraria burburinho para terminar ignorando potenciais clientes quando eles aparecessem. Infelizmente, é exatamente isso que a maioria das empresas *business-to-business* (B2B) e *software-as-a-service* (SaaS) fazem com os próprios sites. De acordo com a eMarketer, em 2018 empresas B2B gastaram

US$ 4,6 bilhões em anúncios que atraíram pessoas a seus sites. No entanto, a maior parte dessas companhias trata seus sites como "lojas vazias".

Em vez de cumprimentar os visitantes quando eles aparecem em nossos sites, preferimos ignorá-los. Em vez de oferecer aos visitantes assistência em tempo real (pois eles já estão bem ali e claramente interessados), nós os obrigamos a preencher formulários e esperar. O pior de tudo, mesmo quando as pessoas *se dão ao trabalho* de preencher formulários, é que nada garante que receberão uma resposta. Em um estudo que fizemos na Drift, no qual analisamos sites de 512 empresas B2B, descobrimos que 58% delas nunca entravam em contato com os visitantes de seus sites que preenchiam formulários e tentavam falar com a equipe de vendas.

Por ficarmos presos ao velho manual de marketing e vendas (veja a Figura 1.1), estamos forçando potenciais clientes a um processo de compras extremamente complexo. Esse processo não reconhece a mudança fundamental que está acontecendo na maneira como as pessoas preferem comprar.

FIGURA 1.1 O antigo *playbook* (manual) para converter visitantes de sites em clientes

Hoje em dia, metade de todos os clientes B2B espera que o site de uma empresa seja útil, enquanto mais de um terço dos clientes espera que o site da companhia seja o canal *mais* útil durante o processo de compras, conforme pesquisa da empresa de consultoria BCG. Então, por que muitos de nós ainda estamos tratando nossos sites como lojas vazias? Procedendo dessa forma, estamos perdendo potenciais clientes (e potenciais receitas).

◢ A solução: Acrescentar mensageria em tempo real a seu site

Ao acrescentar uma ferramenta de mensagens ou de "*chat* ao vivo" a seu site, você pode cumprimentar em tempo real quem visita seu site assim que elas entrarem. Você pode avisá-las, logo de cara, que seu site não é outra loja vazia.

Definir uma mensagem simples de boas-vindas que avise as pessoas de que você está disponível para responder às perguntas delas é um ótimo ponto de partida. E o melhor de tudo é que isso não exige muito trabalho. (Já vi equipes colocando a mão na massa e em menos de cinco minutos já estavam conversando com clientes.)

Além de ajudar a oferecer uma melhor experiência de compra em seu site, para capturar esses *leads* que estão escapando, as mensagens também proporcionam outra imensa vantagem para o marketing e as equipes: elas permitem que você capture, qualifique e se conecte *mais rapidamente* aos *leads*. Entenda por que isso é tão importante hoje em dia...

90% DAS EMPRESAS B2B NÃO RESPONDEM AOS *LEADS* COM RAPIDEZ SUFICIENTE... E VOCÊ?

Em um mundo de ofertas infinitas, no qual os clientes esperam respostas em tempo real, as empresas não podem mais se dar ao luxo de deixar as pessoas esperando. Elas não podem mais controlar *quando* uma venda acontece. Em vez disso, equipes de marketing e vendas precisam estar prontas para ajudar a qualquer momento, assim que alguém fizer uma pergunta. Caso contrário, essa pessoa pode acabar nos braços da concorrência.

FIGURA 1.2 Resultados do Relatório de Respostas de *Leads* da Drift, de 2018

Fonte: Relatório de Respostas de *Leads* da Drift.

Um estudo da InsideSales.com, publicado na *Harvard Business Review*, revelou que esperar cinco minutos para responder a um novo *lead* resultava em uma probabilidade dez vezes menor de conseguir se conectar e fazer o acompanhamento desse *lead*. Após dez minutos, há uma queda de 400% na probabilidade de qualificar o *lead*. Em outras palavras, quanto mais você esperar para responder depois que alguém entra em contato, é menor a probabilidade de conseguir convertê-lo. E, para obter melhores resultados, as empresas devem ficar abaixo da marca de cinco minutos.

Infelizmente, no mesmo estudo da Drift em que analisamos as 512 empresas B2B, descobrimos que 90% delas não conseguiram responder às perguntas sobre vendas dentro dessa marca ideal de cinco minutos (veja a Figura 1.2).

Isso não é muito surpreendente quando se leva em conta que apenas 15% das empresas que analisamos estavam usando a mensageria em tempo real em seus sites. Porém, mesmo que você use mensageria em tempo real, nada garante que conseguirá responder a *todos* os *leads* em cinco minutos. Afinal, o dia só tem 24 horas, e há poucos funcionários para responder às pessoas. Então, o que fazer?

▲ A solução: usar inteligência artificial para oferecer serviço 24/7 (ininterrupto)

Nos últimos anos, houve muita discussão sobre a inteligência artificial (IA) e os *chatbots*. Em um extremo, estão as pessoas preocupadas com o fato de que a IA irá dominar o mundo – que, mais cedo ou mais tarde, máquinas inteligentes substituirão seres humanos em praticamente toda área e todo setor. No outro extremo, estão as pessoas que acham que máquinas inteligentes são curiosidades inúteis, e que o mais provável é que elas distraiam e confundam potenciais clientes em vez de ajudá-los.

A verdade, é claro, está em algum ponto no meio. Na Drift, nossa filosofia tem sido usar a IA – especificamente, *chatbots* inteligentes – somente para tarefas maçantes e repetitivas onde a IA se encaixa muito bem. A ideia não é substituir profissionais de marketing e vendas humanos, mas complementar seus esforços. E quando se trata de responder a novos *leads* o mais rápido possível, sem interrupções, não há como negar a eficácia dos *chatbots* inteligentes.

Sem precisar escrever nem uma só linha de código, hoje em dia profissionais de marketing e de vendas podem acrescentar *chatbots* em seus sites que são capazes de responder a perguntas comuns, transferir visitantes às pessoas e aos departamentos corretos, fazer perguntas qualificadas e agendar reuniões para os vendedores. Automatizando essas tarefas, os *chatbots* permitem que profissionais de marketing e de vendas se concentrem mais nas tarefas que exigem contato humano, como responder a questões complexas sobre produtos e construir laços com novos *leads*. Portanto, mesmo que você terceirize parte do trabalho para os *chatbots*, o resultado é uma experiência de compra mais humana.

81% DOS COMPRADORES DE TECNOLOGIA NÃO PREENCHEM FORMULÁRIOS... VOCÊ AINDA OS USA?

Um dos principais motivos pelo qual a experiência atual de compras B2B se tornou complexa demais e desnecessariamente lenta é nossa insistência em formulários de captura de *leads*. Pegue qualquer livro sobre marketing e vendas B2B (exceto este) e é bem provável que haverá uma seção sobre elaborar e otimizar formulários de captura de *leads* e as *landing pages* em que eles aparecem. Na verdade, formulários se tornaram uma parte tão arraigada nos manuais tradicionais de marketing e vendas que pode ser difícil para as equipes sequer imaginar como é possível gerar e qualificar *leads* sem eles. (Sei disso em primeira mão porque vi meus próprios times de marketing e vendas passarem por essa situação.)

Durante anos, formulários foram os mecanismos que potencializaram a geração e os esforços de qualificação de *leads*. Mas hoje a realidade é que esses formulários não são mais tão eficazes como foram no passado. De acordo com uma pesquisa conduzida pelo LinkedIn, 81% dos compradores de tecnologia não preenchem formulários quando encontram conteúdo fechado – essas pessoas preferem procurar essa informação em outro lugar em vez de enfrentar o incômodo de preencher formulários. Com isso em mente, provavelmente não surpreende tanto saber que a taxa média de conversão para *landing pages* atualmente é de apenas 2,35%, de acordo com a Search Engine Land.

O problema por trás disso: mesmo que formulários de *leads* sejam uma maneira simples e escalável para as *empresas* capturarem e qualificarem *leads*, eles ignoram totalmente as preferências e as expectativas do *cliente*. Ao forçarmos que compradores compartilhem informações pessoais em troca de conteúdo e/ou acesso ao tempo de um vendedor, estamos agindo como se eles não tivessem outros recursos ou empresas aos quais recorrer (o que, obviamente, não é o caso). E ao forçar compradores a esperar por *follow-up*, presumindo que vamos ter tempo para isso, ignoramos o fato de que os compradores de hoje passaram a esperar respostas em tempo real e sob demanda quando se relacionam com as empresas.

Atualmente, formulários de *leads* agem como obstáculos no processo de compra, desacelerando os ciclos de vendas e prejudicando a experiência do cliente. Então, por que muitos ainda usam esse método de "formulários e *follow-ups*"? Que alternativa temos?

◢ A solução: substituir formulários por conversas

Usando uma combinação de mensagens em tempo real e *chatbots* em seu site, você pode facilmente substituir formulários de captura de *leads* por conversas. Por exemplo, embora seja uma prática comum acrescentar *calls-to-action* (CTAs) no final de posts de blog que direcionem visitantes a *landing pages*, onde eles podem preencher formulários para baixar conteúdo "premium" (como *e-books* ou artigos técnicos), hoje em dia você pode criar CTAs que iniciem conversas em tempo real – com pessoas de verdade, se estiverem disponíveis, ou com *chatbots*, que quebram o galho quando não há ninguém por perto.

O melhor de tudo é que, usando conversas em vez de formulários, você não precisa tirar as pessoas dos posts de blog que elas já estão lendo, ou das páginas em que já estão, para que avancem no funil de vendas. Em vez disso, você pode interagir com os visitantes em qualquer página do seu site. Seja um post de blog, sua *homepage*, a página de preços ou a página "entre em contato conosco", tudo o que você precisa fazer é adicionar um link que iniciará uma conversa em tempo real.

A esta altura, alguns de vocês podem estar pensando, "Espere aí... se eu substituir os formulários em meu site por conversas, como vou continuar coletando todas as informações que coletava com os formulários?

Minha empresa precisa dessas informações". A resposta é simples: solicite. A diferença é que, em vez de conhecer mais seus clientes em potencial obrigando-os a preencher formulários de *leads* estáticos e impessoais, você pode saber mais sobre eles com conversas personalizadas.

Ainda que a conversa seja feita por *chatbot*, a experiência está anos-luz à frente do que é possível oferecer com formulários, e você acaba aprendendo mais sobre os potenciais clientes do que da outra forma. Citando o consultor de empresas Brad Power, em um artigo para a *Harvard Business Review*: "Esta é a força de um agente de IA que pode obter informações como uma pessoa, em vez de uma ferramenta de análise que simplesmente encontra padrões nos dados coletados, como uma máquina" (Power, 2017).

FIGURA 1.3 O antigo método de conversão de visitantes a sites em comparação com o novo

Conclusão: substituindo formulários de *leads* por conversas, você está removendo um obstáculo do processo de compras e o substituindo por um caminho rápido para seus melhores *leads* (veja a Figura 1.3)

USANDO CONVERSAS EM TEMPO REAL PARA ALCANÇAR O HIPERCRESCIMENTO

Antes da internet, do telefone e da impressora, empresas no mundo todo comercializavam e vendiam seus produtos por meio de conversas individuais em tempo real. E ainda é assim, atualmente, que muitas lojinhas, propriedades familiares e outros pequenos negócios fazem divulgação e vendem. No entanto, com o tempo, as empresas começam a se distanciar de seus clientes.

Como explicado no livro *The Cluetrain Manifesto*, o crescimento dos meios de difusão e publicidade rompeu essas conexões pessoais e conversas individuais que no passado impulsionaram o marketing e as vendas: "Por milhares de anos, sabíamos exatamente o que eram os mercados: conversas entre pessoas que estavam procurando outras que compartilhavam os mesmos interesses. Compradores tinham tanto a dizer quanto vendedores. Conversavam diretamente uns com os outros sem o filtro da mídia, o artifício das declarações de posicionamento, a arrogância da publicidade ou a matização das relações públicas" (Levine; Locke; Searls; Weinberger, 2000).

O futuro do marketing e das vendas verá empresas voltando a conversar diretamente com seus clientes existentes e potenciais. Como explicou Joseph Jaffe, autor do livro *Join the Conversation*, o objetivo deveria ser com que vendas e marketing se sintam convidados bem-recebidos, não intrusos. Foi por isso que Jaffe escreveu em seu blog: "Há, literalmente, milhões de conversas animadas, equivocadas, humanas, acaloradas, influentes e autênticas acontecendo ao seu redor neste exato instante: será que não é hora de você se juntar a elas?… Com o poder da comunidade, do diálogo e da parceria, o marketing pode ser uma conversa; um convidado bem-recebido nos lares, experiências e vidas de nossos consumidores" (Jaffe, 2010).

Hoje em dia, ninguém pensa no marketing e nas vendas como um "convidado bem-vindo". E isso é o resultado direto da abordagem impessoal que as empresas vêm adotando há tanto tempo – uma abordagem que valoriza mensuração, acompanhamento e preenchimento de formulários em vez de uma experiência incrível de compras. A boa notícia: não há nada que o impeça de falar diretamente com seus clientes existentes e potenciais. E, fazendo isso, você conseguirá recuperar a receita que sua empresa vem perdendo.

▲ Primeiros resultados

Ao remover os obstáculos e entraves do caminho das pessoas que conversam com sua empresa, você facilita suas compras. E isso se traduz em um caminho mais rápido para o aumento da receita.

Na Drift, sentimos em primeira mão esse caminho mais rápido para a receita. Ao abandonar o manual tradicional de marketing e vendas e abraçar o poder das conversas, vimos nossa receita aumentar mais de dez vezes em comparação com o primeiro trimestre de 2017. Agora, a Drift se tornou uma das empresas B2B de crescimento mais rápido de todos os tempos, com o aumento de nossa receita superando o crescimento que as chamadas empresas "unicórnio", como a Salesforce, ServiceNow, Workday e Zendesk, tiveram no mesmo estágio de sua história.

Acrescentamos 15% mais *leads* ao topo de nosso funil de vendas e marketing desde que substituímos os formulários de nossos sites por conversas. E, para esclarecer, os *leads* que geramos por meio das conversas não prejudicaram outras fontes de *leads* (como assinaturas de produtos ou inscrições em webinars). Em vez disso, esses são novos *leads* líquidos – *leads* que, de outra forma, iríamos perder. O melhor de tudo é que não estamos apenas capturando mais *leads* com as conversas, estamos capturando nossos melhores *leads*: hoje, 51% de nossos negócios provêm dos *leads* que captamos por meio das conversas.

Desde que mudamos para o marketing e as vendas conversacionais, também vimos a duração de nosso ciclo de vendas encolher drasticamente. De acordo com um estudo da Implisit, que analisou funis de vendas de centenas de empresas B2B, o tempo médio que leva para um *lead* se converter em uma oportunidade – isto é, alguém que começou a se engajar com um vendedor e manifestou vontade de comprar – é de 84 dias. Enquanto isso, na Drift, leva apenas três dias para os *leads* que captamos pelas conversas agendarem reuniões com nossos vendedores. E não somos os únicos a ver esses tipos de resultados.

Por exemplo, Richard Wood, que gerencia a agência de marketing Six & Flow, em Manchester, Inglaterra. Desde que adotou o marketing e as vendas conversacionais, Wood viu seu ciclo de vendas diminuir 33%. Também podemos citar Andrew Racine, ex-diretor de Geração de Demandas da MongoDB, que aumentou as oportunidades em 170% após acrescentar conversas em tempo real ao seu site.

Para Wood e Racine, usar conversas em tempo real para impulsionar crescimento não exigiu a reformulação total dos sites ou do software de marketing e vendas. Em vez disso, seguindo a metodologia de vendas e marketing conversacional, eles conseguiram adicionar as conversas com facilidade e rapidez ao que já estavam fazendo.

A METODOLOGIA DE MARKETING E VENDAS CONVERSACIONAIS

Marketing e vendas conversacionais é o processo de ter conversas em tempo real, individuais, para capturar, qualificar e se conectar com seus melhores *leads*. Ao contrário do marketing e das vendas tradicionais, ele usa mensagens direcionadas, em tempo real, e *chatbots* inteligentes em vez de formulários de captura de *leads* – dessa forma, os *leads* nunca precisam esperar por *follow-up* e podem se engajar com sua empresa quando for conveniente *para eles* (como quando estão ao vivo em seu site).

Naturalmente, as conversas com potenciais clientes não acontecem somente no seu site, e é por isso que o marketing e as vendas conversacionais são maiores que qualquer canal ou plataforma. Combinando táticas *inbound* e *outbound*, o marketing conversacional consiste em iniciar um diálogo com as pessoas que podem se beneficiar do que você está oferecendo, seja por meio de uma reunião presencial, uma ligação telefônica ou uma troca de e-mails. Independentemente do meio, com o marketing conversacional você não está apenas divulgando suas mensagens ou obrigando pessoas a agir: está respondendo às perguntas delas, ouvindo o feedback, e depois revelando novas maneiras de ajudá-las. Trocando em miúdos, você está tendo conversas de verdade.

◢ Capturar, qualificar, conectar

Tá bom, eu entendo: vendas e marketing conversacionais podem parecer ótimos na teoria, mas, quando se trata de colocá-los na prática, os detalhes podem parecer confusos. É por isso que na Drift desenvolvemos uma metodologia que mostra como usar conversas para transformar visitantes em *leads*, *leads* em oportunidades, e oportunidades em clientes. Chamamos a isso de Capturar, Qualificar, Conectar (veja a Figura 1.4).

FIGURA 1.4 Visão geral da metodologia de vendas e marketing conversacionais

> **Capturar:** Na última década, profissionais do marketing dedicaram muito tempo e energia em SEO e em gerar mais tráfego aos próprios sites… só para obrigar todo mundo a preencher o mesmo velho formulário de captura de *leads*. Com marketing e vendas conversacionais, você substitui os formulários no seu site por conversas. Especificamente, pode usar mensagens em tempo real e/ou *chatbots* inteligentes, sendo que os dois podem ser mostrados a visitantes específicos (ou exibidos em páginas específicas) com base nos critérios que você definir.

Se estiver começando agora, recomendamos permitir que o tráfego atual de seu site determine onde poderá exibir seu *widget* de mensagens ou *chatbot*. Não tem muito tráfego? Coloque-os em todos os lugares, para conseguir iniciar o máximo de conversas possível. Tráfego excessivo? Segmente apenas suas páginas de alta intenção, como a página de preços – dessa forma, você pode filtrar alguns dos visitantes que não têm intenções sérias de comprar. Você pode, inclusive, personalizar suas mensagens com o nome da empresa ou outra informação.

Quando uma conversa é iniciada, qualquer informação de contato que um *lead* inserir (por exemplo, e-mail, número de telefone) pode ser captada automaticamente. Isso vale tanto para um ser humano conversando quanto para um dos *chatbots*. E quando a informação de contato é capturada, a conversa não precisa parar – um *lead* pode continuar por seu funil de vendas à velocidade da luz, já que todas as perguntas podem ser respondidas em tempo real.

> **Qualificar:** Seguindo o manual tradicional de vendas e marketing, empresas obrigariam seus *leads* a esperar dias ou semanas antes de

continuar o processo de compras. Com o marketing e vendas conversacionais, você pode capturar *e* qualificar *leads* em minutos, ou seja, não precisa mais se preocupar com a perda de *leads* em seu site. Além de fazer seu time realizar perguntas de qualificação por meio de mensagens em tempo real, também pode fazer com que os *chatbots* perguntem as mesmas coisas quando a equipe estiver *offline*. Tudo que você precisa fazer é pegar as perguntas que sua equipe já está fazendo e transformá-las em um roteiro para o *chatbot*. Aqui está um modelo popular de roteiro que já vimos empresas usando:

- **Pergunta 1:** O que o trouxe aqui?
- **Pergunta 2:** Quem é você?/Qual empresa você representa?
- **Pergunta 3:** Como pensa usar o nosso produto?
- ***Call-to-action:*** Agendar uma demonstração./Entrar em contato com um ser humano.

É claro, nem todos que passam por esse roteiro de qualificação chegarão a essa última etapa. Você controla quais são os critérios de desqualificação. Dessa forma, quando um *chatbot* recebe uma pergunta desqualificada, você pode fazê-lo dizer algo como, "Lamento, não acreditamos que nosso produto sirva para você neste momento". Os *leads* que se qualificam, por sua vez, podem ser transferidos automaticamente para o vendedor certo (ou para a agenda do vendedor correto).

> **Conectar:** Ao configurar regras de roteamento, você pode garantir que os *leads* em seu site sempre se conectem com os representantes certos com base no território de vendas. E se você tiver vários representantes trabalhando no mesmo território, pode distribuir os *leads* aos representantes em uma base rotativa.

Talvez você precise dar um empurrãozinho em alguns *leads*, no entanto, para que voltem ao seu site. É aí que o e-mail entra em cena. Dessa forma, seus vendedores podem enviar e-mails contendo links para ativar conversas em tempo real. Quando um *lead* clica nesse link, ele ou ela é automaticamente conectado ao vendedor que enviou o e-mail. Mas se esse vendedor não estiver disponível naquele exato momento, não será um grande problema. *Chatbots* sempre estarão à sua disposição e podem entrar e continuar a conversa.

Quando o assunto é agendar uma demonstração ou uma reunião, os *leads* podem verificar horários disponíveis no calendário de um vendedor clicando em um botão e encontrando o horário que seja melhor para eles – e isso tudo acontece dentro da mesma janela de conversa. Em seguida, um *chatbot* pode enviar convites de reuniões para ambas as partes. O resultado é que seus vendedores passam mais tempo se conectando com potenciais clientes individualmente e menos tempo lidando com tarefas maçantes.

A tecnologia que estimula a transformação

Nos últimos anos, vimos mudanças importantes de paradigmas em quase todos os setores, do varejista ao de transportes, passando pelo de lazer. E para onde quer que olhemos, seja Amazon *versus* Borders, Netflix *versus* Blockbuster, ou Uber e Lyft *versus* táxis, as empresas que terminam vencendo são as que se concentram em se aproximar de seus clientes e proporcionar experiências incríveis. Naturalmente, não há como negar que o advento da internet, do streaming e da tecnologia móvel ajudou as empresas a oferecer esse tipo de experiência.

Quando mal manejada, a tecnologia tem o poder de nos afastar. Porém, quando usada com inteligência, ela pode nos aproximar. Quando se trata de vendas e marketing conversacionais, o advento das mensagens em tempo real e *chatbots* inteligentes foi fundamental para a criação dessa nova metodologia – uma metodologia que coloca as necessidades do cliente à frente das necessidades da empresa.

Nos dois capítulos a seguir vamos explorar com mais profundidade essas duas tecnologias, mensagens e *chatbots*, e explicarei como elas devem se encaixar em sua estratégia de marketing e vendas conversacionais.

CAPÍTULO 2

O CRESCIMENTO DA MENSAGERIA

UM CANAL DE GERAÇÃO DE *LEADS* EM TEMPO REAL

Hoje em dia, a maioria das empresas *business-to-business* (B2B) e *software-as-a-service* (SaaS) usa três principais canais de comunicação com clientes já existentes e potenciais:

1. Telefone.
2. E-mail.
3. Mídias sociais.

Durante anos, profissionais do marketing e de vendas usam esses três canais para realizar suas vendas, divulgar promoções e outras mensagens de marketing. De ligações frias a e-mails de *spam*, passando por fluxos sem fim de posts em mídias sociais, as conversas nesses canais, em sua maioria, são unilaterais. (Em outras palavras, não são conversas de verdade.)

Como profissionais do marketing e de vendas, foi fácil nos convencermos de que esses eram os canais que nossos clientes usavam, então eram os necessários para engajá-los. E como o manual tradicional de marketing e vendas favorece a mensuração excessiva e o monitoramento de métricas, como cliques, ligações e aberturas de e-mail, em vez de oferecer uma experiência de compras agradável, justificávamos todas aquelas ligações interruptivas que fazíamos e e-mails chatos de "nutrição" afirmando que precisávamos atingir nossas metas. Na época, valorizávamos o fato de sermos orientados por dados, e não pelos clientes. (Não que aprender com dados coletados não seja importante;

é que aprender direto com os clientes em conversas individuais com eles é *mais* importante.)

Após anos de uso abusivo desses três canais – telefone, e-mail e mídias sociais – e de explorá-los ao máximo, profissionais de marketing e de vendas estão despertando lentamente para uma nova realidade. É uma realidade em que compradores (inclusive eu e você) estão cansados de serem bombardeados com ligações telefônicas, e-mails e/ou mensagens em mídias sociais irrelevantes e chatas, e em que não dependemos mais desses três canais como meios principais de comunicação.

Nessa nova realidade, somente 43% das pessoas atendem ligações de números desconhecidos (de acordo com pesquisa da Thinking Phones); a taxa média de abertura de e-mails de empresas SaaS é de apenas 21% (segundo pesquisa da MailChimp); e, pela primeira vez na história, a quantidade de usuários do Facebook começou a decair, especialmente entre os *millennials*. Somente em 2017, o Facebook perdeu aproximadamente 2,8 milhões de usuários abaixo de 25 anos nos EUA (de acordo com pesquisa da eMarketer), e as previsões para o futuro não são muito melhores.

Hoje em dia, cada vez menos pessoas estão usando telefone, e-mail e mídias sociais para se comunicarem, e cada vez mais – bilhões, na verdade – estão mudando para mensagens em tempo real. Como profissionais de marketing e de vendas, essa é uma mudança fundamental, que não podemos ignorar.

AS TRÊS ONDAS DA MENSAGERIA (E COMO A TERCEIRA ONDA MUDOU TUDO)

Seja um app de mensagens que você usa para conversar com amigos e familiares, ou uma ferramenta colaborativa que utiliza para se comunicar com colegas de trabalho, as mensagens em tempo real se tornaram o novo motor que alimenta os sistemas de comunicação mais populares de hoje. Agora, estamos vivendo no que eu chamo de terceira onda da mensageria e, ao contrário das duas outras ondas que a precederam, esta não tem mostrado sinais de que vai diminuir logo (veja a Figura 2.1).

FIGURA 2.1 A terceira onda da mensageria arrebatou bilhões de usuários

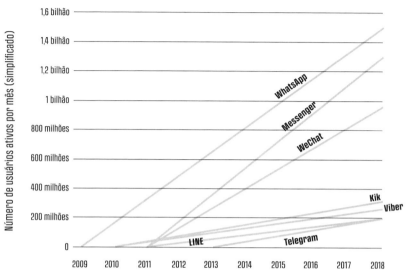

Fonte: www.statista.com.

Nos últimos anos, a adoção e as taxas de uso dos apps de mensagens dispararam. Atualmente, os apps que compõem essa terceira onda da mensageria não têm milhões de usuários, e sim *bilhões* deles. Essa mudança aconteceu tão rápido que muitos profissionais de marketing e vendas sequer notaram. E agora estamos lutando para recuperar o tempo perdido.

Antes de explorarmos a fundo como essa terceira onda de mensageria está nos forçando a repensar estratégias de marketing e vendas, e a reimaginar a maneira como os clientes compram, vamos dar uma breve recapitulada na forma como a tecnologia de mensageria evoluiu nas últimas duas décadas.

A primeira onda de mensageria

Para muitos de nós, ouvir os termos "mensagem" e "mensagem instantânea" faz pensar na era da internet discada, quando era preciso ouvir aquele chiado pavoroso da estática que provinha dos alto-falantes do computador quando tentávamos entrar *online*. Essa foi a primeira onda da mensageria, inaugurada por serviços de mensagens instantâneas, como o ICQ (lançado em 1996), o America *Online* (AOL) Instant Messenger (lançado em 1997), o Yahoo! Messenger (lançado em 1998) e o MSN Messenger (lançado em 1999, repaginado como Windows Live Messenger em 2005, e então descontinuado em 2013 depois da aquisição do Skype pela Microsoft em 2011).

Uma das tecnologias que essa primeira onda de mensageria introduziu foi a lista de cousuários *online* definível pelo usuário, número de patente dos EUA US6750881B1, que talvez seja mais conhecido como a "lista de amigos". A lista de amigos facilitou encontrar e se comunicar com várias pessoas em tempo real. Era uma maneira de aumentar o número de conversas individuais, e atraiu milhões de usuários. Por exemplo, enquanto o Instant Messenger da AOL, também conhecido como AIM, começou com apenas 900 usuários simultâneos na noite em que foi lançado, mais tarde o serviço atrairia até 18 milhões de usuários simultâneos (de acordo com a Mashable).

Em poucos anos, no entanto, essa primeira onda do mensageria começaria a declinar, já que uma nova ferramenta de comunicação entrou em cena: o telefone celular, acessível e comercializado em massa. (Lembra dos celulares da Nokia estilo tijolão? Eles eram campeões de vendas no fim dos anos 1990 e início de 2000.) Com o advento do celular acessível surgiram as mensagens de texto Short Message Service (SMS), uma tecnologia que permitia aos donos de celulares enviar mensagens curtas e em tempo real por meio de redes de celular. De acordo com o Pew Research Center, em 2005 havia nos EUA 36 milhões de usuários de SMS mensalmente ativos.

◢ A segunda onda de mensageria

Quando usávamos serviços de mensagens instantâneas durante a primeira onda, tínhamos que nos sentar diante de um computador para enviar e receber mensagens em tempo real. Com o advento do SMS, conseguimos acessar a mesma funcionalidade de mensagens em tempo real de nossos celulares. Isso foi um divisor de águas, e ajudou a contribuir na dissolução da primeira onda dos softwares de mensagens.

Por vários anos, o SMS reinou como um dos canais mais populares e mais convenientes para comunicação em tempo real. Mas ele tinha seus pontos fracos, sendo o custo o mais significativo. Provedoras de serviços móveis tipicamente cobram uma taxa com base no número de SMS que os usuários enviam e recebem, o que pode gerar contas astronômicas de telefone (e clientes insatisfeitos).

Detectando uma oportunidade de acabar com o SMS oferecendo uma forma mais acessível de comunicação *online* para aparelhos móveis, várias empresas lançaram serviços de mensagens para celular em meados dos anos 2000. Esses serviços, que incluíam o Skype (lançado em 2003), o BlackBerry Messenger (lançado em 2005) e o Google Talk (também lançado em 2005 e conhecido como Google Chat ou Gchat), constituíram uma segunda onda diferenciada de mensageria.

E ainda que essa segunda onda tenha abalado a porta do SMS, por assim dizer, a terceira onda de mensageria está botando abaixo essa porta.

◢ A terceira onda de mensageria

A terceira onda de mensageria, iniciada no fim da década de 2000/início de 2010, faz as duas ondas anteriores parecerem marolas. Nesta terceira onda, estamos vendo o uso de mensagens crescer de centenas de milhões para bilhões de usuários ativos. E, em um exemplo de que a história se repete, a evolução na tecnologia da telefonia é uma das origens dessa mudança na forma como nos comunicamos. Só que, nesse caso, em vez de SMS acabando com softwares de mensageria, que foi o resultado do crescimento de celulares acessíveis, estamos vendo o oposto, resultado do surgimento de smartphones acessíveis.

Nos Estados Unidos, a era do smartphone começou no início de 2007, quando a Apple lançou o primeiro iPhone. Em 2013, mais da metade dos adultos norte-americanos (56%) tinham um smartphone, e em janeiro de 2018 esse número tinha crescido para 77%, de acordo com o Pew Research Center.

Com o surgimento dos smartphones, é claro, vieram os aplicativos para celular. E nos últimos anos os apps de mensagens ficaram entre os

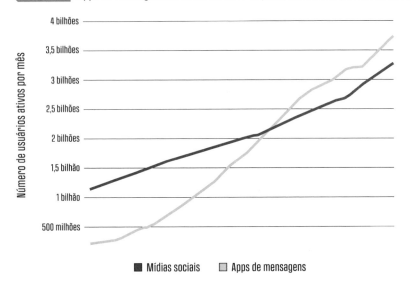

FIGURA 2.2 Apps de mensagens se tornaram mais amplamente usados que mídias sociais

apps para celular baixados com maior frequência. Apps de mensagens também viram taxas de retenção e de uso mais elevadas em comparação com outros tipos, de acordo com pesquisa da BI Intelligence. Segundo essa mesma pesquisa, os quatro apps de mensagens mais populares do mundo (WhatsApp, Facebook Messenger, WeChat e Viber) hoje contam mais usuários ativos que os quatro sites de mídias sociais mais populares (Facebook, Instagram, Twitter e LinkedIn), e tem sido assim desde 2015 (veja a Figura 2.2).

Quando você analisa a quantidade de usuários ativos que apps de mensagens dessa terceira onda estão atraindo (veja a Tabela 2.1), fica imediatamente óbvio que a mensageria não pode mais ser caracterizada como uma moda passageira ou algo minoritário: é uma revolução na comunicação, e está se espalhando pelo mundo. Enquanto isso, depois de atingir o ápice em 2014, o lucro do SMS, bem como seu uso geral, está em declínio constante (conforme dados do Portio Research).

TABELA 2.1 Se o WhatsApp fosse um país, ele seria o mais populoso do mundo

NOME DO APP DE MENSAGENS	N.º DE USUÁRIOS ATIVOS POR MÊS	ANO DE LANÇAMENTO
WhatsApp	1,5 bilhão	2009
Facebook Messenger	1,3 bilhão	2011
WeChat	980 milhões	2011
Kik	300 milhões	2010
Viber	260 milhões	2010
LINE	203 milhões	2011
Telegram	200 milhões	2013

Mas essa mudança não é porque cada vez mais pessoas estão usando mensageria, também é o resultado de que mais pessoas preferem usar a mensageria com frequência cada vez maior em detrimento de outros canais. Para 62% dos usuários de celular entre 30 e 44 anos, a mensagem é hoje sua maneira preferida para se comunicar com outros, de acordo com dados de 2017 da Statista. Os mesmos dados revelam que 61% dos jovens de 18 a 29 anos têm a mesma preferência, escolhendo usar mensagens em vez de chamadas de voz ou de vídeo. Um relatório de 2016 do app Annie, por sua vez, revelou que usuários de celular de 25 a 44 anos passavam quase duas vezes mais tempo usando apps de mensagens em comparação com o e-mail. Usuários de celular de 13 a 24 anos passavam oito vezes mais tempo usando apps de mensagens em comparação com e-mail.

Como profissionais do marketing e vendedores, o grande número de pessoas migrando para os apps de mensagens deveria ser suficiente para chamar nossa atenção. Afinal, para realmente compreender nossos potenciais clientes, precisamos entender como eles preferem se comunicar uns com os outros no dia a dia. Mas a questão é a seguinte: hoje em dia, as pessoas não querem usar só mensagens para conversar entre si. Também querem usá-las para conversar com empresas.

POR QUE 90% DOS CONSUMIDORES GLOBAIS QUEREM USAR A MENSAGERIA PARA FALAR COM AS EMPRESAS

Nos anos 1990, durante a primeira onda da mensageria, as empresas começaram a disponibilizar em seus sites suporte ao cliente com base em mensagens. Conhecidos como "*chat* ao vivo" ou "*chat online*", esses serviços deixavam muito a desejar. Embora na teoria permitissem a comunicação em tempo real entre clientes e empresas, esses serviços de mensagens eram frequentemente lentos e desajeitados, e, em muitos casos, os clientes ainda precisavam fazer uma chamada telefônica (ou enviar um e-mail, ou abrir um chamado) antes de conseguir resolver seus problemas. Além disso, clientes raramente sabiam *com quem* de fato estavam falando ao fazerem contato por *chat* ao vivo. Para clientes, esses representantes ou "agentes de *chat*" eram entidades corporativas anônimas e sem rosto, e a experiência geral proporcionada ao cliente não era exatamente de cair o queixo.

Entretanto, ao longo dos anos, a tecnologia de mensagens foi melhorando. E o surgimento dos celulares tornou a comunicação com empresas por meio de mensagens algo mais desejável entre os compradores de hoje. Um estudo da Bold Software de 2009, por exemplo, revelou que 63% dos compradores virtuais que usaram o *chat* de um site relataram uma probabilidade maior de voltar ao tal site, enquanto 62% relataram maior probabilidade de voltar a comprar desse site. Mais de um terço dos compradores (38%) afirmaram que a própria sessão de *chat* foi o motivo que os levou a fazer a compra. Depois, um estudo de 2010 da Forrester mostrou que 44% dos compradores virtuais acreditam que ter perguntas respondidas por uma pessoa de carne e osso durante uma compra é uma das características mais importantes que um site pode oferecer. Uma das conclusões que a Forrester tirou desse estudo foi que usar mensagens de forma proativa pode ajudar as empresas a atingir múltiplos objetivos de negócios, inclusive aumentar a satisfação do cliente, melhorar taxas de conversão e reduzir a taxa de cancelamento.

Avançando para 2013: a Econsultancy publicou um estudo revelando que 73% das pessoas que usaram um *chat* no site para suporte ao cliente tiveram uma experiência positiva, tornando a mensageria o canal de suporte ao cliente mais popular. Em segundo lugar estava o e-mail, com 61% das pessoas relatando uma experiência positiva, depois, apps (53%), mídias sociais (48%) e telefone (44%). Um ano antes, um estudo publicado pela BoldChat ajuda a explicar por que a mensageria se tornou um canal tão predominante nas comunicações do cliente. O estudo revelou que pessoas que preferem conversar com empresas via mensagens – ou *chat* ao vivo, como elas o chamam – fazem isso por vários motivos, mas o mais comum é a capacidade de ter perguntas respondidas imediatamente (veja a Tabela 2.2). Especificamente, 79% dos entrevistados concordaram que receber respostas em tempo real era uma das características de maior destaque dos *chats* ao vivo. Quarenta e seis por cento dos entrevistados, por sua vez, concordaram que o *chat* ao vivo era o modo de comunicação mais eficiente.

Em 2016, 90% dos consumidores em todo o mundo esperavam conseguir conversar com empresas por meio de mensagens, de acordo com um estudo da Twilio. O mesmo estudo revelou que 66% das pessoas preferiam usar mensagens para conversar com empresas, em detrimento de qualquer outro canal de comunicação. Para um número cada vez maior de clientes, o meio favorito para se comunicarem com empresas são as mensagens. Como profissional de marketing ou de vendas, quando você considera essa evolução na maneira como clientes preferem se comunicar, é inevitável a pergunta: por que estamos usando a mensageria apenas para suporte ao cliente, e não para marketing e vendas também?

TABELA 2.2 Por que as pessoas preferem usar *chat* ao vivo para conversar com as empresas?

MOTIVO PARA PREFERIR O *CHAT* AO VIVO	% DOS ENTREVISTADOS QUE CONCORDARAM
Perguntas respondidas imediatamente	79%
Porque posso fazer outras coisas	51%
É o método de comunicação mais eficiente	46%
Quando usei *chat* ao vivo, percebi como ele funciona bem	38%
Melhores informações do que se enviadas por e-mail	29%
Porque tenho controle sobre a conversa	29%
Não gosto de falar por telefone	22%
Porque posso entrar no *chat* no trabalho	21%
Melhores informações do que se eu telefonasse	15%

◢ O crescimento da mensageria para marketing e vendas

Em 2016, quando lancei a primeira versão da plataforma de marketing e vendas conversacionais na Drift, a maior parte do universo B2B ainda via a mensageria apenas como uma ferramenta de suporte ao cliente. Mas após alguns dias usando as mensagens para engajar visitantes no site da Drift, incluindo potenciais clientes, o valor do uso delas para marketing e vendas ficou evidente.

Ao adicionar mensageria ao seu site, você não está apenas abrindo um novo canal de comunicação, também está abrindo um novo canal de geração de *leads*. E os *leads* gerados com a mensageria não são desviados de outras fontes. Como vimos em primeira mão na Drift, acrescentar mensageria ao seu site traz novos *leads* líquidos (ou seja, se o seu site não tiver um sistema de mensageria, existe uma grande chance de que esteja deixando *leads* escaparem). O melhor de tudo é que a mensageria é um canal de geração de *leads* em tempo real, isto é, equipes de marketing e vendas podem capturar e qualificar *leads* muito rapidamente, e os compradores não precisam mais ficar esperando.

Em vez de alimentar o marketing e as vendas com formulários de *leads* e *follow-up*, agora você pode, graças ao crescimento da mensageria, alimentá-los com conversas em tempo real. E com base em um estudo de 2017 com milhares de sites B2B conduzido pela Drift em parceria com a Clearbit, descobrimos que pessoas do mundo todo estão consultando sites e buscando experiências de compra em tempo real. Especificamente, descobrimos que as pessoas que visitavam sites de empresas, começavam conversas e se convertiam em *leads* vinham de todos os países (de todos os 195). Além de todos os países, todos os setores de negócios também estavam representados (veja a Figura 2.3). Isso ilustra como o recurso de conseguir se comunicar com empresas via mensagens se tornou amplo.

Hoje em dia, tornar a mensageria parte de sua estratégia de marketing e vendas não é só um movimento inteligente, é o único movimento. Isso porque, se você não conseguir adaptar a forma como seus clientes preferem se comunicar, esses clientes inevitavelmente vão trocá-lo por um concorrente que tenha se adaptado.

Lembre-se: vence quem estiver mais próximo do cliente.

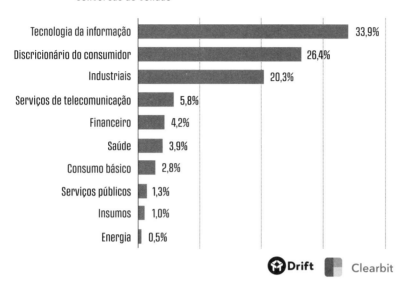

Fonte: *2017 State of Conversational Marketing Report.*

USANDO A MENSAGERIA PARA CAPTURAR E QUALIFICAR *LEADS* EM UM ÚNICO PASSO

Ao seguirmos o velho manual de vendas e marketing, sem querer acabamos nos distanciando de nossos potenciais clientes. E a maior parte da culpa é dos formulários de *leads*, bem como da dependência de canais de comunicação ultrapassados. Quando você obriga alguém a preencher um formulário de *lead*, está, na verdade, colocando uma placa de "pare". (Ou, mais especificamente, uma placa que diz: "Não podemos conversar com você no momento, mas, se nos der um monte de informações, retornaremos depois… presumindo que você seja adequado para nosso produto".)

Em vez de nos engajarmos com esses visitantes do site e descobrirmos na mesma hora se eles são adequados, enquanto estão em nossos sites, ficamos esperando horas, dias ou até semanas para fazer o *follow-up*… isso se chegarmos a fazê-lo. Durante anos, tratamos a captura e a qualificação de *leads* como duas funções distintas. Isso gerava uma experiência ruim para compradores, já que precisam esperar uma resposta antes de comprar, e um ciclo de vendas mais longo para as equipes de marketing e vendas.

A boa notícia: acrescentando mensageria ao seu site, você pode eliminar o intervalo de tempo entre o momento de captura de *leads* e o de qualificação. E isso porque, com a mensageria, você pode capturar *e* qualificar um *lead* durante uma única conversa. Não é preciso mágica ou trabalho minucioso – trata-se apenas de ser útil, fazer as perguntas certas e tratar a pessoa com quem você está conversando como gente de verdade, e não como uma entrada em um sistema de gestão de relacionamento com o cliente (CRM).

◢ A importância de tratar *leads* como pessoas

Quando você usa um formulário de *lead* para saber mais sobre alguém que visita seu site, não está reconhecendo a presença dessa pessoa naquele momento. Efetivamente, você a está ignorando, o que ajuda a explicar por que as taxas de conversão de formulários de captura de *leads* são tão baixas. Cada vez menos pessoas estão dispostas a fornecer informações sobre si mesmas só porque algum formulário de site está pedindo.

Quando você usa mensageria para conhecer alguém que visita seu site, por outro lado, a dinâmica muda completamente. Em vez de mostrar a esse visitante uma placa de pare, com a mensageria você está abrindo um Sem Parar ou outro sistema de pedágio rápido e acenando para o visitante passar. Em vez de coletar informações obrigando esse visitante a preencher um formulário, você está coletando a mesma informação por meio de uma conversa em tempo real. E vai notar que, depois de ter conversado com alguém por alguns minutos, depois de ter ouvido as preocupações dessa pessoa, respondido às suas perguntas e dado orientações, pedir um endereço de e-mail e informações sobre a empresa dela acaba não parecendo grande coisa.

Ao ter uma conversa em tempo real via mensagens, você consegue saber mais sobre potenciais clientes de uma forma mais natural e imediata. Pode descobrir na mesma hora, durante uma única conversa, se alguém será ou não adequado para seu produto ou serviço. E tão logo essa pessoa inserir um endereço de e-mail, será automaticamente salva em seu sistema como um novo contato. Isso acontece no mesmo instante, em uma janela de mensagens, sem que sejam necessários e-mails ou ligações telefônicas.

MAS... COMO TORNAR ESSE PROCESSO ESCALÁVEL?

Uma das resistências mais comuns que ouço quando falo sobre usar mensageria para marketing e vendas é a escalabilidade. Para alguns, a ideia de falar com centenas de milhares de visitantes no site e tentar identificar os que terminariam em uma compra pode parecer impossível (ou, se não impossível, um grande desperdício de recursos). No entanto, quando você começa a usar *pra valer* a mensageria em seu site, algumas coisas imediatamente se esclarecem.

Primeiro, por ser um canal de comunicação em tempo real, a mensageria é inerentemente mais escalável do que ligações telefônicas. Em vez do método "sorrir e discar" para conseguir vendas, que exige pegar uma lista e conversar com uma pessoa de cada vez, com a mensageria você pode conversar com vários *leads* ao mesmo tempo. É por isso que usar mensageria para responder perguntas dos clientes custa, historicamente, metade do valor de se usar um *call center*, conforme uma pesquisa de 2012 da Telus International. Um único profissional de marketing ou vendas usando a mensageria pode fazer o trabalho de quatro, cinco ou seis profissionais usando o telefone.

A segunda coisa que você vai notar ao usar mensageria para se comunicar com visitantes ao site em escala: a facilidade para filtrar as conversas que entram, para que seus vendedores, representantes de desenvolvimento de negócios (BDRs) e/ou representantes de desenvolvimento de vendas (SDRs) não fiquem presos conversando com pessoas que nunca irão comprar. Por exemplo, se você é uma empresa B2B que só vende para companhias sediadas em um país ou região geográfica específicos, é possível definir a mensageria para ser vista somente por pessoas dessas áreas-alvo. Isso também vale se você vende apenas para empresas de um determinado porte: é possível definir condições de segmentação para que somente pessoas desse tipo de empresa vejam um *widget* e/ou recebam mensagens de boas-vindas ao entrarem em seu site. Ao configurar regras de roteamento e criar caixas de entrada separadas para Vendas e Suporte, você também consegue garantir que seus representantes não fiquem ocupados em conversas com clientes existentes respondendo perguntas de suporte. Com a mensageria, é fácil sua equipe de vendas e marketing ficar focada apenas nos visitantes propensos a comprar.

Entretanto, dependendo da quantidade de tráfego que o site de sua empresa está gerando, talvez você precise que funcionários de outras equipes entrem nas conversas. Nos primeiros dias da Drift, quando tínhamos apenas algumas dezenas de funcionários, a empresa inteira era responsável por administrar as conversas que aconteciam em nosso site. Criamos turnos nos dias da semana e dividimos esses turnos entre todos os funcionários. Não importava se você era engenheiro, profissional do marketing, do suporte ou vendedor – pelo menos uma vez por semana, você conversaria com clientes existentes e potenciais individualmente via mensageria. O agendamento desses turnos não somente ajudou a tornar a mensageria mais escalável como também ajudou a aproximar mais os funcionários dos nossos clientes.

Naturalmente, chega um momento em que os funcionários precisam ir para casa dormir e sair de férias, ou seja, administrar um canal em tempo real de geração de *leads* no seu site 24 horas por dia pode se tornar impossível... a não ser que você tenha um *backup*.

No Capítulo 3, analisaremos como *chatbots* estão ajudando as empresas a oferecer marketing e vendas conversacionais em escala, 24 horas por dia, sete dias por semana.

Ao configurar regras de roteamento e criar caixas de entrada separadas para Vendas e Suporte, você também consegue garantir que seus representantes não fiquem ocupados em conversas com clientes existentes respondendo perguntas de suporte. Com a mensageria, é fácil sua equipe de vendas e marketing ficar focada apenas nos **visitantes propensos a comprar**.

CAPÍTULO 3

A ASCENSÃO DOS *CHATBOTS*

RECEPCIONISTAS PESSOAIS
DOS VISITANTES DE NOSSOS SITES

Imagine o seguinte: é domingo, duas horas da manhã, e todos os seus profissionais de marketing e vendedores estão no último sono, sonhando com o cumprimento (e superação) das metas de geração de *leads* e receitas.

Enquanto isso, no meio do país, uma executiva de uma firma que vale um bilhão de dólares está no site de sua empresa. Ela começa pela homepage, mas por fim chega à página de preços de sua companhia, onde passa vários minutos lendo sobre os diferentes planos de produtos que você oferece.

Em seguida, ela sai do site. Não preenche nenhum formulário, não interage com ninguém da equipe e, quando profissionais de marketing e de vendas chegam no escritório na segunda-feira de manhã, não fazem a menor ideia de que uma executiva de uma firma de um bilhão de dólares esteve no site da empresa, muito menos na página de preços.

Agora, imagine este cenário ligeiramente diferente. A situação é a mesma: domingo, duas da manhã, seus profissionais do marketing e vendedores estão na cama, e a mesma executiva volta ao seu site, dando uma olhada na página de preços. Só que, desta vez, antes de sair, ela vê uma mensagem aparecer no canto da tela:

BotEstouAquiParaAjudar: "Olá! Obrigado pela visita. Estou aqui para ajudar. O que o fez vir aqui conferir nosso produto?".

A executiva responde mencionando o problema que ela está tentando resolver.

BotEstouAquiParaAjudar: "Entendi. Podemos ajudar você com isso! Há centenas de empresas usando nosso produto pelo mesmo motivo. Gostaria de marcar uma demonstração (com um ser humano) para saber mais?".

Quando a executiva responde "sim", aparece um calendário na janela da conversa, com todos os horários disponíveis destacados, e ela consegue agendar uma demonstração para o dia seguinte.

BotEstouAquiParaAjudar: "OK, último passo: para qual endereço de e-mail devo enviar o calendário com o convite?".

E exatamente assim você automatizou os processos de captura e qualificação de *leads* com um *chatbot*. Quando seus profissionais de marketing e vendedores entrarem no escritório na segunda-feira de manhã, a demonstração que a executiva agendou estará no calendário de um vendedor. Para esse vendedor, parece mágica – uma demonstração com um *lead* qualificado aparecendo no calendário dele da noite para o dia. E pensar que sua empresa costumava deixar escapar esse tipo de *lead*...

CHATBOTS: ELES SÃO NOSSO APOIO

Idealmente, você sempre poderia ter pessoas de verdade conversando com potenciais clientes em seu site por meio de mensageria. Para a maioria das empresas, no entanto, oferecer cobertura de mensagens 24 horas não é algo viável. E mesmo que interações de *chatbots* com humanos não substituam interações entre humanos, ter *chatbots* preenchendo as lacunas de sua agenda de mensageria sem dúvida é melhor que ignorar seus *leads* durante as horas em que sua equipe estiver *offline*.

Hoje em dia, *chatbots* se tornaram os recepcionistas dos sites das empresas. Em um mundo onde tantas empresas *business-to-business* (B2B) e *software-as-a-service* (SaaS) estão tratando os próprios sites como lojas vazias, o crescimento de *chatbots* significa que agora podemos receber os visitantes de nossos sites e nos engajar com eles em tempo real a qualquer hora do dia ou da noite. Os *chatbots* atuais podem direcionar visitantes aos departamentos certos, fazer perguntas qualificadas (veja a Figura 3.1), ajudar *leads* qualificados a agendar reuniões com vendedores, e – após integração com a base de dados de conhecimento ou ao suporte técnico de sua empresa – podem, inclusive, responder a perguntas básicas sobre seu produto.

FIGURA 3.1 *Chatbots* podem fazer aos visitantes as mesmas perguntas qualificadas que sua equipe de vendas faria

Embora algumas pessoas tenham considerado (e talvez ainda considerem) os *chatbots* irritantes, ineficazes ou mesmo inadequados como canal de comunicação empresarial, as atitudes estão mudando. Um relatório de 2016 da Pingup revelou que quase 50% das pessoas que se engajaram com o *chatbot* de uma empresa relataram ter tido uma experiência positiva. E, ao analisarem os *millennials* em particular, descobriram que 55% relataram uma experiência positiva após se engajarem com um *chatbot* da empresa.

Antes de aprofundarmos como sua equipe de marketing e vendas pode usar *chatbots* para oferecer uma experiência de compras em escala, em tempo real e sob demanda, vamos recapitular rapidamente como a tecnologia dos *chatbots* evoluiu ao longo dos anos e analisar por que as empresas não podem mais se dar ao luxo de ignorá-los.

UMA BREVE HISTÓRIA DOS *CHATBOTS*

Um *chatbot* é um programa de computador projetado para se comunicar da forma como seres humanos preferem se comunicar: conversando. Há décadas, cientistas da computação estão trabalhando no problema do processamento de linguagem natural (NLP), uma forma técnica de dizer que estão tentando ensinar programas de computador a entender e manipular a linguagem humana. Foi assim que os *chatbots* começaram. Especificamente, podemos traçar as origens dos *chatbots* por volta de 1950, ano em que o famoso cientista da computação, matemático e decodificador Alan Turing propôs um experimento agora lendário: o teste de Turing.

▸ O teste de Turing

Em seu inovador artigo de 1950, "Computing Machinery and Intelligence", Turing teorizou que uma máquina verdadeiramente inteligente seria indistinguível de um ser humano durante uma conversa somente textual. Logo, para testar a inteligência de uma máquina, era preciso elaborar um experimento em que um participante trocasse mensagens em tempo real com um participante invisível. Em alguns casos, esse participante invisível seria outro ser humano, em outros, um programa de computador. Se o participante não consegue distinguir o programa de computador do ser humano, esse programa é declarado aprovado no teste de Turing e pode ser considerado inteligente.

Em iterações modernas do experimento, desenvolvedores competem entre si para ver quem constrói o *chatbot* mais convincentemente humano. Passar no teste de Turing requer que seu *chatbot* engane 30% dos juízes. (Curiosidade: durante uma competição de teste de Turing em 2014, um *chatbot* chamado Eugene Goostman conseguiu convencer 33% dos juízes da competição que era um garoto ucraniano de 13 anos.)

As ideias de Turing definiram as bases para descobrir como os *chatbots* poderiam funcionar e para determinar o limite de quando um *chatbot* pode ser considerado inteligente. Mas quando Turing propôs esse teste, não havia *chatbots* ou programas de computador que pudessem realmente fazer o teste. Entretanto, em 1966 as coisas mudaram.

▸ A primeira geração de *chatbots*

Desenvolvido no Instituto de Tecnologia de Massachusetts (MIT) entre 1964 e 1966, ELIZA foi o primeiro *chatbot* do mundo. Programado pelo cientista de computação Joseph Weizenbaum para simular as respostas de um psicoterapeuta, ELIZA podia entabular conversas humanas convincentes, ao menos por períodos curtos. Essas conversas conseguiam ser tão convincentes que a secretária de Weizenbaum pedia para ficar a sós por um tempo com o *chatbot* – não como parte do experimento, mas apenas por gostar de conversar com ele.

Em 1973, ELIZA participou da primeira conversa da história entre dois *chatbots*. O outro *chatbot*, PARRY, foi desenvolvido pelo psiquiatra Kenneth Colby, da Universidade de Stanford. De maneira apropriada (considerando a programação de ELIZA para responder como uma psicoterapeuta), PARRY foi programado para simular uma pessoa com esquizofrenia paranoide.

Ainda que os *chatbots* que fizeram parte da primeira geração nunca tenham conseguido passar no teste de Turing, eles provaram que *chatbots* ainda podiam engajar com êxito pessoas em uma conversa, mesmo que suas respostas nem sempre fizessem sentido.

Chatbots na era da inteligência artificial (IA)

Nos anos 1980, cientistas da computação começaram a usar um novo tipo de tecnologia de IA, conhecido como aprendizado de máquina, para alimentar *chatbots*. Com o aprendizado de máquina, os *chatbots* adquiriram a capacidade de aprender com a experiência – assim como uma pessoa. Quanto mais conversas os *chatbots* têm, melhores eles se tornam em comunicação e em parecer humanos.

Um dos primeiros *chatbots* da história alimentados por aprendizado de máquina foi Jabberwacky, criado pelo programador Rollo Carpenter em 1988. Originalmente projetado para "simular conversas humanas naturais de forma interessante, divertida e bem-humorada", diferentes iterações do Jabberwacky ganharam o prêmio Loebner (uma competição de teste de Turing) em 2005 e em 2006.

Com o surgimento do aprendizado de máquina, começou uma nova onda de *chatbots* inteligentes. Esses *chatbots* eram capazes não somente de manter conversas, mas também de aprender com elas e se aprimorar constantemente.

Chatbots na era da internet

Conforme o acesso à internet se tornava cada vez mais difundido, cresceu o acesso mais amplo aos *chatbots*. Um dos primeiros *chatbots online* com que as pessoas conseguiram se engajar chamava-se A.L.I.C.E. (nome completo: Artificial Linguistic Internet Computer Entity – Entidade Linguística Artificial Computacional de Internet, em tradução livre), criado pelo programador Richard Wallace em 1995. Uma versão virtual do Jabberwacky foi disponibilizada em 1997. Porém, ao contrário do Jabberwacky, A.L.I.C.E. não usava aprendizado de máquina. Em vez disso, dependia somente da correspondência de padrões em um banco de dados estático. Trocando em miúdos, conseguia conversar, mas não aprender a falar melhor – ao menos, não sem ser reprogramado. Mesmo assim, o *chatbot* ganhou o prêmio Loebner em 2000, 2001 e 2004.

A maior lição dessa era de *chatbots*: a internet possibilitou conversas individuais, de ser humano para *chatbot*, em escala. Foi a era em que pessoas do mundo todo se tornaram mais familiarizadas com *chatbots*. Uma delas foi o diretor Spike Jonze, cujas conversas com A.L.I.C.E. ajudaram a inspirar seu filme *Ela*, de 2013, sobre um ser humano que tem longas conversas com um programa de computador – e, por fim, apaixona-se por ele.

▲ *Chatbots* na era da mensageria

Enquanto o crescimento da internet permitiu que os *chatbots* se tornassem mais amplamente disponíveis para o público geral, a ascensão da mensageria permitiu que os *chatbots* se tornassem úteis.

Em 2001, durante a primeira onda da mensageria, um *chatbot* denominado SmarterChild se juntou às listas de amigos de milhões de usuários do AOL Instant Messenger (AIM) e do MSN Messenger. Como seus antecessores, o SmarterChild conseguia, com sucesso, engajar pessoas em conversas. Porém, além de ser fonte de entretenimento, o SmarterChild podia, a pedidos, fornecer informações sobre notícias, esportes ou o clima, e tinha ferramentas e jogos embutidos que os usuários podiam acessar instantaneamente. O SmarterChild era como uma versão de texto da Siri da Apple – só que apareceu cerca de dez anos antes dela.

No seu auge, o SmarterChild recebia centenas de milhões de mensagens por dia, e conversas com ele correspondiam a 5% de todo o tráfego de mensagens instantâneas (de acordo com um artigo da VentureBeat de 2016 de Robert Hoffer, um dos criadores do SmarterChild). Graças, em parte, ao crescimento da mensageria – e em parte ao fato de que ele realmente útil –, em sua época o SmarterChild conseguiu se tornar o *chatbot* mais popular da história.

Hoje, milhares de desenvolvedores de *chatbots* seguem o manual pioneiro do SmarterChild. Estão construindo *chatbots* que oferecem valor real, e usando a mensageria como base. Como Hoffer escreveu em 2016, "as mensagens instantâneas (IM) foram e continuam sendo uma excelente plataforma para lançar aplicativos... como plataforma de aplicativos, o IM arrasa, porque é a maneira mais comum de nos comunicarmos é por texto".

O Facebook, que disponibilizou o Facebook Messenger aos desenvolvedores de *chatbots* em 2016, parece concordar com a afirmação de Hoffer. Três meses após o lançamento de sua Plataforma de Mensageria, desenvolvedores já haviam construído 11.000 *chatbots* para ser usado nela, incluindo *chatbots* que podiam encomendar flores (1-800-Flowers), agendar corridas (Uber) e verificar o clima (Poncho). Na época, o Facebook na verdade estava superando o atraso, já que serviços de mensagens como o Telegram, o Kik e o Line já haviam lançado suas próprias plataformas de *chatbot*.

Além de estarem em plataformas de mensageria em que conversamos com familiares e amigos, os *chatbots* agora também estão disponíveis em ferramentas colaborativas com base em mensageria, como o Slack. Há centenas de *chatbots* que você pode usar dentro do Slack para qualquer coisa, desde obter atualizações sobre suas últimas métricas de vendas e marketing até agendar viagens de negócios e realizar enquetes e pesquisas com toda a equipe.

Graças ao surgimento da mensageria, que forneceu a plataforma perfeita para os *chatbots* florescerem, hoje em dia eles são mais que apenas curiosidades intelectuais: são ferramentas valiosas que pessoas – e empresas – podem usar para gerar resultados reais.

De acordo com um estudo de 2016 da Pingup que citei anteriormente, quase 30% das pessoas, entre as que usaram *chatbots* em plataformas de mensageria, utilizaram para se comunicar com empresas.

CHATBOTS E HUMANOS: ENCONTRANDO O EQUILÍBRIO PERFEITO

Independentemente de sua opinião pessoal sobre os *chatbots*, duas coisas não podem ser ignoradas: (a) As pessoas estão usando *chatbots*, e (b) *Chatbots podem* ser úteis... contanto que você os use da maneira correta.

Na Drift, nossa filosofia sobre o uso de *chatbots* para marketing e vendas é tirá-los do caminho das pessoas o mais rápido possível.

Os *chatbots* que colocamos em nosso site não estão lá para entreter as pessoas ou fazê-las perder tempo, estão lá para ajudá-las e para poupar o tempo delas. Além do mais, nunca tentamos fingir que nossos *chatbots* são humanos. Mesmo que o teste de Turing tenha condicionado gerações de desenvolvedores a pensar que o objetivo de um *chatbot* é simular à perfeição um ser humano durante uma conversa, não concordo com isso. Na Drift, nosso objetivo é construir *chatbots* que possam resolver problemas específicos (e, geralmente, para isso não é preciso que os *chatbots* consigam enganar pessoas, fazendo-as pensar que são humanos).

▲ Uma abordagem moderna para compreender a IA

Definições tradicionais de IA estão enraizadas na noção de que a inteligência humana deve ser o padrão de medida. Logo, se queremos determinar se uma máquina é inteligente, testamos se ela é capaz de fazer coisas que os humanos necessitam possuir inteligência para realizar.

Um outro grupo de pesquisadores da IA, no entanto, argumenta que moldar a IA como uma busca para entender e imitar a inteligência humana é equivocado. Eles afirmam que o objetivo da IA não deve ser construir programas de computadores e *chatbots* que se comportam como seres humanos, mas sim de resolver problemas de forma criativa e, então, maximizar suas chances de sucesso para atingir algum objetivo.

É exatamente isso o que pensamos dos *chatbots* que construímos na Drift, usamos o poder do aprendizado de máquina não para tornar nossos *chatbots* mais parecidos com seres humanos, mas para torná-los melhores nas tarefas que estão executando. E é por isso que a noção de que os *chatbots* poderiam algum dia substituir profissionais do marketing e de vendas é equivocada: não estamos construindo *chatbots* capazes de fazer tudo o que seres humanos podem fazer, e sim *chatbots* que podem automatizar as tarefas tediosas e repetitivas que os humanos odeiam fazer.

▲ *Chatbots* e humanos (e não *chatbots versus* humanos)

Usar *chatbots* como parte de sua estratégia de marketing e vendas não é substituir humanos, mas suplementar sua força de trabalho humana e ajudá-la a fazer seu trabalho da maneira mais eficiente possível. E em um mundo onde bilhões de pessoas preferem se comunicar via mensagens e passaram, como padrão, a esperar uma experiência de compras em tempo real, essa ajuda extra que os *chatbots* podem oferecer poderia ser usada pela maioria das equipes de marketing e vendas.

Além de ser a solução perfeita para manter a mensageria – o canal de geração de *leads* em tempo real do seu site – ativo e operante durante a madrugada e aos fins de semana, *chatbots* podem ajudá-lo a gerenciar conversas durante o dia. Isso se torna especialmente útil nos períodos em que você tem um grande tráfego de visitantes em seu site e está com dificuldades para responder a todos. Em casos assim, um *chatbot* pode intervir imediatamente e avisar as pessoas que você estará com elas muito em breve. É até possível que, em uma subcategoria desses casos, o *chatbot* poderá resolver em poucos segundos o problema de uma pessoa antes mesmo de que você tenha a chance de conversar com ela (veja a Figura 3.2).

Ainda que pessoalmente eu prefira que minhas equipes de marketing e vendas tenham conversas individuais com a maior quantidade possível de clientes existentes e potenciais, também entendo que às vezes as pessoas estão apenas buscando respostas rápidas. Então, em vez de obrigá-las a ficar por perto e conversar, podemos adaptar a experiência às suas necessidades usando *chatbots* para oferecer acesso de autoatendimento às informações que elas estão procurando.

FIGURA 3.2 *Chatbots* podem dar respostas rápidas a perguntas comuns sobre produtos

> Oi! Estou adorando o produto até agora! Tenho uma pergunta sobre o que posso customizar.

Bot

> Olá! Enquanto esperamos alguém aparecer, encontramos alguns *links* que podem ser úteis:
>
> 1. Customizando suas cores
> 2. Customizando seu botão
> 3. Como customizar em Configurações

Desde que incorporamos *chatbots* em nossa estratégia de marketing e vendas, a forma como engajamos os visitantes do site na Drift evoluiu imensamente (veja a Figura 3.3). Ao redor de 20% das pessoas iniciam conversas conosco via mensageria, e dessas conversas 48% hoje são gerenciadas apenas por *chatbots*.

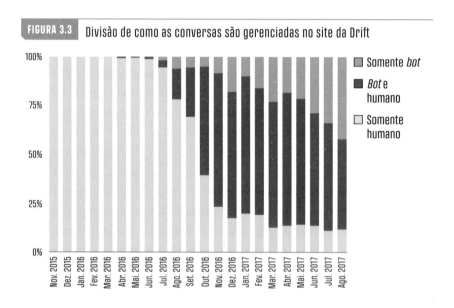

FIGURA 3.3 Divisão de como as conversas são gerenciadas no site da Drift

Deixamos de ter seres humanos gerenciando sozinhos 100% das conversas recebidas. Agora eles gerenciam somente 10% das conversas sozinhos. A parte restante das conversas (cerca de 40%) é gerenciada por uma combinação de *chatbots* e seres humanos.

É um trabalho de equipe, como sempre foram o marketing e as vendas. Acrescentando um *chatbot* a essa equipe, você conseguirá proporcionar uma experiência de compras em tempo real, sob demanda e em escala.

COMO OS *CHATBOTS* PROPORCIONAM UMA EXPERIÊNCIA DE COMPRA MELHOR

Em um relatório de 2018 que a Drift publicou em parceria com SurveyMonkey Audience, Salesforce e myclever, revelamos as frustrações mais comuns que consumidores enfrentam quando se trata de experiências *online* tradicionais (veja a Figura 3.4). No topo da lista: sites difíceis de navegar (34%). Em seguida, veio não conseguir respostas para perguntas simples (31%), e a dificuldade de encontrar detalhes básicos sobre uma empresa, como endereço, horários de funcionamento e número de telefone (28%).

FIGURA 3.4 Empresas estão dificultando que os compradores encontrem as informações que estão procurando

Fonte: *2018 State of Chatbots Report*.

Quando você analisa as três principais frustrações – navegação ruim no site, não conseguir respostas a perguntas simples e dificuldade de encontrar detalhes básicos sobre a empresa –, é possível ver que todas apontam para o mesmo problema subjacente: compradores estão tentando, mas não conseguem encontrar as informações que precisam em seu site.

Ao acrescentar um *chatbot* em seu site que poderia servir como um pequeno recepcionista pessoal, você não teria mais que se preocupar com compradores confusos ao navegar no seu site. Eles poderiam começar conversas com o *chatbot* e ter acesso a uma fonte centralizada de informações a partir de qualquer página de seu site. E, contanto que você sincronize seu *chatbot* com a base de conhecimento ou suporte técnico de sua empresa, os compradores sempre conseguirão encontrar respostas a perguntas básicas sobre seu produto. O melhor de tudo, já que isso aconteceria via mensageria, os compradores poderiam conseguir essas respostas em tempo real, 24 horas por dia, sete dias por semana.

◢ Compradores *millennials versus* compradores *baby boomers*

Como parte do mesmo relatório de 2018 que mencionei anteriormente, perguntamos aos consumidores quais eles consideravam os maiores benefícios dos *chatbots* quando se tratava do potencial para aprimorar experiências *online* tradicionais. Em geral, 64% disseram

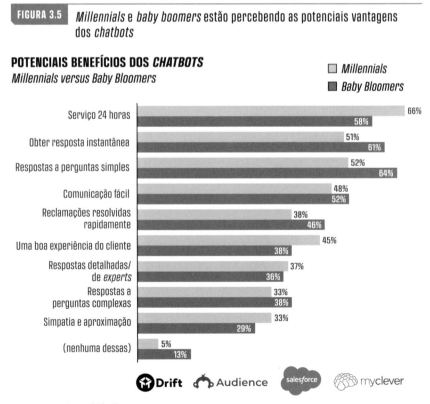

FIGURA 3.5 *Millennials* e *baby boomers* estão percebendo as potenciais vantagens dos *chatbots*

Fonte: *2018 State of Chatbots Report.*

que era receber um serviço 24 horas, o que a tornou o principal benefício que se esperava dos *chatbots*. Em segundo e terceiro lugares, ficaram obter respostas instantâneas e receber respostas a perguntas simples, ambos com 55%.

Quando analisamos os mesmos dados, mas desta vez organizados por grupos etários, ficamos surpresos ao saber que não eram somente os *millennials* que tinham essas expectativas altas para os *chatbots*: os *baby boomers* disseram que também enxergavam esses benefícios (veja a Figura 3.5). Na verdade, enquanto mais *millennials* consideravam o serviço 24 horas como potencial vantagem dos *chatbots* (66% *versus* 58%), mais *baby boomers* concordaram que obter respostas para perguntas simples era uma potencial vantagem (64% *versus* 52%) e que obter respostas instantâneas era um potencial benefício (61% *versus* 51%). A conclusão: *chatbots* não são apenas para *millennials*. Eles têm potencial para aprimorar experiências *online* para todos os compradores, não importa a idade.

▲ Potenciais barreiras à adoção de *chatbots*

Naturalmente, nem todos os compradores estão preparados para abandonar por inteiro as interações entre humanos, e alguns não têm certeza se confiam em *chatbots* para executar certas tarefas. Em nosso estudo de 2018, descobrimos que 43% dos consumidores prefeririam conversar com um ser humano em vez de um *chatbot*, e que 30% ficariam preocupados de que os *chatbots* poderiam cometer algum erro (como durante uma compra ou ao fazer uma reserva). Ao mesmo tempo, 27% dos consumidores concordaram que só conseguir usar *chatbots* em uma única plataforma, como o Facebook, seria um impeditivo à adoção (veja a Figura 3.6).

A boa notícia é que: como empresa, não precisa ser um ou outro. Você pode ter *chatbots* lidando com as tarefas em que eles são bons, como responder a perguntas básicas em tempo real, 24 horas por dia, enquanto os seres humanos da equipe podem ficar com as tarefas em que são bons, como oferecer explicações detalhadas de como seu produto funciona. Além disso, você não precisa forçar seus compradores a assinar um serviço de mensagens específico para que consigam interagir

FIGURA 3.6 43% dos compradores preferem conversar com uma pessoa em vez de um *chatbot*

Fonte: *2018 State of Chatbots Report.*

com um *chatbot*. Acrescentando um serviço de mensageria ao seu site, e adicionando *chatbots* por cima dessa plataforma, qualquer pessoa que visite o site conseguirá receber o serviço nível recepcionista que hoje os *chatbots* podem oferecer.

COMO UM ÚNICO PROFISSIONAL DO MARKETING PODE AGENDAR REUNIÕES PARA DEZENAS DE VENDEDORES USANDO *CHATBOTS*

Até agora, exploramos principalmente como *chatbots* podem ser usados para tarefas *reativas* a fim de aprimorar uma experiência do comprador, como cumprimentar as pessoas quando elas entram num site, oferecer respostas imediatas a perguntas simples, permitir que os *leads inbound* sejam qualificados de forma efetiva e agendar reuniões. No final, um dos benefícios primordiais de adicionar *chatbots* em seu site é que eles aumentam a habilidade de ajudar as pessoas que já estão entrando em nosso site.

Como o consultor empresarial Brad Power escreveu na *Harvard Business Review* em 2017: "Quando o assunto é IA em empresas, uma máquina não precisa enganar as pessoas; ela não tem que passar no teste de Turing; ela só precisa ajudá-las e, assim, ajudar as empresas que as implementam. E nesse teste ela já passou".

Power continuou escrevendo que, durante uma entrevista com um diretor de marketing (CMO) de uma empresa, esse CMO disse a ele que "ferramentas de IA são a única maneira com que consigo escalar a 'cortesia' para uma comunidade global de 200 mil usuários ou mais com uma equipe de duas pessoas".

Para equipes pequenas de marketing, o simples acréscimo de mensageria e *chatbots* em seu site pode produzir resultados imediatos, já que você conseguirá capturar *leads* que estavam sendo perdidos. Ao contrário de seres humanos, que só podem se engajar com uma quantidade pequena de visitantes ao mesmo tempo, *chatbots* podem fazer isso com centenas, milhares ou, potencialmente, milhões de visitantes de forma simultânea, o que significa que a experiência é facilmente escalável.

Usando *chatbots* de forma proativa

É claro que *chatbots* não são úteis apenas quando servem como redes de segurança inteligente para seu site. Equipes de marketing também podem usá-los para buscar novas oportunidades para vendas.

Ao criar hyperlinks customizados que ativam conversas com *chatbots*, e depois compartilhando esses links nas mídias sociais ou em e-mails, ou em qualquer lugar que queira compartilhá-los, você pode começar a adicionar proativamente novos *leads* em seu funil de vendas. Dependendo de como você configura seu *chatbot*, o próximo passo poderia ser fazer esses *leads* responderem a algumas perguntas qualificadas, e então os qualificados poderiam ter a oportunidade de agendar reuniões no calendário de um vendedor.

Esse processo todo, do momento em que um *lead* clica no seu link até quando ele agenda uma reunião com um vendedor, pode levar apenas alguns segundos, e requer zero intervenção da parte de seus vendedores. Na verdade, os vendedores só precisam se responsabilizar por duas coisas aqui. Primeiro, eles precisam conectar seus calendários, para que o *chatbot* permita que *leads* qualificados agendem reuniões com eles. Segundo, precisam aparecer nessas reuniões. Tirando isso, um único profissional do marketing pode configurar o *chatbot* (sem ter que escrever nenhum código) e gerenciar o processo inteiro.

Continue lendo para saber os prós e contras de como você pode fazer o mesmo em sua empresa.

Ao contrário de seres humanos, que só podem se engajar com uma quantidade pequena de visitantes ao mesmo tempo, ***chatbots*** podem fazer isso com centenas, milhares ou, potencialmente, milhões de visitantes de forma simultânea, o que significa que a **experiência é facilmente escalável**.

CAPÍTULO 4

SUBSTITUINDO OS FORMULÁRIOS DE CAPTURA DE *LEADS* POR CONVERSAS

Com o acréscimo de mensageria aos próprios sites, profissionais do marketing e de venda ganharam a habilidade de capturar e qualificar *leads* por meio de conversas em tempo real. Ao adicionar *chatbots*, eles ganharam a habilidade de escalar essa experiência e manter seus sites funcionando 24 horas por dia.

Finalmente, os profissionais de marketing e de vendas possuem as ferramentas necessárias para evitar que seus sites se tornem "lojas vazias". As empresas *business-to-business* (B2B) podem enfim alcançar o universo *business-to-consumer* (B2C) e começar a oferecer a experiência de compras em tempo real e sob demanda que os clientes esperam hoje em dia. Imagine um mundo em que um processo de compras B2B seja como comprar um livro da Amazon, assistir a um filme na Netflix ou agendar uma corrida com a Uber ou a Lyft. É para esse lugar que estamos indo, e a mensageria e os *chatbots* podem nos ajudar a chegar lá.

Os formulários de captura de *leads*, no entanto, estão nos atrapalhando. Eles são resquícios de um paradigma antigo de marketing e vendas, do tempo em que dominar a demanda era mais importante que dominar a oferta, e antes que o equilíbrio de poder tivesse mudado da empresa para o cliente. Hoje em dia, qualquer empresa pode instalar mensageria e *chatbots* no próprio site em poucos minutos, simplesmente copiando e colando um trecho de código. Então, por que muitos de nós ainda dependemos de formulários de captura de *leads*? Por que ainda estamos colocando obstáculos e fazendo potenciais clientes esperarem quando, em vez disso, poderíamos estar conversando com eles?

Adaptar-se às mudanças na forma como seus clientes preferem comprar não é só tirar vantagem dos últimos avanços tecnológicos, é também saber quando parar de usar tecnologias ultrapassadas.

OS PROBLEMAS DOS FORMULÁRIOS DE CAPTURA DE *LEADS*

Formulários de captura de *leads* têm em média 11 campos, de acordo com um relatório de 2015 da Formstack. São 11 perguntas que as empresas estão obrigando as pessoas a responder antes que… façam o quê? O download de slides que você criou no PowerPoint? Recebam uma ligação de retorno de um vendedor? A ideia de exigir que as pessoas nos deem informações sobre si mesmas antes de concordarmos em conversar com elas ou compartilhar informações é o oposto completo à adoção de uma abordagem de negócios voltada para o cliente. Em um mundo onde o cliente é quem dá as cartas, em que as informações se tornaram cada vez mais democratizadas e as pessoas passaram a esperar a maior prestatividade possível das empresas, formulários de captura de *leads* se sobressaem de uma forma muito negativa: eles dificultam o acesso das pessoas às informações que estão procurando.

Isso nos leva ao primeiro dos quatro problemas principais que percebo nos formulários de captura de *leads*:

▲ Problema 1: formulários são obstáculos, que fazem os compradores pararem no meio do caminho

Considere esta hipótese: uma potencial cliente ouve falar do seu produto por meio de um amigo. Ela faz algumas pesquisas, lê avaliações e, então, vai até seu site. Lê alguns posts no blog e fica curiosa com um guia "gratuito" que você está divulgando com dicas e boas práticas para usar seu produto. Mas, ao tentar lê-lo, BUM!: dá de cara com um formulário de captura de *leads*.

Agora, imagine que essa mesma cliente em potencial decida que já leu o suficiente de seu conteúdo e está pronta para agendar uma demonstração com a equipe de vendas para poder ver seu produto em ação. Mas quando ela clica no botão "Entrar em contato com Vendas" ou "Agendar *demo*" no seu site, é direcionada para uma *landing page* em que, BUM: dá de cara com outro formulário de captura de *leads*.

Como profissionais de marketing e de vendas, devemos tornar o processo de compras o mais simples possível para as pessoas que visitam nosso site. Ao usar formulários, estamos fazendo o oposto. Em vez de engajarmos potenciais clientes em tempo real, enquanto eles estão nos sites e interessados, impedimos que continuem e os forçamos a um vaivém de e-mails e uma partida interminável de chamadas telefônicas. Isso leva ao problema número dois.

▰ Problema 2: a experiência de *follow-up* é um horror

Muitos dos compradores de tecnologia mais experientes de hoje configuraram endereços de e-mails separados, que usam especificamente para download de conteúdo e preenchimento de formulários. Por quê? Porque querem se proteger do que vem *depois* do preenchimento desses formulários de captura de *leads*: e-mails, e-mails e mais e-mails.

Como profissionais do marketing e de vendas, a abordagem tradicional para capturar e qualificar *leads* em nossos sites (veja a Figura 4.1) começa com o preenchimento de formulários.

FIGURA 4.1 *Playbook* (manual) ultrapassado de captura e qualificação de *leads*

Tudo depende desse preenchimento inicial de formulário. Então, os *leads* que capturamos com formulários são adicionados ao nosso sistema de gestão de relacionamento com o cliente (CRM) ou sistemas automatizados, e aí podemos começar a "nutri-los" com e-mails.

Em vez de deixarmos nossos potenciais clientes decidirem como querem interagir conosco, o manual tradicional nos faz decidir por eles. E, em vez de responder a *leads* em tempo real, o manual tradicional nos faz esperar e dar *follow-up* depois. Supondo, naturalmente, que nos importemos em dar algum *follow-up* posterior.

Como disse o ex-VP de geração de demandas da Workable, John Short, à equipe de marketing da Drift, hoje em dia quem consome tecnologia não acredita mais em formulários. Em particular, quando se trata de preencher um formulário para entrar em contato com um vendedor, compradores não têm mais certeza se receberão uma resposta. E esse é um dos principais motivos pelos quais John decidiu substituir os formulários da Workable por conversas em tempo real. Como ele nos contou, "Queríamos aumentar a quantidade de pessoas entrando em contato para solicitar *demos* e preços. Nossa hipótese era que as pessoas não preenchem formulários porque não acham que alguém entrará em contato". (Nossa pesquisa na Drift respalda essa afirmação. Como mencionei no Capítulo 1, a pesquisa sobre respostas de *leads* revelou que 58% das empresas B2B não respondem às consultas de vendas.)

Usando uma combinação de mensageria e *chatbots*, a Workable conseguiu eliminar as horrendas experiências de *follow-up* fruto do uso de formulários de *leads*, e hoje pode responder a todos seus *leads* em tempo real. Como John explicou, "é crucial para nossos usuários que a gente responda em segundos. O tempo médio em uma página é de três minutos, então, se alguém inicia uma conversa e precisa esperar dois minutos, é tempo demais para essa pessoa".

É claro que tempo de resposta rápido não é bom apenas da perspectiva de experiência do cliente: também é bom para o resultado de sua empresa. Como John nos contou, após substituir formulários por conversas, "a vantagem é que você verá taxas de conversão aumentarem de visita para *lead* e de *lead* para cliente".

◢ Problema 3: formulários não funcionam tão bem como antes

Nos primórdios do marketing e das vendas *online*, formulários de captura de *leads* faziam muito sentido. Eles forneciam às empresas um mecanismo fácil de usar para coletar informações de contato em escala. Usando a velha abordagem "formulário e *follow-up*", um ou dois profissionais do marketing poderiam capturar milhares de *leads*, pontuá-los e segmentá-los, e então bombardeá-los com e-mails.

Durante anos, equipes de marketing e vendas dependeram de formulários para tornar o processo de qualificação de *leads* escalável. Mas, hoje em dia, os formulários não são mais eficazes. Como comentei no Capítulo 1, 81% das pessoas que compram tecnologia hoje não preenchem formulários quando encontram conteúdo exclusivo. Enquanto isso, a taxa média de conversão de formulários de *landing pages* caiu para somente 2,35%.

No passado, quando a SalesRabbit usava formulários de captura de *leads* e trocas de e-mail (entre *leads* e vendedor) para agendar demonstrações de vendas, a empresa via 25% de suas solicitações se converterem em demonstrações reais. Quando substituíram formulários por conversas em tempo real (alimentadas por mensageria e *chatbots*), essa taxa de conversão aumentou rapidamente em 40%. Além disso, a quantidade de *leads* qualificados que eles estavam gerando aumentou quase 50%. Quando usavam formulários, a SalesRabbit via cerca de 15% de seus *leads* acabarem passando para um status de *lead* "não interessado". Após substituírem formulários por conversas, esse número caiu para 8%.

Ao dar a potenciais clientes a opção de conseguir agendar demonstrações em tempo real, a SalesRabbit abriu um caminho rápido para seus melhores *leads*. Eles não tinham mais que colocar obstáculos no processo de compra com formulários ou sujeitar *leads* à terrível experiência que tipicamente se segue ao preenchimento de formulários. Como Ben Nettesheim, diretor sênior de marketing digital na SalesRabbit, contou à equipe de marketing da Drift: "Foi uma mudança bem-vinda. A equipe de vendas agora gastava mais de seu tempo precioso trabalhando em *demos* e menos tempo brincando de telefonar ou enviar e-mail para agendar essas *demos*".

◢ Problema 4: formulários são estáticos e impessoais

Um último argumento para explicar por que formulários de captura de *leads* se tornaram obsoletos: eles não tratam potenciais clientes como pessoas, tratam como contatos em uma base de dados. Mesmo que esse ponto pareça frívolo, é importante lembrar que cada interação que alguém faz com sua empresa e sua marca molda toda a experiência dessa pessoa. E quando uma das primeiríssimas interações que uma pessoa tem é ser obrigada a fornecer informações de contato em troca de conteúdo, ou uma ligação telefônica, não é um começo muito bom.

Ao contrário de um *chatbot*, ou de uma pessoa usando mensageria, um formulário de captura de *leads* não é capaz de responder a perguntas. Ele não pode direcioná-lo ao departamento correto. Não pode ajudá-lo a achar um horário no calendário de um vendedor. E, embora possa "fazer perguntas" com os onze campos no formulário, não pode fazê-las como em uma conversa, o que torna toda a experiência fria e impessoal. Para empresas que estão tentando criar uma experiência de compras agradável, isso pode ser um problema. Como Rich Wood, diretor-executivo da Six & Flow, disse ao time de marketing da Drift: "A personalidade e o humor compõem boa parte do que somos e como trabalhamos nos escritórios da Six & Flow. É muito difícil mostrar isso em um formulário... basicamente, formulários tiram toda a diversão da página".

Entretanto, com mensageria e *chatbots*, equipes de marketing e vendas podem revelar suas personalidades e conseguem tratar as pessoas como gente de verdade (e não como contatos em uma base de dados). Substituindo formulários por conversas, as empresas podem oferecer uma experiência de compras mais humana, e, no processo, se aproximar de seus clientes.

COMO COMEÇOU O MOVIMENTO #NOFORMS

Em abril de 2016, telefonei para o líder de marketing da Drift, Dave Gerhardt, e contei as novidades. Logo de cara, por eu ter ligado em vez de usar o Slack, ele sabia que era alguma coisa importante. Dito isto, definitivamente ele não estava preparado para o que eu tinha a dizer. Nossa conversa foi mais ou menos assim:

Eu: "Ei, tem um minuto?".
DG: "Claro, o que houve?".

Eu: "Acho que devemos nos livrar de todos os formulários e deixar nosso conteúdo gratuito".
(Silêncio)
DG: "Hum… tá bom".

Não é preciso dizer que ele não se convenceu imediatamente. Como profissional do marketing, ele tinha sido treinado para usar formulários de captura de *leads* para abastecer o setor de Vendas com o maior número possível de *leads*. Durante anos, isso *foi* marketing. O objetivo era atrair pessoas até o site, para que trocassem informações sobre si mesmas por conteúdo (como e-books, documentos ou cursos por e-mail), que você manteria trancado atrás dos formulários de captura de *leads*.

No entanto, como expliquei ao Dave, quando você dá um passo para trás e analisa o que está fazendo, bem como a maneira como tratamos potenciais clientes, fica claro que o marketing perdeu o rumo. Esquecemos como é importante nos conectarmos de verdade com as pessoas e contar uma história autêntica. Em vez disso, ficamos obcecados com produzir a maior quantidade possível de conteúdo e fazer otimização de mecanismos de busca (SEO) para que esse conteúdo seja classificado de acordo com esta ou aquela palavra-chave. Em vez de nos concentrarmos na experiência que as pessoas têm ao interagir conosco, nosso foco tem sido jogar com o sistema. Estivemos tratando o marketing como um esquema de enriquecimento rápido.

Formulários de captura de *leads* são um subproduto dessa antiga forma de pensar. Eles facilitam que profissionais de marketing e vendas coletem informações de contato em grande escala, mas a experiência resultante para o comprador é terrível. Então, sem pensar muito, acabamos com todos os nossos formulários de captura de *leads* e tornamos todo o nosso conteúdo gratuito. Em seguida, trabalhamos para descobrir como poderíamos capturar e qualificar *leads* em nosso site sem usar formulários – e foi aí que o marketing e as vendas conversacionais começaram a tomar forma como metodologia. Não foi parte de um plano-mestre preconcebido: estávamos simplesmente seguindo uma abordagem voltada para o cliente para gerir nossa empresa, e esse método nos levou ao marketing e às vendas conversacionais.

◢ O movimento ganha força

Enquanto fazíamos experiências com o uso de mensageria e *chatbots* para capturar e qualificar *leads* em tempo real, sem formulários, compartilhamos nosso progresso usando a hashtag #NoForms (nada de formulários, em tradução livre) e estimulamos outras pessoas a fazer o mesmo. Também pegamos uma página do manual da Salesforce, que no passado elaborou o logotipo "No Software" – o termo "Software" dentro de um círculo vermelho com uma linha atravessada – para mostrar a diferença entre seus produtos e os softwares tradicionais. Em nossa versão, colocamos a palavra "Forms" (formulários) no círculo vermelho com a linha atravessada (veja a Figura 4.2), e imprimimos milhares de adesivos para compartilhar com profissionais do marketing e de vendas que se uniram a nós na missão de substituir formulários por conversas.

FIGURA 4.2 O logo "No Forms" da Drift (inspirado pelo logo "No Software", da Salesforce)

Uma das primeiras pessoas a se juntar a nós no movimento #NoForms foi Tom Wentworth, diretor de marketing (CMO) da empresa de softwares de ciência de dados RapidMiner. A RapidMiner conta com dezenas de milhares de pessoas aparecendo em seu site a cada mês. Algumas delas estão visitando pela primeira vez, outras são usuários gratuitos, e outras, clientes pagantes. Mas o que todas elas têm em comum, como Tom contou à equipe de marketing da Drift em uma entrevista, é que sua visita ao site da RapidMiner tem um motivo:

"As pessoas não vêm até nosso site porque querem navegar nele, vêm porque têm um problema específico, seja uma pergunta sobre nosso produto ou o que ele faz, porque precisam de suporte técnico ou, ainda, porque querem conversar com alguém da equipe de vendas."

Usando a abordagem tradicional de marketing e vendas, é claro, Tom poderia simplesmente ter feito todas essas pessoas entrando no site da RapidMiner preencherem formulários de *leads* e ficarem esperando *follow-up*. Porém, quando pensou na experiência geral que a Rapid-Miner estava tentando oferecer, percebeu que o método tradicional já não funcionava mais.

Sua explicação: "Se construímos ótimos produtos, nosso objetivo deve ser fazer os usuários usarem nossos ótimos produtos e, em seguida, dar suporte nessa jornada. E não é uma jornada de marketing que começa com um formulário em um site que leva ao download de conteúdo que leva a um monte de e-mails. Como profissional do marketing, meu trabalho tem menos a ver com marketing e mais a ver com ensinar e capacitar".

▲ Como a RapidMiner substituiu formulários por conversas em tempo real

Em vez de contar apenas com formulários e *follow-up*, Tom decidiu que a RapidMiner deveria se engajar em tempo real com os visitantes de seu site enquanto eles estivessem ali e com o máximo de interesse. Portanto, ele acrescentou mensageria ao site da RapidMiner e colocou a equipe de vendas para gerenciar as novas conversas. No entanto, como dezenas de milhares de visitantes acessavam o site da Rapid-Miner a cada mês, classificar todas as conversas e tentar identificar *leads* logo se revelou impossível. O volume das novas conversas era simplesmente grande demais para a equipe de vendas administrar. Eles ficaram sobrecarregados.

Foi quando Tom acrescentou um *chatbot* ao site (veja a Figura 4.3), e foi como se tivesse encontrado a peça que faltava em um quebra-cabeça. Além de atuar como um recepcionista pessoal para visitantes do site, o *chatbot* serve como uma central telefônica inteligente para a equipe de vendas, garantindo o atendimento dos melhores *leads*.

FIGURA 4.3 Tela do *chatbot* de qualificação de *leads* da RapidMiner, Marlabot, em ação

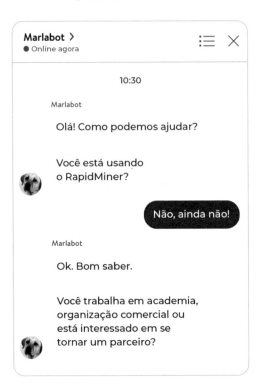

Como Tom explicou: "Se o *bot* descobre que alguém está pronto para conversar sobre vendas, podemos conectar essa pessoa com nossa equipe de vendas. Se o *bot* descobre que alguém tem uma pergunta sobre uma característica específica do produto, podemos trazer um de nossos especialistas no produto. Ou seja, o *bot* realmente ajuda a afunilar a conversa e, assim, podemos levá-la à pessoa certa".

À guisa de esclarecimento, Tom não começou a usar *chatbots* para tirar seres humanos do processo de marketing e vendas da RapidMiner. Em vez disso, começou a usá-los para facilitar que visitantes, *leads* e clientes entrassem em contato com as pessoas certas na hora certa. E por meio da automatização do processo de qualificação de *leads*, ele consegue liberar sua equipe para que se concentre em proporcionar uma ótima experiência. Como Tom explicou: "Nossa equipe de marketing agora passa a maior parte do tempo encontrando novas formas de ajudar os usuários, em vez de irritá-los com mais campanhas de e-mails de nutrição e formulários de coleta de *leads*".

Nos primeiros meses com mensageria e *chatbots* ao vivo no site da RapidMiner, Tom conseguiu capturar mais de 4 mil *leads* por meio desse novo canal em tempo real. As conversas logo se tornaram a fonte de 10% do novo funil de vendas de vendas da RapidMiner, e influenciaram 25% do funil de vendas aberto (com valor superior a US$ 1 milhão). Todo esse crescimento, e nenhum formulário de captura de *leads*.

REPENSANDO O NOSSO CONTEÚDO E AS ESTRATÉGIAS DE GERAÇÃO DE *LEADS*

Para os estudantes disciplinados de marketing *inbound* e de conteúdo nos últimos anos, a ideia de abrir o conteúdo e substituir formulários de captura de *leads* por conversas pode parecer um pouco estranha. Afinal, a avaliação típica de equipes de marketing se dá com base na quantidade de *leads* que elas conseguem gerar que normalmente são gerados usando conteúdo fechado. É assim que funciona: primeiro, equipes de marketing publicam conteúdo gratuito e de formato curto, como posts de blog, direcionando a maior quantidade possível de tráfego para esses posts. Em seguida, adicionam *calls-to-action* (CTAs) a esses posts de blog, atraindo pessoas para *landing pages* que possuem conteúdo de formato mais longo e fechado, como e-books.

Nesse antigo esquema, as equipes de marketing jogavam com o sistema, gerando a maior quantidade possível de conteúdo de formato curto e classificação alta, para atrair o maior número possível de visitantes para suas *landing pages*. No final, as equipes de marketing começaram a abarcar um leque cada vez mais amplo de tópicos, alguns deles com pouca ou nenhuma relação com o serviço oferecido pela empresa, e ficaram obcecadas por escrever manchetes *clickbait* (caça-cliques). Em vez de atuarem como fontes confiáveis aos quais potenciais clientes poderiam recorrer, muitas equipes de marketing se transformaram em fazendas de conteúdo.

◢ Por que o conteúdo é mais eficiente sem formulários

Quando você abre seu conteúdo, os objetivos de sua estratégia de conteúdo mudam de repente. Em vez de ficar obcecado com a criação de conteúdos que vão gerar *leads*, pode ficar obcecado com criar conteúdo que vai repercutir com potenciais clientes e adicionar valor real. E em vez de tratar conteúdos de formato longo como algo que usa para obter o endereço de e-mail de alguém, você pode pensar nisso como algo que pode usar para construir sua marca e contar uma história autêntica.

Por exemplo, uma das primeiras coisas que fizemos na Drift após nos livrarmos dos formulários foi autopublicar um livro (*Hypergrowth*), que disponibilizamos – gratuitamente – em vários formatos diferentes. Em menos de um mês, mais de 3 mil pessoas fizeram o download, e outras 4 mil leram a versão incorporada em nossa *landing page*. Desde o início, tratamos o livro como uma oportunidade para divulgar a marca da Drift e oferecer conselhos práticos para ajudar empresas a se voltarem mais para o cliente. Em vez de nos concentrarmos no número de *leads* que poderíamos capturar, voltamos nossa atenção para a criação de uma ótima experiência e em facilitar, o máximo possível, o acesso às informações que estávamos compartilhando.

◢ Desenvolvendo uma estratégia de conteúdo sem formulários

Após o lançamento do livro, o feedback que recebemos de nossos clientes existentes e potenciais foi incrível. E adivinha só? Mesmo sem usar formulários, *ainda assim* conseguimos gerar *leads*, porque, quando as pessoas vinham ao site para ler o livro, algumas delas inevitavelmente começavam a conversar conosco por meio do *widget* de mensageria. Também conseguimos, de maneira proativa, receber as pessoas na *landing page* do livro com mensagens personalizadas, agradecendo por estarem lendo o livro e avisando que estávamos disponíveis para responder a quaisquer perguntas que elas tivessem.

Enquanto isso, no blog mantivemos um cronograma de publicação de apenas um ou dois posts de alta qualidade por semana. Em um mundo onde algumas empresas B2B estão publicando quatro ou cinco posts de blog *por dia*, esse foi um importante desvio da norma. No entanto, por termos removido os formulários e não precisarmos mais tratar conteúdo como um canal de geração de *leads*, podíamos nos concentrar na qualidade do conteúdo em vez da quantidade, e em como cada peça de conteúdo que publicávamos contribuiria para a experiência geral da pessoa com nossa marca. Para quem quiser ficar atualizado com nossos últimos conteúdos, construímos um *chatbot* que pode aparecer em nosso blog e inscrevê-lo em nossa newsletter. Portanto, ainda que em determinado momento possa ter parecido impossível que profissionais do marketing conseguissem gerar valor usando conteúdo sem que formulários de *leads* fizessem parte da equação, hoje em dia esse não é mais o caso.

SUBSTITUINDO OS *MARKETING-QUALIFIED LEADS* (MQLs) PELOS *CONVERSATION-QUALIFIED LEADS* (CQLs)

Para empresas que potencializam suas estratégias de marketing e vendas com formulários de captura de *leads*, uma das métricas mais comuns que elas registram são os *marketing-qualified leads* (*leads* qualificados pelo marketing, MQLs). Um MQL é alguém que corresponde aos critérios-alvo de sua equipe de marketing, que geralmente são baseados em certas combinações de demografia, firmografia e comportamento (como fazer o download de um livro). Em outras palavras, MQLs são pessoas que preencheram formulários de captura de *leads* e que, ao menos no papel, são muito parecidas com a *persona* do comprador de sua empresa – uma síntese de seu comprador ideal.

Um desdobramento comum do MQL é o *sales-qualified lead* (*lead* qualificado pelas vendas, SQL). Em essência, SQLs são MQLs, mas com um pouco mais de requisitos marcados. Além de corresponder aos critérios-alvo de sua equipe, SQLs geralmente expressam que estão prontos para comprar em breve. Portanto, quando chega a hora de fazer ligações de vendas *outbound*, os SQLs são os *leads* para quem os vendedores vão telefonar primeiro.

Para empresas que oferecem uma versão gratuita ou *freemium* de seu produto, como fazemos na Drift, *product-qualified leads* (PQLs, *leads* qualificados por produtos) são outra métrica que tipicamente monitoramos. E ainda que muitos PQLs – usuários gratuitos que passam um tempo usando seu produto – realmente acabem virando clientes pagantes, o uso do produto em si não garante que alguém tenha um perfil adequado (*good fit*) para comprar. Sem saber a *intenção* de um *lead*, sem compreender os motivos subjacentes pelos quais um *lead* quer comprar, parece difícil considerar esse *lead* qualificado.

◢ Apresentando o *Conversation-Qualified Lead* (CQL)

O motivo pelo qual MQLs, SQLs e PQLs acabam falhando como métricas e sistemas para medir a qualidade dos *leads* é que todos se baseiam em observações externas. Eles se atêm a observar, à distância, o comportamento das pessoas e em tirar conclusões dos dados que você coleta.

Na Drift, depois que substituímos os formulários de captura de *leads* por conversas, rapidamente descobrimos que havia uma forma melhor de descobrir se um *lead* estava pronto para comprar: perguntando. Em vez de obrigar as pessoas a preencher formulários, preferíamos nos engajar com elas imediatamente, em tempo real. E depois de entendermos por que estavam ali, quais problemas tentavam resolver e como planejavam usar nosso produto para resolver esses problemas, conseguíamos chegar a uma conclusão fundamentada sobre se eram ou não adequadas. Aqueles que eram, chamamos de *conversation-qualified leads* (*leads* qualificados por conversas), ou CQLs (veja a Quadro 4.1).

Um CQL é uma pessoa que manifestou intenção de comprar durante uma conversa personalizada com: (a) um funcionário de sua empresa, ou (b) um *chatbot* inteligente. Ao contrário dos MQLs, SQLs e PQLs, os CQLs se baseiam no que seus potenciais clientes estão realmente dizendo, não em suposições. E como essas conversas acontecem em tempo real, os CQLs acabam avançando por seu funil de vendas e marketing à velocidade da luz.

QUADRO 4.1 As diferentes categorias de *leads* qualificados

Marketing-Qualified Leads (MQLs)	Eles parecem interessados em comprar.
Sales-Qualified Leads (SQLs)	A área de vendas confirmou: eles estão interessados em comprar.
Product-Qualified Leads (PQLs)	Eles testaram nosso produto? Devem estar interessados em comprar!
Conversation-Qualified Leads (CQLs)	Conversamos com eles: disseram por que estão interessados em comprar e o que estão tentando obter com nosso produto.

Como disse Chris Willis, ex-CMO da Perfecto Mobile, à equipe de marketing da Drift, "Os *leads* que chegam pelo *chat* tendem a avançar com maior velocidade. Assim, você consegue resolver o problema ou atender às necessidades da solicitação em tempo real. Então, pense em alguém que visita um site, tem uma pergunta e precisa preencher um formulário de contato. E essa pessoa receberá uma resposta em 24 horas, ou dois dias... é possível que esse problema nem exista mais. Se elas estão prontas para iniciar uma conversa, pular o formulário e conversar em tempo real, vemos que tudo avança muito rapidamente".

Conforme você descobrirá no Capítulo 5, dar aos *leads* a opção de "pular o formulário" não apenas auxiliará a reduzir o ciclo de vendas como, também, vai ajudá-lo a fortalecer o alinhamento entre o marketing e as vendas.

CAPÍTULO 5

ACABANDO COM A RIXA ENTRE MARKETING E VENDAS

Historicamente, times de vendas e marketing não têm um bom registro quando o assunto é alinhamento. Em muitos casos, empresas permitiram que equipes de vendas e de marketing operassem de forma quase independente uma da outra. Muitas vezes, elas têm objetivos totalmente separados, bem como filosofias distintas em relação a como acham que devem ser a experiência de compra. Internamente, essas diferenças levaram a discussões e/ou a uma falta de comunicação entre os times, enquanto, externamente, contribuíram para uma experiência de compra que pode parecer complicada e desconexa.

Vimos como funciona essa desconexão no Capítulo 4, quando analisamos como formulários de captura de *leads* agem como obstáculos, forçando os compradores a esperar e impedindo que entrem em contato direto com vendedores. Da perspectiva do comprador, ser obrigado a preencher um formulário gera uma clara delimitação entre onde termina a parte do marketing do processo de compra e onde começa a parte das vendas.

Ainda que o marketing e as vendas sejam responsáveis pelo mesmo funil, e por construir relacionamentos com as mesmas pessoas, a maneira como esses times funcionam nem sempre reflete isso. Tradicionalmente, o marketing ficava no topo do funil, obcecado por gerar a maior quantidade possível de *leads* para vendas, enquanto vendas ficava na base do funil tentando converter esses *leads* em clientes. Você já notou como essa forma de organização pode causar (e causa) tensão entre os times?

UM SISTEMA FALHO: A BATALHA PERMANENTE PELOS *LEADS*

Se um time de vendas não consegue atingir sua meta, a organização tradicional facilita que ela aponte o dedo para o time de marketing e diga, "Ei, esses *leads* que vocês nos passaram não eram nada bons. Vocês não nos ajudaram a ter sucesso". O time de marketing, por sua vez, pode facilmente contestar essa acusação, retrucando, "Não, os *leads* eram ótimos; seu time não entrou em contato rápido o suficiente, simples assim. Vocês fizeram uma abordagem ruim".

Até hoje, essa batalha sobre *leads* está acontecendo no mundo todo. Na tentativa de resolvê-la, recorremos à criação de contratos – ou *service-level agreements* (SLAs ou acordos de nível de serviço) – entre times de marketing e de vendas, que afirmam que o marketing será responsável por gerar certa quantidade de *leads* de certa qualidade, e que as vendas serão responsáveis por fechar uma certa quantidade desses *leads*. É uma maneira de responsabilizar os dois times.

Outra solução foi criar um novo time que fica no meio do funil, entre o marketing e as vendas. Dependendo da empresa, os membros desse time podem ser chamados de *business development representatives* (BDRs, representantes de desenvolvimento de negócios), *sales development representatives* (SDRs, representantes de desenvolvimento de vendas), ou *lead development representatives* (LDRs, representantes de desenvolvimento de *leads*), mas o propósito geral em todas essas funções é o mesmo: identificar *leads* qualificados antes de passá-los para a equipe de vendas. Você pode pensar nos BDRs, SDRs e LDRs (que de agora em diante chamarei apenas de BDRs) como uma camada extra no funil que ajuda a filtrar pessoas que não têm o perfil adequado para a compra, permitindo, assim, que a sua equipe de vendas dedique mais tempo conversando com os melhores *leads*.

Entretanto, isso levanta outra pergunta: como saber quais são os melhores *leads*? Como vimos no capítulo anterior, em geral as empresas categorizam os *leads* como *marketing-qualified* (MQLs), quando correspondem ao perfil de um cliente; como *sales-qualified* (SQLs), quando os *leads* provaram que estão interessados em comprar logo; e, para empresas com produtos gratuitos ou *freemium*, *product-qualified* (PQLs), quando os *leads* passaram algum tempo usando seu produto. No entanto, como também vimos, esses três tipos de *leads*, MQLs, SQLs e PQLs, não levam em conta a perspectiva do cliente. E ainda estão presos a um sistema com base em formulários que separa marketing e vendas em duas experiências distintas para os compradores.

◢ Como as conversas unem as equipes de marketing e vendas

Na Drift, depois que nos livramos dos formulários de captação de *leads* e os substituímos por conversas em tempo real, logo comecei a notar um efeito colateral inesperado (mas positivo): nos bastidores, o alinhamento entre nossos times de vendas e de marketing estava ficando mais sólido. Enquanto isso, no site, ficava cada vez mais difícil descobrir onde terminava a experiência oferecida pelo time de marketing e onde começava a experiência oferecida pelo time de vendas.

Em vez de focar nos MQLs, SQLs ou nos PQLs, nossos times de marketing e vendas começaram a se concentrar nos CQLs, ou *conversation-qualified leads* (*leads* qualificados por conversas). Eram as pessoas no nosso site com quem estávamos conversando em tempo real e coletando informações em primeira mão, durante conversas individuais. E como não havia formulários de captura de *leads* obstruindo o processo de compra, esses CQLs conseguiam avançar sem problemas por nosso funil de marketing e vendas, às vezes em poucas horas. Na Figura 5.1, você pode ver uma conversa no Slack entre Ally (uma vendedora da Drift), Armen (líder de vendas da Drift) e Dave (líder de marketing da Drift), que mostra a rapidez com que CQLs podem se converter em clientes – e como líderes de marketing e vendas estão reconhecendo o valor.

FIGURA 5.1 — Enquanto *leads* geralmente levam dias ou semanas para fecharem um negócio, *conversation-qualified leads* (CQLs) podem fechar em questão de horas

Quando você tira formulários de captura de *leads* da equação, não está somente rompendo uma barreira entre potenciais clientes e a informação (ou as pessoas) que eles estão tentando acessar, mas também rompendo uma barreira entre o marketing e as vendas. Ao remover formulários de captura de *leads*, consegue suavizar a dificuldade e a desconexão que acompanham a abordagem tradicional, além de desfocar a fronteira onde termina o marketing e onde começam as vendas.

Nos bastidores, toda pessoa de ambos os times pode ver todas as interações que os *leads* fizeram no seu site e analisar todas as conversas que tiveram. E graças ao enriquecimento de dados, que extrai informações relevantes sobre um *lead* do LinkedIn e outras fontes *online*, detalhes básicos de um *lead* – como em qual companhia trabalha, quantos funcionários essa empresa tem, e assim por diante – podem ser obtidos num instante. Isso significa que vendedores céticos agora podem verificar com facilidade e rapidez se os *leads* estão qualificados antes de investir tempo conversando com eles. O mais importante, no entanto, é que os vendedores sempre podem começar conversas com bastante contexto.

No passado, a transferência entre marketing e vendas – a passagem dos *leads* do topo do funil para a base – era um processo controverso. Porém, reimaginando a forma como capturamos e qualificamos os *leads* em nosso site, usando conversas em vez de formulários, conseguimos otimizar o processo de compras e, ao mesmo tempo, aproximar as funções de marketing e vendas.

No entanto, para sermos justos, não fizemos isso sozinhos.

OTIMIZANDO A PASSAGEM DE BASTÃO DO MARKETING PARA VENDAS COM O USO DE INTELIGÊNCIA ARTIFICIAL

De acordo com uma pesquisa de 2016 do McKinsey Global Institute, 40% das atividades de vendas já podem ser automatizadas hoje usando inteligência artificial (IA) e outras tecnologias de ponta. E à medida que os avanços no processamento de linguagem natural (NLP) continuarem, e *chatbots* inteligentes sejam capazes de entender e se comunicar usando com mais eficácia a linguagem humana, a McKinsey prevê que 47% das atividades de vendas se tornarão automatizáveis. Ainda que isso pareça ameaçador para alguns profissionais de vendas, lembre-se de que as tarefas de vendas que os *chatbots* inteligentes estão automatizando costumam ser as mesmas tarefas que profissionais atuais de vendas (e marketing) odeiam fazer, como atualizar manualmente registros de contatos em um sistema de gestão de relacionamento com o cliente (CRM). Ao assumir esse tipo de tarefa, os *chatbots* permitem que os vendedores concentrem mais seu tempo naquilo que fazem melhor: construir relacionamento com os compradores e fechar contratos. Os *chatbots* também estão liberando os profissionais do marketing para focar no que eles fazem melhor: construir a marca de sua empresa.

O surgimento dos *chatbots* inteligentes deu às equipes de marketing e vendas a habilidade de capturar, qualificar e agendar reuniões com *leads* 24 horas por dia, mesmo quando os vendedores estão dormindo ou de férias. Os *chatbots* também podem direcionar automaticamente os *leads* qualificados para vendedores específicos (ou para os calendários de um vendedor específico) com base no território de vendas ou quaisquer regras de direcionamento que as empresas queiram configurar. E se houver múltiplos representantes com o mesmo território de vendas, sem problemas: os *chatbots* podem dividir *leads* qualificados ao estilo rodízio, de modo que fique sempre justo e os *leads* sejam distribuídos de maneira uniforme.

Após a integração com um CRM, como o Salesforce, *chatbots* também podem adicionar as informações que coletam durante conversas diretamente em seus registros de contatos, o que evita que os times percam tempo inserindo dados manualmente. Mas ao contrário de um formulário de captura de *leads*, um *chatbot* não é apenas uma ferramenta passiva de coleta de dados: ele se engaja ativamente com as pessoas e aprende sobre elas por meio de conversas. Como disse o CMO da RapidMiner, Tom Wentworth, à *Harvard Business Review* sobre sua experiência com o uso de *chatbots* no site da RapidMiner: "Aprendi coisas sobre meus visitantes que nenhum outro sistema de análise mostraria. Ficamos sabendo sobre novos casos e sobre problemas com produtos".

Além de fornecer aos vendedores muitas informações úteis, os *chatbots* oferecem aos *leads* qualificados a opção de avançar mais no processo de compras, permitindo que agendem reuniões com vendedores. Tudo acontece naquele exato instante, em uma única conversa, e, como resultado, a "passagem de bastão" do marketing para as vendas acaba não existindo. Para o comprador, é um processo contínuo.

◢ Como a Six & Flow usou *chatbots* para entrar em um novo mercado

Sendo uma agência de marketing sediada no Reino Unido tentando crescer no espaço tecnológico B2B, a Six & Flow inicialmente teve dificuldades para superar a diferença de oito horas de fuso horário em relação a San Francisco, o polo das empresas de tecnologia B2B. Considerando a falta de sobreposição nos horários comerciais, os vendedores da Six & Flow não têm muito tempo para conversar todo dia, individualmente, com quem visita o site (e com clientes-alvo) dos Estados Unidos. Durante anos, a solução para esse problema, é claro, foi fazer o time de marketing colocar formulários de captura de *leads* para que vendas fizesse o *follow-up* posterior. Mas a Six & Flow decidiu fazer algo diferente: eles colocaram um *chatbot* no site que se engaja com os visitantes durante as horas em que as pessoas estão *offline*.

Após três meses automatizando suas "horas em *off*" com *chatbots*, a Six & Flow viu um aumento de 23% no número de *leads* e um acréscimo de 15% de novos clientes, muitos dos quais residentes nos EUA. Enquanto isso, a duração do ciclo de vendas da Six & Flow caiu 33%. Como explicou o diretor-geral da agência, Rich Wood, à equipe de marketing da Drift:

"Ter alguém fora do horário comercial cuidando do site simplesmente não é rentável. Nossos *bots* ajudam a iniciar conversas, agendar reuniões e mostrar um pouquinho de nossa personalidade, mas o mais importante é que eles nos ajudaram a entrar no mercado norte-americano. Toda noite, eles convertem facilmente o tráfego em conversas, e conversas em agendamento de reuniões para nossa equipe de vendas. Isso tornou possível um novo mercado."

SERÁ O FIM DOS *BUSINESS DEVELOPMENT REPS* (BDRs)?

Em um mundo onde agora temos *chatbots* inteligentes que podem, como coloca Rich Wood, "converter com facilidade o tráfego em conversas e conversas em reuniões agendadas para nossa equipe de vendas", a pergunta que não quer calar é: ainda precisamos de BDRs (profissionais de pré-vendas) entre o marketing e as vendas, servindo como "pit stop" adicional para *leads* que estão tentando avançar em nosso processo de compras?

Loren Padelford, o vice-presidente e gerente geral da Shopify Plus, disse o seguinte sobre o processo de BDR em um post do LinkedIn em 2015: "Não tem lógica, e não é assim que seus clientes querem interagir com sua empresa… essa transferência artificial cria uma experiência truncada de compras para o cliente que, nos ambientes de vendas super-rápidos e de última geração atuais, pode realmente retardar o ciclo de vendas". E embora os BDRs tenham sido cruciais para o crescimento de várias empresas bem-sucedidas no passado, talvez o exemplo mais conhecido tenha sido o crescimento da Salesforce no início dos anos 2000, Padelford disse o seguinte às empresas que estavam tentando replicar esse modelo: "Vocês não são a Salesforce, e isso não é o início dos anos 2000".

Enquanto isso, um relatório de 2017 do The Bridge Group analisou a maneira como muitas reuniões que vendedores agendavam quando (a) não tinham BDRs trabalhando com eles, e (b) quando tinham BDRs trabalhando com eles, e descobriu que BDRs não faziam muita diferença. Como escreveu o autor do relatório, David Skok: "A expectativa era que os resultados indicassem um grande aumento para o último caso, mas não foi isso que aconteceu". Em vez disso, vendedores respaldados por BDRs reportaram "só 0,8 *demos* a mais por semana, em média", comparado com os que não tinham respaldo de BDRs.

No fim, diante das novas tecnologias e mudanças nas preferências de comunicação, o processo tradicional de BDR se tornou menos eficaz. Como o especialista em crescimento Dan Smith escreveu no blog da Sales Hacker em 2017, os BDRs de hoje "são solicitados a atender à demanda de um novo tipo de comprador que vive principalmente *online*, compra mais rápido e gasta mais com serviços de nuvem do que nunca antes". Infelizmente, atender a essa demanda tem se mostrado desafiador. E para piorar o problema em vez de tentar uma nova abordagem, a maioria das empresas duplicou o que já se sabia. Para compensar a queda nas taxas de conversão, elas contrataram mais BDRs para conseguirem enviar mais e-mails chatos e fazer mais ligações interruptivas.

▴ O problema é o processo, não as pessoas

Para esclarecer, o problema subjacente aqui é o processo de BDR que as empresas construíram e do qual dependem, não os BDRs em si.

Em última instância, os BDRs têm o que muita gente considera o cargo mais difícil em vendas. Como escreveu Jonathan Vaudreuil, diretor de Desenvolvimento de Vendas na Upserve, em um post de blog de 2016: "Passar 100% de seu tempo telefonando, enviando e-mails e fazendo prospecção fria é uma forma brutal de passar os dias. Você precisa lidar com o fato de que a maioria das pessoas não atende o telefone e que a maior parte das que atendem dirão 'não'. Praticamente nenhum dos seus e-mails terá resposta. Do mesmo modo, a maioria das respostas que vierem será 'não'. Ser um BDR é ter o cargo mais difícil em vendas, porque você está fazendo o trabalho sujo para outra pessoa".

A boa notícia: hoje, BDRs podem ter *chatbots* fazendo o tal do "trabalho sujo".

No passado, empresas precisavam de BDRs para acompanhar os *leads* que o marketing capturava, para poder qualificá-los antes de enviá-los para vendas. E como o telefone e o e-mail (e, em menor escala, as mídias sociais) eram os únicos canais disponíveis para eles, BDRs não tinham escolha a não ser bombardear as pessoas com ligações e e-mails *outbound*. Com o advento das mensagens e dos *chatbots*, no entanto, o engajamento em tempo real não só se tornou possível como, também, escalável.

Em vez de substituir os BDRs, os *chatbots* estão prontos para revolucionar o processo do BDR. Os BDRs do futuro não vão mais passar o tempo "sorrindo e telefonando", e disparando e-mails. Em vez disso, conversarão em tempo real com visitantes do site, e os *chatbots* os ajudarão a fazer isso.

◢ Como a Ipswitch modernizou o processo de BDR usando conversas em tempo real

Os BDRs que trabalhavam na empresa de gestão de softwares de TI Ipswitch já tinham tentado usar mensageria em seu site, mas não conseguiram direcionar *leads* de maneira eficaz ou automatizar o processo de qualificação de *leads*. Consequentemente, os BDRs acabavam passando a maior parte do tempo respondendo a perguntas de suporte ao cliente. Além disso, nenhum dos dados da conversa era sincronizado com seu CRM, assim, eles nunca conseguiam medir de fato a eficácia da mensageria.

Entretanto, em vez de abandonar o uso de conversas em tempo real para qualificar *leads*, o time de BDR da Ipswitch fez um upgrade para uma plataforma conversacional de vendas e marketing, que combinava mensageria e *chatbots*, e sincronizava com seu CRM. Eles começaram a implementar seu novo processo conversacional de BDR em janeiro de 2018, e, em poucas semanas, ele se tornou a fonte de seus "melhores *leads*", de acordo com um BDR da Ipswitch. A CMO da Ipswitch, Jeanne Hopkins, contou à equipe de marketing da Drift que foi "fácil" expandir sua abordagem conversacional para cada vez mais páginas do site, considerando a qualidade que eles estavam observando. Em março, eles estavam implementando o processo de BDR conversacional em espanhol, além do inglês. Em abril, os resultados apareceram:

Depois da mudança para as conversas, o time de BDRs da Ipswitch teve o melhor trimestre da história da empresa. As conversas se tornaram a fonte número um de *leads*, respondendo por 280 deles – destes, 85 se converteriam em oportunidades. Quando compararam as conversas com outras fontes de *leads*, descobriram que as primeiras geravam dez vezes mais oportunidades que campanhas do Google AdWords e quatro vezes mais oportunidades que os eventos que estavam realizando. Em geral, conversas geraram US$ 1 milhão em novos negócios no funil de vendas da Ipswitch nesses primeiros meses, além de 11 novos clientes.

COMPARTILHANDO A MÉTRICA MAIS IMPORTANTE: A RECEITA

Times de marketing e vendas falavam duas línguas totalmente diferentes. Enquanto profissionais do marketing falavam a língua dos cliques, das taxas de conversão e do custo por *lead*, vendedores falavam a língua do dinheiro. O motivo dessa diferença: historicamente, era difícil para os profissionais do marketing medirem a maneira como suas campanhas de marketing influenciavam a receita. Hoje, a história é diferente.

Ainda que o marketing e as vendas conversacionais tenham surgido da necessidade de proporcionar uma melhor experiência de compra aos clientes, um efeito colateral positivo foi que isso ajudou a alinhar times de marketing e vendas (incluindo BDRs) em torno de uma única métrica: a receita. Como o marketing e as vendas conversacionais criam uma experiência de compras otimizada, você pode manter um registro das interações dos *leads* no seu site e traçar a trajetória desses *leads* – desde a primeira conversa até o momento em que eles se convertem em clientes. Isso facilita, tanto para profissionais do marketing quanto para os de venda, verificar de que maneira as conversas estão influenciando a receita.

Após implementar uma abordagem conversacional, seus times de marketing e vendas enfim conseguirão falar a mesma língua. E finalmente poderão sair de seus respectivos silos e colaborar. Em vez de operar de forma independente e buscar objetivos distintos, times de marketing e vendas agora podem unir forças e gerar receita proporcionando uma experiência de compra contínua e fomentada por conversas em tempo real.

Na Parte Dois deste livro, darei instruções passo a passo sobre como criar uma experiência de compra sem atritos e em tempo real na sua empresa.

Após implementar uma abordagem conversacional, seus times de marketing e vendas enfim conseguirão falar a mesma língua [...]. Em vez de operar de forma independente e buscar objetivos distintos, times de marketing e vendas agora podem **unir forças** e **gerar receita** proporcionando uma **experiência de compra contínua** e fomentada por **conversas em tempo real**.

PARTE DOIS

COMEÇANDO A USAR O MARKETING CONVERSACIONAL

CAPÍTULO 6

PRIMEIRO PASSO: COLOQUE MENSAGERIA EM TEMPO REAL NO SEU SITE E COMECE A CAPTURAR MAIS *LEADS*

O primeiro passo para adotar uma estratégia de marketing e vendas conversacionais para sua empresa é facilitar, o máximo possível, que seus potenciais clientes conversem com você. Em um mundo onde bilhões de pessoas estão usando mensageria como forma padrão de comunicação, e onde 90% dos consumidores querem conversar com as empresas usando mensagens (de acordo com um estudo de 2016 da Twilio), isso significa que você precisa adicionar mensageria ao seu site.

Com as mensagens, você vai conseguir inaugurar um canal de geração de *leads* em tempo real no seu site, que pode gerar centenas, se não milhares, de novos *leads* líquidos. Essas são as pessoas que já estão visitando seu site, mas que, até agora, não se dispuseram a se engajar. Ou, talvez, falando com mais precisão, somos nós que nunca nos dispusemos a nos engajar com elas.

Como mencionei no Capítulo 1, empresas *business-to-business* (B2B) acabaram gastando em propaganda um total de US$ 4,6 bilhões em 2018 tentando atrair pessoas para seus sites. Elas também dedicaram muitos recursos para criar conteúdo topo de funil, otimizar mecanismos de busca e engajar pessoas em mídias sociais… tudo isso na esperança de que potenciais clientes visitassem seus sites. Porém, quando esse plano tem êxito, quando potenciais clientes visitam *de fato* o site de uma empresa B2B, a experiência é semelhante a entrar em uma loja vazia. Não há ninguém ali para conversar com eles ou responder a perguntas, só um formulário de captura de *leads* e a promessa de um *follow-up*. Como profissionais de marketing e de vendas, é exatamente nesses momentos que devemos nos engajar com as pessoas – quando elas já estão no nosso site e claramente interessadas em saber mais.

A boa notícia: isso é fácil de resolver. É algo que você pode solucionar hoje mesmo, sem ter que bagunçar sua lista de atividades de marketing e vendas já existente. O melhor de tudo, você pode colocar tudo para funcionar em apenas alguns minutos.

SUBSTITUA SEUS FORMULÁRIOS OU ACRESCENTE UMA "SEGUNDA OPÇÃO" (NÃO SE PREOCUPE, LEVA CINCO MINUTOS)

Adicionar mensageria em tempo real ao seu site é tão simples quanto copiar e colar um trecho de código (fornecido pelo serviço de mensageria que você está usando) no código-fonte de seu site. É o mesmo processo de instalação do Google Analytics ou qualquer outro aplicativo de vendas ou marketing, e não requer muito conhecimento técnico. Claro, se você não tiver acesso ao código-fonte de seu site, precisará conseguir alguém de seu time que possa ajudar. De qualquer modo, depois que esse fragmento de código for adicionado, um *widget* de mensageria (veja a Figura 6.1) vai aparecer no seu site e os visitantes conseguirão se engajar com você em tempo real. Dependendo da quantidade de tráfego que seu site tiver, sua primeira conversa com um visitante deve começar em questão de segundos.

FIGURA 6.1 Exemplos de estilos diferentes de mensageria

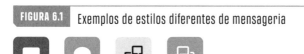

Para que a mensageria pareça um recurso nativo de seu site, você pode customizar a cor e o estilo de ícone do *widget* de mensageria, para que ele se alinhe ao design do site. E para garantir que esteja extraindo o maior valor possível da mensageria desde o início, há várias outras maneiras de ajustar sua configuração, desde escrever a mensagem de boas-vindas perfeita até configurar horários *online/offline* e criar caixas de entrada separadas de mensagens, para que os visitantes sempre estejam conectados com as pessoas de sua empresa mais adequadas para ajudá-los. No entanto, antes de nos aprofundarmos nos detalhes sobre como customizar totalmente sua estratégia de mensageria, ainda há uma pergunta importante que precisa ser respondida:

Depois de adicionar a mensageria ao seu site, o que fazer com os formulários de captura de *leads*?

◣ A abordagem #NoForms para marketing e vendas conversacionais

É claro que, se você leu a Parte I deste livro, a resposta à pergunta "O que devo fazer com meus formulários?" provavelmente parece óbvia: você deve se livrar deles.

Foi exatamente isso que fizemos na Drift. Fomos ao nosso sistema de gestão de conteúdos (CMS) e os tiramos de nossas *landing pages*. Nas *landing pages* dos e-books, acrescentamos links que permitiam aos visitantes fazer download direto dos livros – sem necessidade de formulários. E em todas as páginas do nosso site, tínhamos o *widget* de mensageria que permitia aos visitantes se engajarem conosco em tempo real.

Quando finalizamos essa transformação, havia somente dois formulários no nosso site, ambos com um único campo para capturar endereços de e-mail. O primeiro estava na nossa *homepage*, e permitia que as pessoas assinassem nosso produto gratuito (não conseguimos nos livrar desse) e o segundo estava no blog, permitindo aos leitores assinarem nossa newsletter (só que, mais tarde, criamos um *chatbot* para gerenciar assinaturas de newsletters).

◣ A abordagem "segunda opção" para marketing e vendas conversacionais

Entretanto, para algumas empresas, sobretudo as grandes e as que têm dezenas, se não centenas, de *landing pages* configuradas para capturar *leads*, a perspectiva de se livrar de todos os formulários nessas páginas, na melhor das hipóteses, pode parecer assustadora e, na pior, uma loucura total. E obter a adesão das pessoas necessárias para que isso aconteça pode ser impossível. Entendo perfeitamente, e é também por isso que, mesmo não sendo grande fã de formulários, não acho, de maneira alguma, que você tenha de abandoná-los para começar a perceber as vantagens do marketing e das vendas conversacionais. Em vez disso, se você conseguir continuar usando formulários como primeira rede de captura de *leads*, é possível adicionar a mensageria ao site como uma segunda opção.

Essa é a forma perfeita de começar a experimentar uma abordagem conversacional sem ter que mudar as configurações já existentes.

Chris Willis, ex-CMO da Perfecto Mobile (hoje CMO da Acrolinx), usou a abordagem "segunda opção" no site da Perfecto Mobile. Em vez de se livrar dos formulários de captura de *leads*, ele começou a oferecer aos visitantes a opção de *chat* via mensageria como alternativa ao preenchimento desses formulários (veja a Figura 6.2).

Naquele momento, o objetivo de Chris era fazer um trabalho melhor de converter visitantes em *leads* no site da Perfecto Mobile. Como ele disse à equipe de marketing da Drift, "Estávamos com cerca de 6% de conversão de nosso tráfego na web, que é mais ou menos o padrão do setor. Mas o que queríamos fazer era aumentar a taxa geral de conversão, porque nosso tráfego era muito bom".

Em três meses usando a mensageria como "segunda opção", a taxa de conversão do site da Perfecto Mobile aumentou de 6% para quase 10%. Como Chris explicou, "começamos a ver a promessa do que estávamos tentando fazer, que era criar mais a partir de nossa base". Depois de seis meses usando mensageria, sua taxa de conversão havia aumentado para 20%.

FIGURA 6.2 A mensageria oferece aos visitantes do site uma alternativa mais veloz do que o formulário tradicional de captura de *leads*

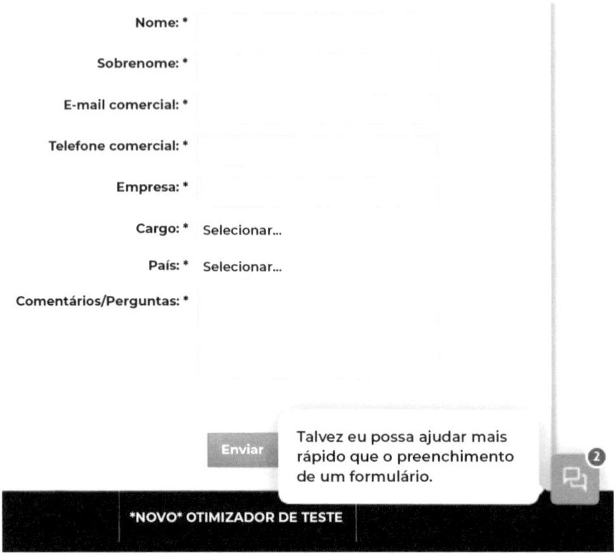

Conclusão: independentemente de você se tornar parte do movimento #NoForms ou usar a abordagem "segunda opção", é possível começar a usar a mensageria para impulsionar valor para sua empresa imediatamente.

◢ Integrando as ferramentas que você já usa

Muitas vezes, times de marketing e vendas hesitam em mudar para novas ferramentas de software. Afinal, ferramentas novas exigem treinamento e tempo de rampagem, e podem arruinar os processos que os times instituíram e otimizaram meticulosamente ao longo dos anos. Mas quando se trata de adicionar mensageria ao seu site, não há o que temer: ao integrá-la com todas as ferramentas que já está usando, você pode começar a ter conversas em tempo real – e começar a ver como essas conversas afetam os resultados de sua empresa – sem ter que se adaptar a um sistema totalmente novo (e sem precisar interromper o antigo).

Aqui estão quatro tipos de ferramentas que em geral as empresas integram à mensageria:

❶ Ferramentas de colaboração de times (como o Slack). Atualmente com mais de 70 mil empresas pagando pelo serviço, e mais de oito milhões de usuários acessando diariamente, o Slack se tornou o canal padrão de comunicação interna em grande parte do universo B2B. E a maioria das empresas B2B que não estão usando especificamente o Slack estão utilizando um serviço similar, como o Microsoft Teams ou o Stride (ex-HipChat). Portanto, muitos profissionais do marketing e de vendas já estão acessando diariamente um portal de mensageria. Em vez de precisar acessar um segundo portal para conversar com visitantes do site, eles podem integrar os dois serviços e responder a esses visitantes diretamente de dentro do Slack (ou de qualquer ferramenta colaborativa que estejam usando). Dessa forma, não há curva de aprendizado ou tempo de rampagem.

❷ CRMs (como o Salesforce). Após integrar a mensageria a um sistema de gestão de relacionamento com o cliente (CRM), novos registros de contato podem ser automaticamente criados para os *leads* que você gera através da mensageria, e os atributos, como seus nomes e os nomes das empresas em que trabalham, podem ser mapeados automaticamente dentro desses registros. Você também terá a opção de poder adicionar transcrições de suas conversas de mensageria para os registros de contato correspondentes em seu CRM. Ao integrar a mensageria a um CRM, você consegue conectar uma nova fonte de *leads* em gama de recursos de marketing e vendas, e mostrar a todo mundo o valor sem precisar mudar nenhuma estrutura ou fluxo de trabalho que já construiu.

3. Ferramentas de automação de marketing (como o HubSpot e o Marketo). É provável que, se historicamente sua empresa usou formulários para capturar *leads*, você esteja canalizando esses *leads* para uma ferramenta de automação de marketing, como o HubSpot ou o Marketo. Essas ferramentas facilitam o acompanhamento de novos *leads* por meio de e-mails automatizados. E embora na Drift tenhamos uma abordagem ligeiramente diferente para marketing por e-mail, sobre a qual você vai aprender no próximo capítulo, conseguir conectar a mensageria a ferramentas de automação ainda será essencial para muitas empresas. Assim como no caso dos CRMs, esse tipo de integração permite que novos registros de contatos sejam criados para os *leads* que chegam pela mensageria, bem como o mapeamento de atributos. Enquanto isso, suas conversas são registradas como atividades nas *timelines* de seus contatos, permitindo que você veja com precisão de que maneira as mensagens funcionam em seu marketing e influenciam os acordos.

4. Ferramentas de análise de dados (como o Google Analytics). Assim como profissionais de marketing e de vendas valorizam a capacidade de conversar com colegas de trabalho *e* potenciais clientes em um único lugar centralizado (como o Slack), também valorizam analisar as métricas de sua *performance* em um único lugar centralizado. Ao integrar a mensageria a uma ferramenta de análise já existente, como o Google Analytics, você pode começar a examinar o desempenho dela junto com o dos canais que já está medindo. Especificamente, a integração pode permitir que você rastreie quantas conversas novas está começando, quantos e-mails está capturando e quantas reuniões de vendas está agendando via mensageria. E pode rastrear todas essas métricas novas do conforto da ferramenta de análise que já vem usando.

COLOQUE UMA MENSAGEM DE BOAS-VINDAS

Depois que você criou todo o esqueleto de seu canal de geração de *leads* em tempo real (ou seja, instalou a mensageria e a integrou com todas as ferramentas que já está usando), pode começar a dar corpo à experiência. E um dos primeiros passos deve ser inserir uma mensagem de boas-vindas (veja a Figura 6.3).

FIGURA 6.3 Exemplo de mensagem de boas-vindas no site da Drift

Uma mensagem de boas-vindas é uma mensagem curta que aparece no canto do seu site (fora de seu *widget* de mensageria) e automaticamente cumprimenta quem visita o site. É assim que você avisa as pessoas que seu site está funcionando e que tem funcionários à espera, prontos para responder a qualquer pergunta.

Para sites com volume baixo de tráfego, é melhor fazer a mensagem de boas-vindas aparecer em todas as páginas. Assim, você nunca perde a chance de se engajar com potenciais clientes. Para sites que recebem grandes volumes de tráfego, no entanto, é bom fazer a mensagem de boas-vindas aparecer só para certos tipos de visitantes, como os que moram nos países atendidos por sua empresa, ou apenas em certas páginas, como a dos preços. Dessa forma, você pode filtrar os visitantes menos propensos a comprar. No Capítulo 9, exploraremos com mais detalhes a segmentação e a filtragem; por ora, vamos prestar atenção em uma questão mais urgente: o que você deve dizer na mensagem de boas-vindas.

▲ Como escrever uma mensagem eficaz de boas-vindas

Por ser a primeira mensagem que um visitante vê no seu site, uma mensagem de boas-vindas deve atrair a atenção das pessoas e estimulá-las a se engajarem com você. Ora, por um lado, escrever uma mensagem dessas é bem fácil. Você pode, simplesmente, colocar algo do tipo, "Bem-vindo! Vamos dar a você mil reais se responder a esta mensagem e começar a conversar conosco". Porém, como você logo descobrirá, esse modelo não é lá muito viável. Portanto, recomendo seguir estas três orientações:

❶ Faça uma pergunta. Não use sua mensagem de boas-vindas para uma afirmação passiva ("Olá, somos a empresa X e vendemos Y e Z"), use-a para fazer uma pergunta. Mesmo que seja algo bem simples como "Posso ajudar?" ou "Por que você está aqui?", uma pergunta é sempre a melhor opção quando você está tentando obter uma resposta.

❷ Seja sucinto. Uma das maiores vantagens em usar a mensageria é a rapidez. Um potencial cliente pode ter suas perguntas respondidas em tempo real, e o profissional de marketing ou de vendas pode ajudar o potencial cliente a avançar mais depressa pelo funil de vendas. Mas tem um porém: se você escrever uma mensagem com dois parágrafos, vai acabar atrasando as pessoas, supondo que alguém vai se dar ao trabalho de lê-la. Portanto, para melhores resultados, deixe a mensagem curta e simpática. Diga olá, faça uma pergunta e comece a conversa.

③ Divirta-se. Parte do que tornou tão inexpressiva a primeira onda de mensageria ou "*chat* ao vivo" em sites de empresas foi que tudo era programático demais. Na época, todas as empresas que usavam mensageria usavam o mesmo tom formal, e a experiência geral terminava sendo fria e robotizada. Como profissionais do marketing e de vendas, não é isso que devemos buscar. Injetando um pouco de humor e diversão em sua mensagem de boas-vindas, você pode despertar o interesse e fazer as pessoas falarem. Exemplo de caso: há uma empresa de serviços de assinatura para *pets* que viu seu engajamento de mensageria disparar depois de configurar uma mensagem de boas-vindas perguntando qual era o nome dos animais dos visitantes.

DEFINA EXPECTATIVAS COM HORAS *ONLINE* E *OFFLINE*

Mensagens de boas-vindas são elaboradas para aparecer no seu site quando sua equipe está *online* e disponível para conversar. É claro que nem sempre será esse o caso. Profissionais do marketing e de vendas precisam dormir, e, a menos que um *chatbot* seja configurado (algo que você vai aprender a fazer no Capítulo 10), gerenciar mensageria 24 horas por dia pode ser um desafio, sobretudo para empresas menores. Por isso, é importante definir horários *online* e *offline* ao usar a mensageria – para deixar claro aos visitantes quando você está disponível para conversar e quando não está.

Por exemplo, você pode decidir configurar seus horários *online* das 9h às 17h, de segunda a sexta-feira. Durante essas horas *online*, sua mensagem de boas-vindas pode aparecer como de costume e engajar visitantes em tempo real. Mas durante as horas *offline*, antes das 9h ou depois das 17h, ou nos fins de semana, você pode colocar uma mensagem de ausente (veja a Figura 6.4). Também é possível alternar manualmente entre os modos *online* e *offline* quando necessário, permitindo que sua mensagem de ausente seja exibida nas horas em que você precisar ficar *offline*, como quando estiver em reunião de equipe.

FIGURA 6.4 Exemplo de mensagem de ausente no site da Drift

É claro que o ideal seria ter conversas 24 horas por dia, mas a segunda melhor opção é ser aberto e honesto com potenciais clientes em relação à sua disponibilidade (em vez de deixá-los no escuro). É aí que a mensagem de ausente entra em cena.

◢ Como escrever uma mensagem eficaz de ausência

Além de avisar seus visitantes que sua equipe está indisponível para conversar no momento, sua mensagem de ausência pode definir expectativas para os visitantes (avisando quando você voltará a ficar *online*) e solicitar que deixem seus endereços de e-mail, para você conseguir se conectar com eles mais tarde. Aqui estão três pontos principais que devem ser lembrados ao elaborar sua mensagem de ausência:

❶ Seja honesto. Se você vai ficar *offline* por doze horas, não diga a seus visitantes que alguém vai responder dali a poucos minutos. Porque, adivinhe só? Quando esses visitantes ficam alguns minutos *online* e ninguém responde, eles se sentem ignorados, e isso não gera uma experiência muito gratificante. Sua mensagem de ausência deve definir expectativas para os visitantes, e não decepcioná-los.

❷ Incentive os visitantes a deixar uma mensagem. Mesmo quando estiver *offline*, pode usar a mensageria para gerar engajamento. Em sua mensagem de ausência, você deve incentivar visitantes a deixar um recado, para que, tão logo volte a ficar *online*, possa responder às perguntas deles e/ou fornecer a ajuda de que precisem.

❸ Não se esqueça de pedir um endereço de e-mail. Em alguns casos, os visitantes que respondem sua mensagem de ausência podem não voltar ao seu site para continuar a conversa pela mensageria. É por isso que é importante pedir um endereço de e-mail: assim, você pode dar sequência, se necessário.

MOSTRE A CARA

Pergunte a qualquer um de nossos designers na Drift e eles dirão: sou meio obcecado por usar rostos em tudo o que fazemos. Seja em nosso produto, na *homepage* do site ou nas imagens do blog, descobri que rostos são cruciais quando o assunto é humanizar nossa marca e a experiência do cliente. Então, em vez de depender de bancos de imagens ou desenhos, tiramos nossas próprias fotos em nossa sede, nos escritórios que visitamos, nas saídas do time e em conferências. Dessa forma, podemos usar fotos de nossos funcionários e clientes reais em nosso marketing, e usar os rostos deles para representar nossa marca. Isso nos ajuda a estabelecer laços mais fortes com nossos clientes existentes e com os potenciais.

Existe uma razão científica para rostos serem tão poderosos. Como explicou o biólogo dr. Nathan H. Lents na *Psychology Today* em 2017, rostos desempenham um papel crucial na comunicação humana, começando na infância. Citando Lents: "O rosto é o meio pelo qual nos comunicamos bem antes de usarmos palavras ou até gestos, e essa comunicação é mais precisa e cheia de nuanças do que gritos e grunhidos desajeitados". Ele explica que humanos têm características faciais mais diversificadas do que outras espécies e que olhamos para o rosto dos outros com mais frequência em comparação com outras espécies, sobretudo ao nos comunicarmos. A conclusão de Lents: "Nossos rostos foram fundamentais para nossa individualidade, comunicação e conexão com outras pessoas. Em outras palavras, nossos rostos foram, e ainda são, um aspecto central de nossa sociabilidade".

◢ Usando rostos para tornar a mensageria um canal mais confiável

Quando se trata de usar mensagens para marketing e vendas conversacionais, rostos são imprescindíveis. Profissionais do marketing e de vendas que vão usar a mensageria para se engajar com potenciais clientes devem usar suas fotos, além de incluir seus nomes completos. Ao exibir rostos e nomes reais, você pode ajudar a mostrar a potenciais clientes que os "agentes de *chats*" com quem eles estão conversando são pessoas de verdade – não entidades corporativas anônimas.

FIGURA 6.5 Mensagem de boas-vindas no site da Drift exibindo vários rostos

Isso foi parte do problema com a primeira onda de mensageria no início dos anos 1990: visitantes de sites nem sempre confiavam nas respostas que recebiam, já que não estava claro quem estava atendendo. Hoje em dia, você vê a foto do funcionário que cuida da mensageria aparecendo automaticamente como parte da mensagem de boas-vindas. E, se você tiver vários funcionários que usam a mensageria no seu site ao mesmo tempo, poderá colocar vários rostos aparecendo (veja a Figura 6.5). Além de ajudar a definir as expectativas para os visitantes, para que eles tenham uma ideia das pessoas com quem estão falando, exibir vários rostos sorridentes no seu site também é um gesto de boas-vindas.

Pense nisto: Se seu site fosse uma loja e as pessoas entrassem, você não se esconderia atrás do balcão – você iria dar um sorriso e diria olá. E é exatamente isso que deveríamos fazer em nossos sites.

CRIE CAIXAS DE ENTRADA SEPARADAS PARA VENDAS, SUPORTE, *CUSTOMER SUCCESS* ETC.

Ao mesmo tempo que adicionar mensageria ao seu site cria um canal de geração de *leads* em tempo real, ele também gera um canal de comunicação que qualquer pessoa – inclusive clientes já existentes – pode usar para entrar em contato com sua empresa. Ainda que isso seja extremamente positivo e algo que exploraremos mais na segunda metade deste livro, ter todos os clientes pagantes, usuários gratuitos (se você oferecer um produto grátis) *e* novos visitantes entrando em contato e fazendo perguntas diferentes por mensageria *ao mesmo tempo* dificulta a concentração dos esforços dos profissionais de marketing e de vendas.

A solução: criar caixas de entrada de mensagens separadas, gerenciadas por equipes diferentes e voltadas para grupos diferentes de pessoas. Por exemplo, você pode criar uma caixa de entrada *customer success* para clientes pagantes, uma de Suporte para usuários gratuitos, e uma de Marketing e Vendas para *leads*. Para quem está visitando seu site, a experiência continua integrada, mas nos bastidores a conversa pode ser direcionada à equipe mais adequada para ajudar. Por exemplo, digamos que, durante uma conversa com o Suporte, fica claro que um usuário gratuito tem interesse em fazer um *upgrade* para um plano pago. Com alguns cliques, o Suporte pode direcionar esse usuário para a caixa de vendas, na qual um representante estará aguardando.

Em vez de fazer um único time gerenciando cada conversa que acontece no seu site, ao configurar caixas de mensagens separadas você pode dividir o fardo e permitir que os times ofereçam a melhor experiência possível às pessoas de acordo com suas aptidões.

◢ Deixe os *chatbots* darem uma mão

Uma das melhores maneiras de descobrir para qual caixa de entrada uma conversa deve ser direcionada é simplesmente perguntar: "Com quem você gostaria de conversar hoje? Com Vendas? Com o Suporte?". E embora esse seja um trabalho que seres humanos são perfeitamente capazes de fazer, ele pode se tornar um pouco repetitivo. É por isso que na Drift um dos primeiros *chatbots* que construímos perguntava aos visitantes do site com qual times eles queriam falar e o encaminhava para o setor (veja a Figura 6.6).

Automatizar com *chatbots* o processo de direcionamento de *leads* facilita que os compradores avancem mais depressa pelo seu funil de vendas. É como uma pista rápida: em vez de os compradores precisarem desacelerar e esperar que a empresa decida se eles são qualificados para conversar com um vendedor, hoje os compradores podem tomar essa decisão sozinhos e se conectar em tempo real com um vendedor.

FIGURA 6.6 Usando um *chatbot* para direcionar os *leads* aos departamentos certos

SAIBA O QUE FAZER (E USE FERRAMENTAS QUE POSSAM AJUDAR)

Depois que você implementar todas as integrações, escrever a mensagem perfeita de boas-vindas e configurar as caixas de entrada do jeito que quiser, inevitavelmente terá que dar o próximo passo lógico: conversar de verdade com as pessoas.

Até agora, neste capítulo, focamos nas diferentes maneiras de configurar a mensageria no site para garantir que você esteja preparado para o sucesso do marketing e das vendas conversacionais. Agora, vamos nos concentrar em como você pode se preparar para as conversas reais e personalizadas que terá. E, na verdade, tudo se resume a que você saiba o que está fazendo.

Prepare-se: as perguntas estão chegando

Depois de colocar a mensageria para funcionar no seu site, os visitantes começarão a fazer perguntas. E como descobrimos na Drift, após alguns dias ou semanas você começará a ver as mesmas perguntas repetidas várias vezes. Entre elas, perguntas sobre como usar seu produto e as características dele, e sobre preços e – para empresas que usam preços diferenciados – o que está incluído nos diferentes planos.

Sem dúvida essas perguntas são muito valiosas para sua empresa, já que elas podem ajudá-lo a identificar falhas nas ofertas de produtos e no marketing. No entanto, para oferecer uma experiência positiva às pessoas que fazem essas perguntas, você precisa conseguir respondê-las.

Além de estudar os prós e os contras de seu produto durante horários *offline*, há boas práticas que você pode seguir para garantir que sempre tenha as respostas certas.

1. **Crie respostas salvas.** Para as perguntas que você vê repetidas vezes, é possível criar e salvar respostas padronizadas que qualquer pessoa de sua equipe pode colar nas conversas. Essas respostas salvas podem ajudar sua equipe a responder de forma consistente a perguntas comuns. Entretanto, para evitar que as conversas pareçam robotizadas, recomendo que profissionais do marketing e de vendas nunca usem respostas salvas *ipsis litteris*. Em vez disso, você sempre deve ajustá-las para combinar com a maneira como escreve e se comunica pessoalmente.

2. **Mantenha aberto o suporte técnico ao conversar com os visitantes.** As pessoas acabam fazendo várias perguntas cujas respostas, no fim, elas poderiam encontrar sozinhas na base de conhecimento de sua empresa ou no suporte técnico. Mas, entenda, é por isso que esses visitantes começam a conversar com você via mensageria: elas não querem procurar respostas, querem perguntar para alguém que faça a pesquisa por elas. (É aí que você entra.)

❸ Integre seu suporte técnico e deixe os *chatbots* fazerem o trabalho. É claro que, com o surgimento dos *chatbots*, os seres humanos de sua empresa não são mais os únicos que podem responder a perguntas via mensageria. Ao integrar o suporte técnico ou a base de conhecimento de sua empresa e configurar um *chatbot* (veja a Figura 6.7), você pode automatizar o processo de procurar respostas no suporte técnico. Em seguida, você pode fazer o *chatbot* compartilhar links nos documentos de ajuda específicos onde os visitantes podem encontrar essas respostas.

FIGURA 6.7 Um *chatbot* sugerindo documentos de ajuda com base na pergunta do usuário

Oi! Estou adorando o produto até agora! Tenho uma pergunta sobre o que posso customizar.

Bot

Olá! Enquanto esperamos alguém aparecer, encontramos alguns links que podem ser úteis:

1. Customizando suas cores
2. Customizando seu botão
3. Como customizar em Configurações

Uma das maneiras de usar esse tipo de *chatbot* é fazê-lo aparecer quando você estiver *online,* mas cheio de visitantes. Você também pode colocá-lo para funcionar em horários *offline,* para que os visitantes possam encontrar respostas a perguntas básicas a qualquer hora do dia ou da noite.

CAPTURE *LEADS* (SEM USAR FORMULÁRIOS DE CAPTURA DE *LEADS*)

Depois que você organizar as configurações básicas para marketing e vendas conversacionais no seu site, não será mais necessário depender de formulários para capturar *leads*. Em vez disso, conseguirá usar a mensageria como uma nova fonte de *leads* e capturar esses *leads* 24 horas por dia.

Mesmo quando estiver *offline*, você pode configurar a mensageria para que ela sempre agregue valor e sempre responda a novos *leads* em tempo real – coisas que um formulário de captura de *leads* nunca conseguiria fazer. Com a mensageria no seu site, você vai conseguir capturar *leads* por meio de conversas. Além disso, será capaz de qualificar *leads* usando conversas.

Porém, antes de voltarmos a atenção à arte (e à ciência) da qualificação de *leads* via mensageria, quero passar o próximo capítulo explorando de que maneira podemos reformular um modo mais antigo de comunicação – que já conhecemos – e trazê-lo para o mundo em tempo real em que vivemos atualmente.

CAPÍTULO 7

SEGUNDO PASSO: MUDE SUA ESTRATÉGIA DE E-MAIL MARKETING PARA "EM TEMPO REAL"

Vamos ser diretos: e-mail não é mais o canal que era antes. Como já analisamos, os compradores de hoje – em particular, os *millennials* – estão usando cada vez menos o e-mail e preferindo cada vez mais a mensageria.

Indiscutivelmente, a queda do e-mail como canal de comunicação começou apenas alguns anos depois de sua invenção no início dos anos 1970, quando, em 1978, um gerente de marketing que trabalhava em uma empresa de computadores lançou ao mundo o primeiro e-mail de *spam*. Isso foi antes de começarmos a chamar os e-mails de *spam* de "*spam*". O e-mail não solicitado, encaminhado a 400 das 2600 pessoas que usavam a ARPANET (uma versão anterior da internet), anunciava a nova linha de computadores *mainframe* da companhia. Ele também deu o tom de como times de marketing usariam o e-mail nos anos seguintes.

Avançando para 2004, a PCMag.com publicou um editorial intitulado "The Death of E-Mail" ("A morte do e-mail"), em que o colunista escreveu: "É bem possível que o *spam* sozinho esteja acabando com o e-mail". Alguns artigos semelhantes apareceriam nos anos seguintes, com manchetes onde se liam "5 Scientific Reasons Why Email Is The Absolute Worst" (*Mic*, 2014 – "Cinco razões científicas pelas quais o e-mail é o que há de pior") e "How Email Became the Most Reviled Communication Experience Ever" (*Fast Company*, 2015 – "Por que o e-mail se tornou a experiência comunicativa mais odiada de todos os tempos").

E embora as pessoas estejam prevendo o fim do e-mail há décadas, a realidade é que ele ainda está vivo e funcionando. Como prova, é só se perguntar: você já verificou seus e-mails hoje?

O E-MAIL NÃO ESTÁ MORTO (VOCÊ SÓ O ESTÁ USANDO DE FORMA ERRADA)

Ainda que não seja o canal de comunicação mais popular do mundo, o e-mail ainda é usado por bilhões de pessoas. Na verdade, hoje há mais de 3,8 bilhões de usuários de e-mail no mundo todo, de acordo com um estudo de 2018 da Radicati Group. A título de comparação, em 2009 havia apenas 1,9 bilhão de usuários de e-mail.

Como profissionais de marketing e vendas, não podemos ignorar o e-mail como um canal. Ainda que a mensageria (e os *chatbots*) hoje ofereçam uma alternativa em tempo real, ainda há momentos em que faz sentido usar o e-mail para começar ou retomar conversas. Embora algumas empresas tenham ficado nervosas ao observar que suas taxas de abertura de e-mail estão cada vez mais baixas, e, como consequência, começaram a falar que o e-mail é um canal arruinado e ineficaz, a questão subjacente não é que o e-mail como canal seja ineficaz – a questão é que a maneira como usamos o e-mail está errada. Foi assim que o VP de Desenvolvimento da Drift, Guillaume Cabane, explicou a questão em um episódio do *Seeking Wisdom* (o podcast do qual sou coanfitrião com o líder de marketing da Drift):

> O importante é que, na maioria dos casos, não é o canal que é ineficiente, mas a ferramenta. Quando pensamos em todos os canais – *chat*, e-mail, web –, muitas vezes somos nós, profissionais de marketing, que rompemos o relacionamento com o cliente. Mas o canal em si ainda é válido. Se alguém vier me dizer "O e-mail não funciona para mim, a web não funciona para mim", digo, "Saia daqui. O e-mail funciona superbem, você só não está usando do jeito certo".

▲ Por que e-mails frios e ataques de *phishing* têm taxas de sucesso similares?

Só para esclarecermos a terminologia: e-mails frios são e-mails não solicitados que profissionais de marketing e de vendas enviam a potenciais clientes na esperança de que eles respondam e, é claro, acabem comprando. Ataques de *phishing*, por sua vez, são situações em que cibercriminosos tentam induzir as pessoas a fornecer informações pessoais (como senhas) enviando a elas e-mails que parecem oriundos de fontes legítimas. De acordo com Guillaume, a taxa média de sucesso desse tipo de ataque é cerca de 0,1%. Enquanto isso, a taxa média de resposta para um e-mail frio é cerca de 1% – melhor que a taxa de sucesso de um ataque de *phishing*, mas não muito. E Guillaume acredita que isso pode ser um sinal vermelho para os profissionais de marketing e vendas. Como ele explicou:

> Estão no mesmo nível, e o mais louco é que dá para pensar na pessoa que comete fraude como um profissional de marketing. Ela está tentando convencer o outro de que a mensagem é legítima e que o produto é bom... O motivo pelo qual gosto de compará-los é para provar que, em ambos os casos, as experiências são horríveis. Se você tem uma taxa de conversão de 1% em seu e-mail, isso quer dizer que está irritando 99 pessoas, pessoas reais, para conseguir vender seu produto a uma única pessoa. E isso é quase um spam. Um horror.

OS PROBLEMAS COM O E-MAIL MARKETING TRADICIONAL

Então, como foi que o marketing por e-mail se tornou uma experiência tão ruim para compradores e um canal com desempenho tão baixo para as empresas? Identifiquei três fatores principais.

◢ 1. E-mails não são em tempo real

Ainda que haja muitos estudos que analisaram os melhores dias – e horas – para enviar e-mails, a realidade é que o melhor momento para entrar em contato com potenciais clientes é sempre o mesmo: quando *eles* querem. É por isso que a popularidade da mensageria e dos *chatbots* está crescendo. Como descobrimos em um relatório de 2018 que publicamos na Drift (em colaboração com a SurveyMonkey Audience, a Salesforce e o myclever), consumidores deram uma classificação muito mais alta aos *chatbots* do que ao e-mail quando se tratava de obter respostas rápidas a perguntas simples (69% *versus* 33%) e de suporte 24 horas (62% *versus* 38%). Veja a Figura 7.1 para ver a análise completa.

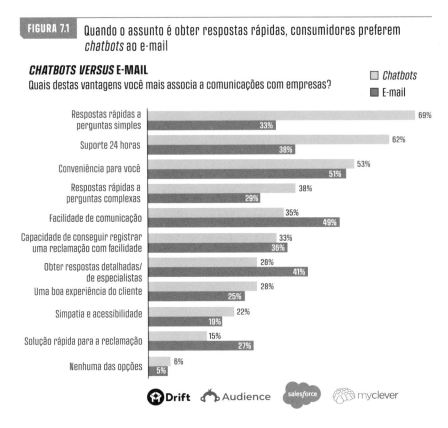

FIGURA 7.1 Quando o assunto é obter respostas rápidas, consumidores preferem *chatbots* ao e-mail

Com o e-mail tradicional, é impossível dar aos compradores de hoje a experiência em tempo real e sob demanda que eles esperam – graças, sobretudo, ao surgimento da mensageria e dos *chatbots*. Mesmo que o e-mail seja um canal conhecido e ótimo para oferecer respostas aprofundadas a perguntas complexas, ele não é rápido o suficiente para acompanhar o ritmo dos compradores atuais.

2. E-mails são usados de maneira abusiva

Sim, isso é óbvio, mas é algo que todos precisamos meter na cabeça: como profissionais de marketing e de vendas, estamos enviando e-mails demais. Em vez de usarmos o e-mail como um canal para ter conversas individuais com pessoas que provavelmente comprarão, nós o usamos como megafone para divulgar nosso conteúdo e promoções para a maior quantidade possível de pessoas. Em vez de nos concentrarmos na experiência que estamos oferecendo, estamos focando quase exclusivamente nos números, obcecados com taxas de abertura e de cliques. E quando se trata de aumentar esses números, a solução sempre foi a mesma: enviar mais e-mails e esperar pelo melhor.

Usando essa abordagem do "disparar e rezar" para marketing por e-mail, não apenas estamos usando o e-mail de maneira indevida como canal de comunicação, também estamos abusando das caixas de entrada de e-mail de nossos potenciais clientes.

3. E-mails não são inteligentes

É um cenário bem comum: várias pessoas de sua empresa enviando e-mails aos mesmos potenciais clientes, às vezes no mesmo dia. Por exemplo, imagine um vendedor enviando um e-mail a um potencial cliente, oferecendo-se para ajudar e responder a quaisquer perguntas que esse cliente possa ter. Então, uma hora depois, sua equipe de marketing envia um e-mail convidando o mesmo potencial cliente para um *webinar*. E então, uma hora depois do envio *deste último* e-mail, seu time de produtos envia a esse potencial cliente uma atualização por e-mail sobre o produto.

Por um lado, fica claro que há um excesso de comunicação acontecendo aqui, já que os e-mails enviados pelas empresas estão se acumulando nas caixas de entrada das pessoas. Por outro lado, há uma falta de comunicação interna. Em um mundo ideal, ou, diria eu, uma empresa ideal, os times estariam perfeitamente sincronizados com todos os e-mails que enviam. Porém, quando o tamanho dos times começa a crescer e o número de funcionários aumenta para dezenas, centenas e milhares, coordenar todos esses e-mails fica quase impossível. Portanto, em vez de ter que depender de pessoas e processos internos para garantir que não estamos enviando e-mails em excesso, por que não confiar no canal de comunicação em si? Resposta: até recentemente, o e-mail não era inteligente. A tecnologia de automação do marketing tradicional foi elaborada para maximizar resultados do seu time de marketing, não para otimizar a experiência de seus potenciais clientes.

ALGUNS PEQUENOS AJUSTES PARA LEVAR A SUA ESTRATÉGIA DE E-MAIL MARKETING PARA O MUNDO DO TEMPO REAL

Recapitulando, três dos principais problemas com o marketing tradicional por e-mail são os seguintes:

❶ E-mails não são em tempo real.

❷ E-mails são usados de maneira abusiva.

❸ E-mails não são inteligentes.

O lado bom: com algumas dicas simples, você pode modernizar sua estratégia de marketing por e-mail e começar a usar e-mails como ferramenta para engajar (e reengajar) potenciais clientes em conversas em tempo real. Veja como fazer isso.

1. Conecte o e-mail à mensageria em tempo real

Vamos começar com a mudança mais simples de todas (mas também a mais impactante). Em cada e-mail que você envia, comece a incluir um hyperlink que permitirá ao destinatário iniciar uma conversa em tempo real com um único clique. Você pode criar esse hyperlink em segundos dentro de sua plataforma de vendas e marketing conversacional. Além de criar links que levem a conversas com vendedores ou outros seres humanos de sua empresa, você também pode configurar links que ativem conversas com *chatbots*. (Na Drift, por exemplo, usamos o link drift.com/#getademo para ativar um *chatbot* que permite que potenciais clientes agendem demonstrações com vendedores.)

De acordo com a nossa experiência, conectar mensageria em tempo real ao e-mail permite que os compradores pulem a parte da "nutrição" do processo de compras e passem diretamente para a conversa individual. Com um simples clique em um link, um comprador pode obter uma linha direta com um vendedor (ou o calendário de um vendedor). Além disso, como profissionais de marketing e de vendas, podemos personalizar as experiências das pessoas que dão início a conversas em tempo real a partir de nossos e-mails. Especificamente, podemos customizar as mensagens de boas-vindas que eles veem, ou chamá-los pelo nome e/ou citar o e-mail que acabaram de ler (veja a Figura 7.2).

Após conectar o e-mail com a mensageria em tempo real, você vai conseguir fechar o ciclo entre as conversas que acontecem por e-mail e as que acontecem no seu site o que, por sua vez, contribuirá para uma experiência mais coesa para os compradores.

FIGURA 7.2 Mensagem de boas-vindas no site da Drift, personalizada para uma pessoa com quem também nos comunicamos por e-mail

2. Envie menos e-mails (e mais segmentados)

A abordagem "disparar e rezar" do marketing por e-mail é ineficiente e – para muitos times – está gerando menos retornos. A solução: pare de ser amplo e seja mais específico. Em vez de inundar as caixas de entrada com e-mails que compartilham a maior quantidade possível de informações na esperança de que algo tenha eco, comece a aperfeiçoar sua mensagem para que ela corresponda às questões específicas das pessoas a quem você envia os e-mails.

Como explicou o VP de Desenvolvimento da Drift, Guillaume (durante o mesmo episódio de *Seeking Wisdom* que mencionei anteriormente), nem todas as equipes de marketing e vendas estão percebendo a terrível taxa de resposta de 1% aos e-mails frios que ele citou. Na verdade, algumas equipes estão vendo resultados muito mais altos. O segredo? Relevância. Citando Guillaume:

> Se você olhar para o outro extremo, pessoas que geram experiências muito boas, que sabem como usar aquele canal, obtêm de 15% a 20% de taxas de resposta positivas. Vi uma empresa com 44% de taxas de resposta aos e-mails de outbound, seus e-mails frios. E não porque investiram mais tempo, mas porque a mensagem é mais relevante. O negócio é a relevância da mensagem. Há valor na leitura daquela mensagem. Ela é valiosa para a pessoa que a recebe. Ela o informa onde está o tesouro enterrado no seu jardim.

Esse "tesouro enterrado" é o valor que um potencial cliente está perdendo. É a solução ao problema específico que esse cliente está tentando resolver. Logo, como profissionais de marketing e vendas, para que nossos e-mails tenham repercussão, precisamos dar a potenciais clientes "mapas do tesouro" personalizados.

Em vez de usar o e-mail para listar cada benefício que nosso produto ou serviço pode oferecer, deveríamos usá-lo para falar sobre *um* benefício que aquele comprador em particular está interessado em conhecer. E se o comprador já citou isso em uma conversa pelo site, boa notícia: você pode rever a transcrição da conversa para descobrir com facilidade do que se trata. Se você ainda não conversou com a pessoa a quem enviou o e-mail, é possível descobrir qual benefício destacar analisando a área em que ela atua, a quantidade de funcionários da empresa dela e outras características. E ao escrever seu e-mail, você poderia, por exemplo, mencionar empresas semelhantes que já sejam suas clientes e informar o que fez essas clientes optarem pela compra.

◢ 3. Use filtros inteligentes

Embora conectar e-mails à mensageria em tempo real e enviar menos e-mails mais segmentados definitivamente ajudarão a contribuir para uma experiência melhor de marketing por e-mail para compradores, essas ações por si só não resolverão tudo. Mais especificamente, ainda há aquela questão irritante de compradores recebendo múltiplos e-mails de vários times.

Solução: ao configurarmos nossa lista de público-alvo por e-mail, precisamos começar a usar "filtros inteligentes", que analisem o comportamento de uma pessoa por e-mail e pela mensageria, e que pulem automaticamente os contatos com os quais você se engajou recentemente (ou com quem está se engajando em tempo real). Com um único clique, você pode aplicar um filtro inteligente e garantir que potenciais clientes não sejam inundados com e-mails.

Basicamente, precisamos iniciar conversas com nossos potenciais clientes onde eles estão. Portanto, se eles estão em nossos sites, é aí que devemos nos engajar com eles, usando a mensageria. E graças aos filtros inteligentes podemos garantir que durante essas conversas via mensageria não iremos enviar e-mails ao mesmo tempo. Dessa forma, podemos manter a atenção de potenciais clientes focada na conversa atual. No entanto, se percebemos que esses potenciais clientes saíram do site e não voltaram por algum tempo, podemos mudar para o e-mail para entrar em contato e tentar trazê-los de volta.

▲ 4. Envie e-mails no formato de texto simples

Na Drift, antes mesmo de tomarmos a decisão de nos livrarmos dos formulários de captura de *lead* e liberar conteúdo, decidimos abandonar e-mails elaborados em HTML e orientar nossas equipes de marketing e vendas a enviar somente e-mails com texto simples. Definição rápida: e-mails com texto simples são exatamente o que parecem ser. São bem parecidos com os e-mails que você envia aos amigos e familiares. Não há elementos de design elaborado, só as palavras e imagens (e emojis) que você deseja compartilhar.

Assim como no caso da troca de formulários pela mensageria, trocar e-mails HTML por e-mails de texto simples não era o que o manual tradicional de marketing e vendas recomendava. Dê uma olhada nos e-mails que você recebe da maioria das empresas hoje. Há grandes blocos de cores, fontes complexas, logos… quase se parecem com panfletos ou anúncios que você receberia por correio. Mas pense um pouco: o que a maioria faz ao encontrar panfletos ou anúncios nas caixas de correio? Isso mesmo: jogamos na lata de lixo reciclável. Por outro lado, quais são as cartas que a maioria sempre abre, muitas vezes quase imediatamente? Cartas que parecem vir de amigos ou familiares.

O profissional do marketing de resposta direta e *copywriter* Gary C. Halbert explicou esse fenômeno no livro *The Boron Letters* (2013). Citando Halbert:

> Posso afirmar que todo mundo divide a correspondência diária em duas pilhas. Uma "pilha A" e uma "pilha B". A pilha "A" contém cartas que parecem pessoais. Como cartas de amigos, parentes, sócios e assim por diante. Por outro lado, a pilha "B" contém esses envelopes que, como no exemplo anterior, obviamente, carrega uma mensagem comercial. Ora, o negócio funciona assim: todo mundo sempre abre todas as correspondências da pilha "A". E por motivos óbvios. Afinal, todo mundo quer ler correspondências pessoais.

Ao usar e-mails com texto simples, você pode replicar a sensação ou o clima de uma carta pessoal, aumentando assim a probabilidade de colocar esses e-mails nas pilhas "A" das pessoas. Ainda que você esteja usando automação de marketing para enviá-los, e-mails escritos de forma simples ainda parecem mais autênticos do que seus equivalentes elaborados e semelhantes a panfletos. Claro, o visual não é o fator mais importante nessa equação: sua mensagem é – as palavras que você está escrevendo. No entanto, se você eliminar elementos de design desnecessários de seus e-mails, os leitores conseguirão se concentrar exclusivamente na informação que você está compartilhando e no valor que está oferecendo. Com e-mails de texto simples, você deixa claro a potenciais clientes que não está tentando sobrecarregá-los ou deslumbrá-los, e sim ajudá-los.

POR QUE AS RESPOSTAS SÃO A MÉTRICA MAIS IMPORTANTE DO E-MAIL MARKETING

Na Drift, um dos primeiros e-mails de marketing que convertemos para texto simples foi nosso e-mail de boas-vindas para novos assinantes da newsletter, que enviamos automaticamente às pessoas que se inscrevem para recebê-la. Percebemos logo de cara que o formato em texto simples se alinhava perfeitamente com o tom amigável e familiar que nosso chefe de marketing, Dave Gerhardt, usava em seu texto no e-mail. E assim que fizemos a mudança, imediatamente ficou provado que essa abordagem estava funcionando: centenas de pessoas estavam respondendo. E não, elas não estavam respondendo pedindo para serem excluídas de nossa lista de e-mail; muitas delas, na verdade, comentavam como tinham gostado do e-mail em si.

Foi aí que caiu a ficha: fazer marketing por e-mail do jeito certo significa conversar de verdade. Não se trata apenas do que você tem a dizer às pessoas, mas do que consegue aprender com elas. Assim, decidimos atualizar nosso e-mail de boas-vindas ainda mais, a fim de tornar mais explícito o que queríamos que as pessoas respondessem (veja a Figura 7.3). Hoje, esse e-mail tem uma taxa de resposta de cerca de 30%.

Considerando o volume de e-mails de marketing que as pessoas recebem a cada dia, o fato de uma delas parar o que está fazendo e responder seu e-mail é significativo, e é sinal de que sua mensagem está repercutindo. É por isso que consideramos as respostas a métrica de e-mail mais importante que podemos rastrear. Na Drift, incluímos respostas a e-mails em nosso painel de relatórios e as monitoramos, ao lado da quantidade de conversas via mensageria ou "*chats*" que geramos por e-mail, bem como quantas reuniões de vendas agendamos. (Obs.: vamos aprender mais sobre usar o e-mail para agendar reuniões de vendas no Capítulo 13.)

FIGURA 7.3 E-mail com texto simples que enviamos a assinantes da newsletter na Drift

> OK, vamos tirar isso do caminho.
> Mesmo que este seja um e-mail automático...
> Só queria dizer "olá" e avisar que sou uma pessoa de verdade.
> Sou o Dave e trabalho na equipe de marketing da Drift. Posso não o conhecer pessoalmente ainda, mas estou animado por você estar aqui.
> Você tem minha palavra de que respeitaremos sua caixa postal e somente lhe enviaremos e-mails quando tivermos conteúdo novo (ou algo que valha a pena contar).
> **Um favor antes que eu vá embora:** poderia responder a este e-mail para me dizer por que você se inscreveu?
> Adoraríamos saber mais sobre você.
> Nos falamos em breve.
> - Dave
> Diretor de marketing da Drift.com

◢ Onde as taxas de abertura e clique falham

O manual do marketing tradicional por e-mail nos ensinou a otimizar duas métricas principais: taxas de abertura, ou a porcentagem de pessoas que abrem nossos e-mails, e taxas de cliques, ou a porcentagem de pessoas que clicam nos links dentro de nossos e-mails. Naturalmente, como time de marketing, essas são coisas lógicas a serem medidas. Afinal, todo time quer saber quantas pessoas estão dedicando tempo para olhar e se engajar com os e-mails que estamos enviando. Porém, como resultado de focar quase exclusivamente nessas duas métricas, ignoramos o fato de que o e-mail é um canal de comunicação de mão dupla.

Ainda que analisar taxas de abertura e de cliques possa nos ensinar alguma coisa sobre nossos potenciais clientes, conversar individualmente com eles nos ensina mais.

É por isso que o objetivo central do marketing por e-mail não deveria ser atingir a quantidade máxima possível de pessoas ou fazer que o maior número possível delas visite uma *landing page*, mas sim fazer as pessoas responderem e conversarem de verdade conosco. Isso porque, em última instância, toda venda começa com um relacionamento, e todo relacionamento começa com uma conversa.

No próximo capítulo, analisaremos como dominar a arte (e a ciência) desse tipo de conversa.

Fazer marketing por e-mail do jeito certo significa **conversar de verdade**. Não se trata apenas do que você tem a dizer às pessoas, mas do que consegue **aprender** com elas.

CAPÍTULO 8

TERCEIRO PASSO: DOMINE A ARTE (E A CIÊNCIA) DA QUALIFICAÇÃO DE *LEADS* POR MEIO DE CONVERSAS

Ainda que adicionar mensageria em tempo real a seu site (e a seus e-mails) permita a seus times de marketing e vendas que comecem a ter mais conversas, a tecnologia por si só não vai garantir que essas conversas resultarão em novos *leads* e clientes para sua empresa. Adaptar-se a uma estratégia de marketing e vendas conversacionais não é só usar as ferramentas certas, mas fazer as perguntas corretas e usar conversas para construir relacionamentos. Como profissional de marketing ou de vendas interessado em adotar uma estratégia conversacional, isso quer dizer que você vai precisar trabalhar suas habilidades de conversação.

A boa notícia: mesmo para quem não é conversador por natureza, há uma ciência para usar conversas a fim de escolher a informação certa para que você possa qualificar um *lead*. Mas, ao mesmo tempo, isso também é uma arte. Pois se todo mundo em sua empresa seguisse roboticamente o mesmo protocolo de conversação em vez de ser espontâneo e deixar a própria personalidade transparecer, a experiência geral deixaria a desejar.

Nas últimas décadas, empresas e compradores se distanciaram. Seus relacionamentos ficaram tensos. Ao adotar um tom amigável e falar com seus potenciais clientes como se estivesse conversando com um amigo de confiança (e não apenas com "algum *lead*"), você conseguirá reparar esses relacionamentos, uma conversa de cada vez.

É claro que é mais fácil falar do que fazer. E uma das coisas em que vi as empresas tropeçando várias vezes: descobrir o que dizer às pessoas com quem estão conversando.

ENTÃO, É... O QUE EU DEVO DIZER?

Primeiro o mais importante: diga "Oi", "Olá" ou "E aí?". Independentemente de como quiser cumprimentar seus potenciais clientes, não deixe de fazer isso *e* de fazer imediatamente – assim que alguém clicar na mensagem de boas-vindas no seu site (ou em um link enviado por e-mail) e começar uma conversa. Mesmo que você esteja conversando com outro potencial cliente ao mesmo tempo, é importante cumprimentar as novas pessoas imediatamente. Assim, ela saberá que realmente tem alguém ali. Da mesma forma, se você vai precisar de um minuto para encerrar uma conversa anterior antes de conseguir ajudar alguém, seja honesto e diga à pessoa logo de cara: "E aí? Estarei com você em um minuto". Acredite em mim: é melhor se engajar logo e definir expectativas do que deixar alguém esperando. Como profissional de marketing ou vendas conversacionais, a última coisa que você quer ver é um potencial cliente digitando "Olá? Olá? Tem alguém aí?".

Se você pensar bem, o que está fazendo aqui é o mesmo que funcionários fazem numa loja física. Ainda que haja uma única pessoa cuidando do local, ela vai cumprimentar cada cliente novo que passar pela porta. Em última instância, se alguém dedica seu tempo para visitar sua loja ou site, ela é digna de um "Olá".

◢ Avise-as que você é um ser humano

Se você está usando *chatbots* para receber visitantes no seu site e orientá-los aos times certos, também é possível usar sua saudação de abertura como oportunidade para confirmar que é um ser humano – não um *chatbot*. Por exemplo, depois que um *chatbot* manda um novo *lead* para você, é possível começar dizendo algo como "E aí? Ser humano aqui, feliz em ajudar". Como profissional do marketing ou vendedor, é uma ótima maneira de quebrar o gelo e deixar claro imediatamente que o *chatbot* cumpriu sua função e agora saiu do caminho.

É claro que, em vez de chegar direto e afirmar – "Sou um ser humano!" – você pode demonstrar sua condição de outras maneiras. Por exemplo, depois de dizer "Olá", você dar um pequeno resumo de quem é e o que faz. Para mim, pode ser algo do tipo: "Oi, aqui é o David, CEO da Drift. Como posso ajudar?".

Faça perguntas

Independentemente de como se apresenta, o mais importante é que, depois de fazer isso, você deve *afastar* a conversa de você, sua empresa ou do que está vendendo e a *aproximar* da pessoa com quem está conversando e do problema que ela está tentando resolver. Como Dale Carnegie escreveu em seu livro que já virou uma lenda, *Como Fazer Amigos e Influenciar Pessoas* (1936): "Fale com uma pessoa sobre ela mesma e ela vai ficar ouvindo por horas".

E qual a melhor maneira de fazer as pessoas falarem sobre si mesmas? Fazendo perguntas e prestando atenção às respostas. Como escreveu Carnegie: "Se seu desejo é ser um bom conversador, seja um ouvinte atento. Para ser interessante, seja interessado. Faça perguntas que a outra pessoa vai gostar de responder". E mesmo que nesse contexto Carnegie esteja escrevendo sobre usar o poder de fazer perguntas para conquistar amigos, os times de marketing e vendas podem usar a mesma abordagem para ganhar clientes. A única parte difícil: bolar perguntas que seus potenciais clientes vão querer responder.

AS MELHORES PERGUNTAS PARA FAZER A QUEM VISITA SEU SITE

Existe uma diferença-chave entre perguntas boas e perguntas ruins: o valor. Perguntas boas geram valor para você *e* para a pessoa com quem está conversando, enquanto perguntas ruins, na melhor das hipóteses, geram valor só para você, e na pior, para ninguém.

Seguem algumas dicas para garantir que suas perguntas de qualificação sempre acrescentem valor a ambas as partes:

> **Evite fazer perguntas fechadas.** Perguntas fechadas são aquelas que têm apenas sim ou não como resposta. Quando usadas em excesso, elas podem fazer as conversas parecerem automatizadas, como se você estivesse apenas seguindo uma *checklist*. Deixando as perguntas abertas, você permite que potenciais clientes compartilhem opiniões e *insights* que, de outra forma, não seriam ditas. Assim, por exemplo, em vez de fazer uma pergunta fechada como: "Você gosta de usar a solução X?", você poderia deixá-la aberta ao perguntar: "O que você gosta na solução X?".

- **Evite seguir um roteiro.** Ainda que um roteiro possa servir como respaldo para o que você diz a potenciais clientes, ele não deve ser seguido linha por linha e lido *ipsis litteris*. Sim, sempre é útil ter uma lista de perguntas que agreguem valor comprovado que você pode consultar durante as conversas (logo analisaremos esse assunto), mas para garantir a melhor experiência possível, você precisa deixar cada conversa se desenrolar naturalmente. Alguns *leads*, é inevitável, vão demorar mais para qualificar do que outros. Em vez de forçá-los a aceitar seu roteiro e obrigá-los a se adaptar, você precisa ser flexível e aprender como se adaptar a eles.

- **Seja autêntico.** A maioria de nós já lidou com um vendedor ultraempolgado, uma pessoa que parece afoita demais e que tenta nos agradar mais que o necessário. No universo do marketing e das vendas conversacionais, isso pode assumir a forma de um profissional do marketing ou vendedor que usa pontos de exclamação em excesso e/ou repete, sem parar, "Maravilha!" ou "Demais!" a qualquer resposta dada por um potencial cliente. Portanto, sempre que *você* estiver conversando com um potencial cliente, não deixe de ser autêntico e não fale apenas o que acredita que essa pessoa quer ouvir.

Agora que definimos algumas regras básicas, vamos analisar perguntas reais que você pode usar para qualificar *leads*.

Uma lista de perguntas comuns para qualificação

É claro que as perguntas específicas de qualificação que você faz a quem visita seu site vão depender de vários fatores, desde seu ramo de atuação, o produto ou o serviço que está vendendo e os tipos de clientes para os quais está vendendo. Mas, via de regra, depois de cumprimentar alguém e confirmar que você é um ser humano de carne, osso e que respira, as perguntas a seguir podem ajudá-lo a descobrir se a pessoa com quem está conversando tem um perfil adequado para comprar. Na Drift, usamos estas perguntas (e variações) nas conversas diárias com potenciais clientes.

➤ **"O que o trouxe aqui hoje?"** Esta é uma das primeiras perguntas que você deveria fazer, porque quanto antes descobrir por que alguém veio visitar seu site e se engajou com você, mais cedo poderá ajudar essa pessoa em sua jornada e orientá-la na direção certa.

➤ **"Por que você decidiu assinar?"** Se você trabalha em uma empresa *software-as-a-service* (SaaS) e está conversando com alguém que recentemente assinou uma versão gratuita de seu produto, pode usar essa pergunta como alternativa a "O que o trouxe aqui hoje?" Ao identificar a razão pela qual alguém decidiu testar seu produto gratuito, é possível avaliar melhor se essa pessoa teria ou não um perfil adequado para uma versão paga.

➤ **"O que você espera realizar?"** Compreender as aspirações de seus potenciais clientes e como eles planejam usar seu produto é crucial para descobrir se seriam ou não possíveis compradores. Em alguns casos, você pode descobrir logo de cara que alguém claramente *não* é um potencial comprador, com base na resposta que essa pessoa dá a essa pergunta. Por exemplo, você pode descobrir que uma pessoa está planejando usar seu produto para resolver o problema X, embora ele tenha sido projetado especificamente para resolver o problema Y. Ao fazer essa pergunta logo no início do processo de qualificação de *leads*, você pode descobrir se as expectativas da pessoa se alinham com o que seu produto realmente oferece e garantir que ninguém perca tempo.

➤ **"Quais objetivos específicos você está tentando atingir?"** Uma sequência natural para "O que você espera realizar?", esta pergunta se aprofunda nos detalhes sobre como alguém pensa em usar seu produto ou serviço. Quais métricas essa pessoa está tentando otimizar? Que aumento (ou diminuição, dependendo da métrica) ela está tentando otimizar? Ao compreender as nuances do que um potencial cliente está esperando, você estará mais bem equipado para personalizar a experiência de compras e adaptar seu discurso para mostrar como seu produto ou serviço pode agregar valor nos lugares certos.

➤ **"Quais ferramentas/produtos/serviços você usa atualmente para atingir esses objetivos?"** Se a pessoa com quem você conversa atualmente está usando um produto ou um serviço da concorrência, isso é definitivamente algo de que você vai (a) querer saber, e (b) falar durante sua conversa. Mesmo que essa pessoa não esteja usando um produto ou um serviço concorrente, saber como ela atualmente resolve (ou tenta resolver) o problema dará uma ideia de como sua solução poderia se encaixar nesse panorama. É claro que depois de saber quais ferramentas as pessoas estão usando, você também pode perguntar sobre a eficácia delas, e até que ponto são fáceis (ou difíceis) de usar. Saber isso vai permitir personalizar mais as conversas que está tendo e avaliar melhor os potenciais clientes com quem está conversando.

USE DADOS PARA TER CONVERSAS MELHORES

Ao fazer as perguntas certas (e prestar atenção nas respostas), você conseguirá aprender mais sobre seus potenciais clientes do que aprenderia usando formulários de captura de *leads*. Em vez de parecer que estão inserindo dados em uma planilha, com o marketing e as vendas conversacionais, potenciais clientes se sentem ouvidos de verdade (e estão sendo mesmo). Como já mencionei anteriormente, o velho manual de marketing e vendas enfatizava ser voltado para dados, e não ser voltado para o cliente. No entanto, isso não quer dizer que você não deveria usar dados para tomar decisões melhores… ou para ter conversas melhores.

Enquanto você usa a mensageria no seu site, muitos dados úteis podem ser exibidos automaticamente na janela de conversa. Por exemplo, se você está conversando com visitantes anônimos – pessoas cujos endereços de e-mail você ainda não tem –, conseguirá mesmo assim ver em qual página do site elas estão, o endereço IP delas, localização (cidade e país), horário local, sistema operacional e navegador web que estão usando, bem como a quantidade de conversas que já tiveram com você (veja a Figura 8.1). Todos esses são dados básicos que uma plataforma de marketing e vendas conversacionais pode mostrar automaticamente a cada nova conversa que você tiver.

Esses dados podem ajudá-lo a ter conversas melhores e mais personalizadas, já que você não está iniciando essas conversas sem nenhuma informação. Mesmo quando estiver conversando com visitantes anônimos, você tem alguma ideia sobre quem são eles, e pode usar isso a seu favor. Por exemplo, se você souber que a pessoa da conversa está em Boston, Massachusetts, é possível perguntar, para quebrar o gelo, "Como está o tempo aí em Boston hoje?". Ou, se souber que essa pessoa atualmente está na página de preços, poderia dizer algo do tipo: "Ei, notei que você esteve em nossa página de preços. Posso ajudar com alguma dúvida sobre preços?".

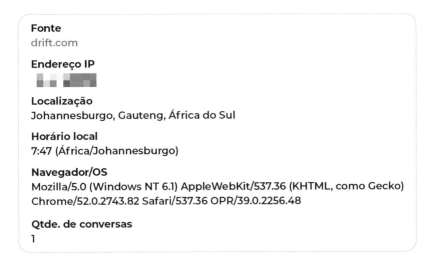

FIGURA 8.1 O perfil de um visitante anônimo na homepage da Drift.com

Porém, reiterando, esses são apenas dados básicos que você pode usar para ter conversas melhores. Na verdade, o que fizemos foi somente dar uma amostra dos tipos de *insights* que você pode ter. Especificamente, com o advento da tecnologia de enriquecimento de dados, equipes de marketing e vendas agora podem acessar muitos dados demográficos e firmográficos sobre as pessoas com quem estão conversando e usar esses dados para personalizar ainda mais a experiência de compra.

Enriquecimento de dados

Enriquecimento de dados é o processo de pegar dados brutos e aprimorá-los, refiná-los ou melhorá-los para deixá-los mais valiosos. Como profissional de marketing ou de vendas, depois que você capturou o endereço de e-mail de uma pessoa durante uma conversa, é possível usar uma solução de enriquecimento de dados para varrer automaticamente a web em busca de dados públicos relevantes associados a esse endereço de e-mail. Esses dados "enriquecidos" que você coleta podem incluir o nome de uma pessoa, URL e foto de perfil do LinkedIn, informações sobre emprego e mais (veja a Figura 8.2).

Antigamente, para rastrear esses dados de todos os seus *leads* seria necessário fazer centenas, se não milhares de buscas e depois inseri-las manualmente em uma base de dados. Hoje, ao integrar a mensageria a uma solução de enriquecimento de dados, você pode obter instantaneamente esses dados pessoais importantes (sem precisar fazer um monte de tarefas chatas e repetitivas) e entender com mais profundidade os potenciais clientes com quem está conversando.

FIGURA 8.2 Isso é o que o enriquecimento de dados pode nos informar sobre o líder de marketing da Drift, Dave Gerhardt, com base no seu endereço de e-mail

◢ Endereço IP correspondente

É claro que alguns potenciais clientes visitarão seu site muitas vezes, farão perguntas, mas nunca deixarão um endereço de e-mail. Até pouco tempo, era impossível descobrir quem eram essas pessoas ou se elas teriam o perfil adequado para virarem compradores. Mas a questão é que com a tecnologia de enriquecimento de dados, um endereço de e-mail não é o único marcador que você pode usar para identificar pessoas. Também é possível usar endereços IP.

Com a correspondência de endereço IP, uma solução de enriquecimento de dados analisa o endereço IP da pessoa com quem você está conversando e o associa ao nome de domínio da empresa em que ela trabalha. A partir daí, há dezenas de outros pontos de dados que podem aparecer, inclusive o nome da empresa, a quantidade de funcionários que trabalham lá, o ramo de atuação, onde está localizada, o montante de financiamento levantado, bem como links para seus perfis no LinkedIn e no Twitter (veja a Figura 8.3). É desnecessário dizer que, para empresas B2B, essa tecnologia facilitou demais a vida, além liberar profissionais de marketing e de vendas para que pudessem se concentrar em tarefas mais importantes.

Graças à correspondência de endereço IP, agora você consegue identificar *leads* que, de outra forma, teriam passado despercebidos. Além disso, como empresa B2B, hoje você pode monitorar para ver se várias pessoas da mesma empresa estão visitando seu site – um sinal certeiro de que essa empresa está interessada em comprar.

FIGURA 8.3 Exemplo de resultados que a correspondência de um IP pode fornecer para um visitante anônimo

- https://app.drift.com/dashboard
- Thrivehive
- 30 funcionários
- B2B, SaaS, Tecnologia, TI...
- company/thrivehive
- Boston, Massachusetts, EUA
- Internet software & Services
- US$ 5.500.000 levantados
- thrive_hive

No entanto, é importante lembrar que, mesmo que as informações que você descobre sobre potenciais clientes por meio de enriquecimento de dados e correspondência de endereço IP possam ser úteis, elas não substituem o que você pode aprender com as conversas reais.

PONTUE OS *LEADS* COM QUEM VOCÊ CONVERSA (E ENVIE OS MELHORES PARA O PESSOAL DE VENDAS)

Ainda que os dados possam nos ajudar a revelar fatos objetivos sobre as pessoas com quem conversamos, o processo de qualificação de *leads*, em geral, é bastante subjetivo. Depois de conversar com a mesma pessoa, um profissional do marketing ou vendedor pode decidir que ela tem um perfil adequado, enquanto outro pode chegar à conclusão oposta.

Para resolver o problema da consistência, você precisa elaborar um conjunto de orientações compartilhadas. Em vez de pensar na qualificação de *leads* como um sistema binário, em que os *leads* ou são qualificados ou não, você precisa considerar a qualificação de *leads* como um espectro. No limite inferior estão as pessoas que você não colocaria em contato com o pessoal de vendas, e no limite superior estão aquelas a quem você deve abrir um atalho e colocar em contato imediato com um vendedor.

O espectro dos *Conversation-Qualified Leads* (CQLs)

Conforme analisamos no Capítulo 4, uma vez que você adota marketing e vendas conversacionais, conseguirá mudar de foco, passando de *marketing-qualified leads* (MQLs) e *sales-qualified leads* (SQLs) para *conversation-qualified leads* (CQLs) – pessoas que expressam intenção de comprar durante conversas individuais. Entretanto, como descobrimos na Drift, há níveis variados por meio dos quais as pessoas podem demonstrar intenção. Portanto, para fazer nossos profissionais do marketing e vendedores falarem a mesma língua, elaboramos as seguintes orientações. Elas explicam como são os níveis diferentes de CQL, embora comecem explicando o que é um *lead* não qualificado. Vamos examinar.

- **Não qualificado.** Alguém que talvez não entenda exatamente o que seu produto faz e precise fazer mais pesquisa por conta própria para ver do que se trata sua empresa. Pessoas que se encaixam nessa categoria definitivamente não devem ser colocadas em contato com um membro de sua equipe de vendas. (No entanto, isso não significa que em determinado momento elas não se tornarão CQLs.)

- **Bom *lead*.** Alguém que veio ao seu site, está fazendo perguntas sobre seu produto ou serviço e ansioso para conhecer mais. Certifique-se de que sua equipe de vendas ou BDR converse com esses *leads* enquanto eles estiverem no seu site, para que você possa responder às perguntas e ajudá-los a avançar pelo seu funil de vendas.

- ***Lead* melhor.** Esse é um bom *lead* que deu o próximo passo, visitando sua página de preços e/ou fazendo perguntas sobre características específicas e planos de preços. Em vez de transferir esses *leads* a um time de

BDRs para obter mais qualificação, você poderia perguntar se eles estão interessados em agendar uma demonstração do produto com sua equipe de vendas. Se a resposta for "sim", você pode colocar um calendário de vendedores diretamente na conversa com apenas alguns cliques e deixar as pessoas escolherem as datas e horários que sejam melhores para elas.

▶ **O melhor dos *leads*.** É alguém que aparece no seu site e se interessa imediatamente em agendar uma demonstração e/ou entrar em contato com um vendedor para conversar sobre o uso de seu produto ou serviço para o caso específico da empresa dele ou dela. Esses são os *leads* que você precisa colocar no radar do pessoal de vendas o mais rápido possível.

Pontuando os CQLs

Na Drift, agregamos esse espectro CQL em nossa plataforma de marketing e vendas conversacionais, o que nos permite pontuar CQLs durante conversas com um simples clique em um dos quatro botões (veja a Figura 8.4). Esses botões, que correspondem aos diferentes tipos de CQLs no espectro, usam ícones de raios para representar qualidade. Quanto mais ícones de raios, melhor o CQL. E, depois que você aplica uma pontuação CQL, essa pontuação (e os ícones de raios que a acompanham) vão aparecer no perfil do *lead* sempre que você ou outra pessoa de sua empresa conversar com ele.

FIGURA 8.4 Uma visão de como pontuamos CQLs na Drift usando ícones de raios

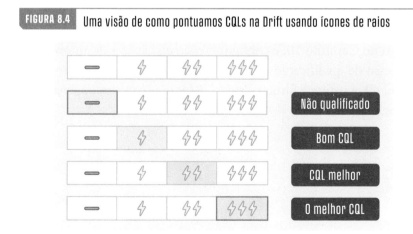

FIGURA 8.5 Exemplo de pontuação manual de um CQL

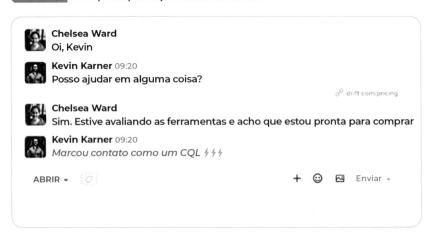

Como profissional de marketing ou de vendas, você pode pontuar manualmente CQLs usando esse tipo de sistema ao ter conversas individuais (veja a Figura 8.5). Também pode configurar regras de transferência para que, tão logo marque uma conversa com três ícones de raios, um vendedor entre automaticamente na conversa.

Qualificando *leads* em escala

É claro que, quando se usa conversas individuais para qualificar *leads*, a escalabilidade é uma preocupação óbvia. Em última instância, você pode usar duas etapas para proporcionar uma experiência de qualificação de *leads* conversacional em escala. Uma etapa, que analisaremos no Capítulo 10, é configurar *chatbots* capazes de automatizar o processo de qualificação de *leads*, e a outra, como exploraremos no Capítulo 9, a seguir, é filtrar o "ruído" e focar as conversas apenas com seus melhores *leads*.

Em vez de pensar na qualificação de *leads* como um sistema binário, em que os *leads* ou são qualificados ou não, você precisa considerar a **qualificação** de *leads* como um espectro. No limite inferior estão as pessoas que você não colocaria em contato com o pessoal de vendas, e no limite superior estão aquelas a quem você deve abrir um atalho e colocar em **contato imediato com um vendedor**.

CAPÍTULO 9

QUARTO PASSO: ELIMINE O RUÍDO E FOQUE OS SEUS MELHORES *LEADS*

A objeção mais comum que ouço de empresas quando o assunto é conversar em tempo real com os visitantes do site é: "Nossos profissionais de marketing e vendas vão acabar perdendo tempo falando com um monte de gente aleatória que nunca vai comprar". E quando você recapitula a história do uso da mensageria (também conhecido como "*chat ao vivo*") em seu site, é fácil perceber por que essas opiniões persistem.

Usando iterações anteriores da tecnologia de mensageria, empresas conseguiam se engajar em tempo real com visitantes do site, mas não havia como refinar o fluxo das conversas. Quando as comportas das conversas se abriam, elas permaneciam abertas, e, para empresas com volumes altos de tráfego no site, os profissionais do marketing e vendedores responsáveis por gerir todas essas conversas logo ficavam sobrecarregados. Mesmo que algumas das pessoas que iniciavam essas conversas fossem, sem dúvida, *leads*, identificá-las no meio de um mar de clientes existentes, usuários gratuitos e visitantes aleatórios, todos aparecendo via mensageria, parecia com procurar uma agulha num palheiro. Havia muito "ruído" abafando o sinal.

Hoje você não precisa mais usar as mensagens como um canal de geração de *leads* de tamanho único. E não é mais obrigado a oferecê-lo como um canal de comunicação a todas as pessoas que entram no seu site. Em vez disso, após colocar a mensageria em funcionamento, você pode avaliar quantas conversas tem por dia, semana e mês, e então fazer os ajustes necessários. Se seu volume de conversas é baixo, talvez perceba que deixar a mensageria disponível para todo mundo que visita seu site faz sentido. No entanto, se muitas conversas estiverem entrando, e o processo estiver começando a ficar incontrolável, é um sinal de que precisa refinar seu alvo. Saiba como fazer isso a seguir.

POR ONDE COMEÇAR: FOCANDO AS PÁGINAS DE ALTO INTERESSE DO SEU SITE

Uma das vantagens de usar a mensageria é que você consegue criar um atalho para seus melhores *leads* e se engajar com eles em tempo real, enquanto estão no seu site e claramente interessados em saber mais. Em muitos casos, esses *leads* estão em páginas específicas, talvez na de preços ou em uma *landing page* na base do funil, onde podem preencher um formulário para entrar em contato com sua equipe de vendas. Os dois exemplos são de páginas de alto interesse – páginas do seu site que as pessoas tendem a visitar quando estão perto de tomar uma decisão de compras. Ao criar mensagens de boas-vindas customizadas em suas páginas de alto interesse, você pode eliminar o "ruído" normalmente encontrado na *homepage* ou no seu blog, e se concentrar apenas nesses visitantes com maior probabilidade de comprar.

Na Drift, a página de preços foi uma das primeiras que segmentamos após adicionar mensageria ao site. E mesmo que no início nossa página de boas-vindas customizada aparecesse para todos os que a visitavam, logo a refinamos para torná-la mais seletiva. Em vez de segmentar visitantes com base apenas no lugar em que estão em nosso site, hoje em dia também consideramos seu comportamento recente como parte de nossas condições "exibir quando" (ou seja, a mensagem de boas-vindas *exibe quando* essas condições são cumpridas).

SEGMENTANDO OS VISITANTES COM BASE EM SEU COMPORTAMENTO NO SITE

Em alguns casos, escolher páginas específicas em seu site pode não ser o suficiente para filtrar visitantes não qualificados. Portanto, a fim de refinar ainda mais sua estratégia de mensageria, você pode escolher visitantes com base em comportamentos específicos que eles demonstram ao visitar essas páginas e/ou com base nos comportamentos que demonstraram no passado.

Na Drift, por exemplo, o time de marketing configurou a mensagem de boas-vindas customizada em nossa página de preços (veja a Figura 9.1) para aparecer somente quando as condições a seguir forem cumpridas:

- Um visitante fica em nossa página de preços por mais de 45 segundos.

- Essa pessoa visitou mais de cinco páginas em nosso site.

- Essa pessoa visitou especificamente nossa página de preços pelo menos três vezes.

Como sabemos que as pessoas que veem essa mensagem de boas-vindas já estiveram em nosso site antes, conseguimos colocar isso no texto. Em vez de dizer "Bem-vindo", podemos dizer "Bem-vindo de volta", exatamente o que um cliente recorrente deve ouvir em uma loja física. E, é claro, como sabemos em qual página de nosso site as pessoas estão quando veem a mensagem, também podemos citar especificamente essa página no texto.

FIGURA 9.1 A mensagem de boas-vindas customizada que disponibilizamos em nossa página de preços (para visitantes que correspondem a nossos critérios-alvo)

Além de escolher visitantes com base no número de páginas visitadas, quais páginas eles visitaram e quanto tempo permaneceram em cada página, há vários outros comportamentos que você pode considerar. Por exemplo, você pode segmentar visitantes com base na quantidade de dias desde a última visita ao seu site e/ou até onde eles rolam para baixo após entrar em uma página em particular. Neste último, você pode definir uma porcentagem de rolagem, como 25% ou 50%, para que sua mensagem de boas-vindas só apareça às pessoas que se dedicaram a explorar mais coisas na página. Outro comportamento que você pode considerar em sua equação de segmentação é a intenção de saída. Intenção de saída é quando um visitante muda de guia no navegador (ou fecha uma guia ou uma janela) e o cursor sai da janela na metade superior da tela. Se você tiver uma mensagem aparecendo na intenção de saída, poderá chamar a atenção dos visitantes bem antes de eles saírem e, idealmente, convencê-los a ficar um pouco mais.

SEGMENTANDO OS VISITANTES COM BASE NOS SITES DOS QUAIS ELES VÊM

Assim como as páginas que os visitantes estão visualizando no seu site podem informar algo sobre a intenção deles, o mesmo vale para as páginas de onde esses visitantes vêm – e não me refiro apenas ao seu próprio site. Ao segmentar visitantes com base em seus referenciadores, como o Google ou o Facebook, uma publicação *online* ou um site de notícias, você poderá se concentrar em tipos específicos de visitantes e criar experiências incrivelmente customizadas.

Um dos primeiros a adotar esse tipo de mensagem direcionada foi Jake Peters, CEO da empresa de software de base de conhecimento HelpDocs. Como muitos empreendedores de tecnologia, Jake é usuário ativo do site de descoberta de produtos Product Hunt, portanto, quando lançou o HelpDocs em 2016, coordenou com um amigo para que ele "caçasse" seu novo produto – que é o termo usado no Product Hunt quando alguém compartilha seu novo produto com a comunidade. Quando o HelpDocs apareceu no Product Hunt, Jake, ao lado de seu sócio Jarratt Isted, entrou em ação e começou a responder a comentários e a estimular as pessoas a clicar aprovando. Quanto mais aprovações, mais as pessoas veem seu produto, e, em última instância, mais tráfego de referência você consegue para o site de sua empresa.

O HelpDocs encerrou seu primeiro dia no Product Hunt com mais de 200 aprovações e 1800 novos visitantes acessando o site do HelpDocs. Para uma startup, isso representa muitas visualizações, e Jake e Jarratt queriam capitalizar em todo o tráfego do site que estavam gerando. No passado, eles teriam simplesmente recorrido a formulários de captura de *leads* e, depois, feito um *follow-up* com todos eles. Afinal, eram somente os dois. No entanto, como Jake contou ao time de marketing da Drift, "Pessoas querem interagir com outras pessoas. Isso é óbvio, certo? Mas formulários tradicionais de contato e apps de mensagens da velha guarda dificultaram as coisas. Formulários dificultam o contato entre pessoas. Se elas têm perguntas, esperam respostas imediatas. E se você não consegue entregar e responder aos *leads* com rapidez, talvez elas desapareçam para sempre. Não queríamos perder vendas do Product Hunt só porque as pessoas ficavam sem resposta".

A solução de Jake: definir uma mensagem customizada de boas-vindas com seu próprio rosto sorridente (veja a Figura 9.2), que só aparecia para visitantes provenientes do Product Hunt. A mensagem oferecia "algo especial" para esses visitantes, e, quando eles clicavam no ícone da mensagem, aparecia um código que poderiam usar para receber um desconto de 50% nos primeiros seis meses de assinatura no HelpDocs (veja a Figura 9.3).

FIGURA 9.2 — A mensagem customizada de boas-vindas que o HelpDocs criou para os visitantes provenientes do site Product Hunt

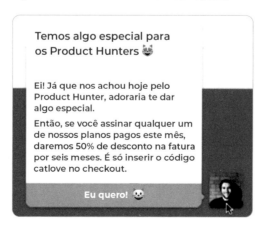

FIGURA 9.3 — A grande revelação: o que visitantes segmentados viam após clicar na mensagem customizada de boas-vindas do HelpDocs

É claro que, por essa oferta ser alavancada por mensageria (e não por um formulário de captura de *leads*), muitos Product Hunters aproveitaram a oportunidade para fazer perguntas enquanto estavam no site do HelpDocs. Como era dia de lançamento e eles tinham muitas outras tarefas para cuidar, Jake e Jarratt sabiam que não havia meios de responder em tempo real a todos os potenciais clientes (por mais que quisessem). Então configuraram um *chatbot* como reforço.

Como Jake explicou ao time de marketing da Drift, o *chatbot* "ajudou muito no gerenciamento e fazendo uma triagem de nossos *leads* de *inbound*". Em vez de deixar as pessoas esperando sem resposta, o *chatbot* "as mantinha informadas sobre o que estava acontecendo. Ele perguntava se as pessoas queriam falar com alguém de vendas ou do suporte, e então passavam as conversas para o representante certo de nossa equipe". O *chatbot* passava conversas de vendas para Jarrett e conversas de suporte para Jake, mas também podia aparecer e responder a perguntas se necessário (graças a uma integração com a base de conhecimento). Como Jake explicou, "O *bot* fez um ótimo trabalho deixando nossos clientes pagantes felizes enquanto lidávamos com um volume maior que o habitual de conversas provenientes do Product Hunt".

SEGMENTANDO OS VISITANTES COM BASE NAS EMPRESAS PARA AS QUAIS ELES TRABALHAM

Como exploramos no Capítulo 8, integrar mensageria com uma solução de dados enriquecidos permite que você descubra muitos dados úteis, não apenas sobre as pessoas cujos endereços de e-mail você possui, mas também sobre visitantes anônimos. Especificamente, graças à correspondência de endereço IP, você pode identificar de maneira instantânea a empresa em que um visitante anônimo trabalha e, então, trazer à tona atributos relevantes sobre essa empresa, como número de funcionários, o valor do financiamento levantado, as tecnologias usadas em seus sites e o *ranking* Alexa, que se baseia na quantidade de tráfego que seus sites estão recebendo. Esses conjuntos de atributos são conhecidos como "firmografia", e, para empresas B2B, o uso da firmografia pode ser crucial quando se trata de segmentar os melhores *leads* no seu site.

Com a mesma integração de enriquecimento de dados que você usa para aprender passivamente sobre as empresas em que os visitantes trabalham quando eles começam a conversar com você, também é possível segmentar ativamente visitantes que trabalham em empresas que correspondem aos seus critérios de segmentação. Foi isso que o ex-CMO da Perfecto Mobile, Chris Willis, fez no site da Perfecto Mobile. Como mencionei no Capítulo 6, Chris configurou a mensageria como uma "segunda opção" para engajar com e capturar *leads* que não estavam completando os formulários de captura de *leads* da Perfecto Mobile. Entretanto, para garantir que seus representantes de desenvolvimento de vendas (SDRs), que eram responsáveis por cuidar das conversas recebidas, não ficassem atolados de visitantes aleatórios que nunca iriam comprar, Chris usou correspondência de endereço IP para separar empresas que se encaixavam em determinada faixa de porte.

Como Chris contou ao time de marketing da Drift: "Nossos *leads* tendem a estar 70% fora do nosso alvo, e 30% dentro. Eu esperava que com o *chat* na web veríamos mais ou menos a mesma coisa. Ou seja, pessoas conversando e, basicamente, tomando o tempo de nossos SDRs quando eles poderiam estar direcionados para atividades mais produtivas". Entretanto, após configurar mensagens de boas-vindas direcionadas, Chris descobriu imediatamente que poderia facilmente filtrar o "ruído" que o preocupava tanto. Usando as palavras de Chris: "E foi assim que identificamos, logo de início, que teríamos a capacidade de gerir esse processo. Dessa forma, conseguimos, pelo endereço IP, identificar empresas pelo porte, e apresentar a nossos SDRs somente os *chats* provenientes de empresas para quem queremos vender".

Na Drift, usamos uma abordagem similar para configurar um atalho para nossos melhores *leads*. Especificamente, exibimos uma mensagem customizada de boas-vindas (veja a Figura 9.4) para empresas B2B e SaaS que possuem mais de 50 funcionários. Revendo os dados de nossas conversas, descobrimos que esses eram os tipos de empresas com maior probabilidade de se converterem em clientes, portanto, fazia sentido definir um trajeto customizado até a compra só para elas. E lembre-se de que, como os dados firmográficos que estamos usando para segmentar visitantes provêm do endereço IP de uma pessoa, isso significa que mesmo visitantes anônimos – pessoas que nunca estiveram em seu site antes – podem receber suas mensagens personalizadas de boas-vindas.

FIGURA 9.4 Exemplo de mensagem customizada de boas-vindas usada no site da Drift que se baseia em dados firmográficos

Agora, se sua intenção é ir um passo além na personalização, você pode incluir em sua mensagem de boas-vindas o nome da empresa em que o visitante anônimo trabalha (veja a Figura 9.5). Graças à correspondência de endereço IP, isso é possível. Na verdade, não somente é possível como pode ajudá-lo a chamar a atenção das pessoas e engajar mais *leads* na conversa.

FIGURA 9.5 Modelo de como você pode personalizar uma mensagem de boas-vindas com base no nome da empresa

Um dos pioneiros nesse tipo de segmentação foi Guillaume Cabane, atual vice-presidente de crescimento na Drift e antigo vice-presidente de crescimento na Segment, empresa SaaS de dados de marketing.

Durante seu período na Segment, Guillaume reconheceu que estava perdendo potenciais clientes por não oferecer um canal de comunicação em tempo real usando a mensageria. No entanto, ele também sabia que apenas cerca de 10% das pessoas que visitavam o site da Segment tinham o perfil correto para o produto da empresa. Guillaume precisava de um meio para filtrar os 90% das pessoas que não tinham esse perfil, e evitar que conversassem com sua equipe de vendas. Quanto aos usuários gratuitos, foi isto que Guillaume contou ao time de marketing da Drift: "16% de nossas inscrições representam 86% de nossa receita. É com essas pessoas que queremos conversar".

Para atingir esse tipo de comprador, Guillaume integrou a mensageria com uma ferramenta de pontuação de *leads* e, após analisar os dados firmográficos de empresas que já haviam comprado da Segment, ele construiu um modelo preditivo de pontuação de *leads*. Então, usou esse modelo para pontuar visitantes anônimos (com base nas empresas em que trabalhavam) assim que eles chegavam no site da Segment. Visitantes de empresas que conseguiam uma pontuação alta o suficiente visualizavam mensagens personalizadas de boas-vindas que citavam o nome da empresa. Caso em análise: quando fui ao site da Segment, vi uma mensagem de boas-vindas que dizia "Temos conselhos para a Drift". E ao clicar nessa mensagem, ela ativava um *call-to-action* (CTA) para se conectar com um vendedor (veja a Figura 9.6).

FIGURA 9.6 Uma das mensagens de boas-vindas direcionadas da Segment, personalizada para a Drift

Nas primeiras três semanas de implementação dessa abordagem segmentada e personalizada, a mensageria se tornou a terceira fonte dos *leads* qualificados da empresa. Em poucos meses, tornou-se a fonte número um. No geral, Guillaume conseguiu dobrar o número de oportunidades geradas para Vendas todo mês via mensageria. Não somente os clientes da Segment estavam felizes com a nova experiência de compras personalizada e otimizada, os vendedores também estavam. Por fim, eles conseguiram separar o sinal do ruído e considerar um fluxo estável de *leads* qualificados.

◢ Sentindo-se sobrecarregado?

Para alguns vendedores e marketing, palavras como "firmografia" e "pontuação preditiva de *leads*" talvez levem a acreditar que tudo isso é bastante complicado e que apenas especialistas em crescimento e cientistas malucos (como Guillaume) dão conta disso. Na realidade, com uma plataforma de vendas e marketing conversacional, você pode facilmente integrar ferramentas de enriquecimento de dados e de pontuação de *leads* para criar um sistema capaz de avaliar e segmentar os *leads* automaticamente. Mesmo que tais integrações não substituam o uso de conversas reais para qualificar *leads*, elas podem ajudá-lo a ter certeza de que está começando conversas com as pessoas certas e que seus vendedores estão usando o próprio tempo da melhor maneira possível.

OUTRAS OPÇÕES DE SEGMENTAÇÃO PARA AUMENTAR AS TAXAS DE CONVERSÃO

Há dezenas de outras condições "exibir quando" que você pode escolher – e muitas maneiras de combiná-las – para detectar os melhores *leads* no site de sua companhia. Aqui estão alguns dos tipos mais comuns de segmentação que ainda não abordamos (e como você pode usá-los para melhorar as conversões do seu site).

◢ Segmente por localização

Para empresas que vendem seus produtos e serviços apenas em regiões geográficas específicas, esta é uma opção bem óbvia. Seja um país (ou países) específico(s), ou se você está sediado nos Estados Unidos, um estado (ou estados) específico(s), você pode refinar sua mensageria para ser exibida apenas quando pessoas desses lugares visitarem seu site. Ao segmentar apenas esses visitantes que moram nos locais que você atende, conseguirá melhorar de forma significativa a relação sinal-ruído de sua empresa.

◢ Segmente por dispositivo

O marketing e as vendas conversacionais não tratam apenas de conversar com potenciais clientes, mas de conversar com eles em seus termos, encontrando-os onde estão e tendo conversas relevantes. Se você é uma empresa que acabou de lançar um novo aplicativo para dispositivos móveis e está usando mensagens para gerar novas inscrições, mostrar a mesma mensagem de boas-vindas generalizada para todos os visitantes não é a melhor opção. Pense bem: alguns de seus visitantes estão usando desktops ou laptops para visitar seu site, ou seja, se você compartilhar com eles um link para download de seu novo app para celular, isso não é tão útil. Então, em vez disso, por que não esperar para segmentar esses visitantes quando estiverem usando smartphones ou tablets para visitar seu site? Ao criar uma mensagem de boas-vindas customizada que segmente visitantes por tipo de dispositivo, você pode ajudar a tornar o processo de compra – ou, nesse caso, processos de inscrição no app para celular – mais otimizado.

◢ Segmente os visitantes que aceitaram *cookies*

Como muitos de vocês já sabem, um *cookie* é um pequeno arquivo com dados que os sites podem armazenar nos navegadores de seus visitantes. Lembra-se do Capítulo 7, quando expliquei como se pode exibir mensagens customizadas de boas-vindas a visitantes do site com quem você também se comunicou por e-mail? Os *cookies* – e segmentar visitantes com base nesses *cookies* – tornam isso possível. Você também pode usar *cookies* para ocultar seu *widget* de mensagens de certos tipos de visitantes. Por exemplo, a hipotética empresa de app para celular que mencionei na seção anterior poderia usar *cookies* para ocultar sua mensagem de boas-vindas de visitantes do site que já baixaram e fizeram login em seu app. Também vale a pena observar: para empresas que gostam de testar tudo no esquema A/B, você pode usar *cookies* – em combinação com o serviço de teste A/B – para segmentar um grupo específico de visitantes e testar variações de suas mensagens de boas-vindas.

◢ Escolhendo segmentos

Ainda que a mensageria sempre tenha sido vantajosa como um canal reativo para empresas, a segmentação é o que permite que ela seja proativa. E assim como em ferramentas de automação de marketing tradicional, você pode usar mensagens direcionadas para interagir com listas específicas de contatos – ou segmentos – que sua empresa já construiu (ou continua a construir).

Para profissionais de marketing e vendas experientes, os termos "segmento estático" e "segmento dinâmico" são bem familiares. Mas vamos fazer uma rápida revisão de como eles se aplicam ao universo da mensageria.

> **Segmentos estáticos.** Esta é uma lista de contatos que permanece inalterada até você acrescentar (ou remover) pessoas manualmente. É mais provável que você queira escolher segmentos estáticos ao enviar campanhas de mensagens únicas. Por exemplo, se você queria usar a mensageria para promover um evento para um grupo seleto de *leads*, poderia escolher um segmento estático feito desses *leads*.

> **Segmentos dinâmicos.** Um segmento dinâmico é uma lista de contatos que está sempre mudando. Muitas vezes usada para nutrição, *onboarding* e retenção, você pode customizar as regras de pessoas adicionadas a segmentos dinâmicos com base em uma ampla variedade de critérios. Por exemplo, como uma empresa SaaS, se sua vontade era construir uma campanha de mensagens contínua elaborada para reengajar usuários inativos, poderia escolher um segmento dinâmico composto de usuários que estiveram menos ativos em seu produto há mais de 30 dias. Também poderia usar

segmentos dinâmicos para se concentrar em usuários gratuitos que tenham visitado recentemente sua página de preços (e que, portanto, podem estar interessados em fazer um *upgrade*) e para entrar em contato com usuários que não estão satisfeitos com seu produto (com base no Net Promoter Score ou NPS recente deles).

Na Parte Quatro deste livro, você aprenderá mais sobre como aplicar as mesmas estratégias que usa em vendas e marketing conversacionais no atendimento ao cliente e *customer success*.

Agora, chegou a hora de aprender a construir um *chatbot*.

CAPÍTULO 10

QUINTO PASSO: DESENVOLVA UM *CHATBOT* DE QUALIFICAÇÃO DE *LEADS* (SEM ESCREVER NEM UMA LINHA DE CÓDIGO)

Uma crítica comum que ouço quando o assunto é *chatbot* é que as empresas muitas vezes tratam tudo como se fosse uma novidade. Em vez de identificar problemas reais que *chatbots* seriam adequados para resolver, algumas empresas simplesmente os inserem em seu marketing virtual como uma forma de parecerem modernas e gerar burburinho. É por isso que na Drift começamos com uma filosofia antes de desenvolvermos qualquer tecnologia. Estipulamos desde o começo que usaríamos *chatbots* apenas onde fizesse sentido utilizá-los – para realizar tarefas tediosas e repetitivas que roubavam o tempo dos profissionais de marketing e vendas. Identificamos problemas reais que milhares de times de marketing e vendas (inclusive os nossos) estavam vivenciando diariamente e construímos *chatbots* que poderiam resolver esses problemas com a maior rapidez e eficiência possível antes de saírem do caminho.

Um dos maiores problemas que conseguimos resolver com ajuda de um *chatbot* foi qualificar *leads* em tempo real. Como aprendemos no Capítulo 3, o crescimento da mensageria facilitou imensamente as conversas com as pessoas que visitam seu site, mas o número de conversas que você tem às vezes pode ficar impossível de gerenciar. E quando sua equipe está *offline*, é possível que esteja perdendo alguns potenciais clientes que visitam seu site. Isso era uma coisa que todo mundo na Drift odiava: saber que potenciais clientes estavam vindo até o site, mas sem conseguir qualificar todos eles em tempo real. Por isso, em 2017, construímos e lançamos o LeadBot, um assistente de vendas e marketing inteligente feito especificamente para qualificar *leads* sem depender de formulários de captura de *leads* (ou de humanos).

Além de servir como "*backup*" para profissionais de marketing e vendas quando estão *offline* ou quando passam por um aumento repentino de conversas, o LeadBot e outros *chatbots* de qualificação de *leads* dão a você a habilidade de controlar com precisão o volume e a qualidade de *leads* que seu site está gerando. Lembra-se, no capítulo anterior, quando exploramos todas as diferentes maneiras com que você pode segmentar a mensageria para focar em seus melhores *leads*? Você pode usar essas mesmas condições de segmentação com *chatbots* de qualificação de *leads*, ou seja, pode configurar *chatbots* customizados para públicos específicos e para que façam perguntas de qualificação hiper-relevantes.

Em vez de forçar profissionais do marketing humanos e vendedores a fazer as mesmas perguntas de qualificação um sem-número de vezes, os *chatbots* otimizam o processo. A experiência geral acaba sendo melhor para os compradores, já que eles conseguem saber logo de cara se seu produto é o que eles estão precisando, e, se for, podem se conectar imediatamente com vendas. Não há necessidade de esperar por um e-mail ou ligação de *follow-up*. Enquanto isso, como profissionais de marketing e vendas, temos mais tempo para focar em marketing e vendas reais, e conversar com as pessoas certas. De acordo com uma pesquisa da Marketo, um aumento de 5% em tempo de vendas pode levar a um crescimento de 20% na receita. Então, imagine o que poderia acontecer se seus vendedores não tivessem que perder tempo esperando por formulários e disparando e-mails de *follow-up*. Ao usar um *chatbot* de qualificação de *leads*, você pode colocar seu funil de vendas no piloto automático e qualificar *leads* 24 horas por dia. O melhor de tudo, configurar um desses *chatbots* não exige escrever uma única linha de código e só leva alguns minutos. Vejamos como fazer isso.

CRIANDO PERGUNTAS E RESPOSTAS PARA O SEU *BOT*

Ainda que possa parecer técnico, configurar um *chatbot* de qualificação de *leads* em seu site é um exercício de elaboração de conversas. Tem a ver com fazer perguntas interessantes, antecipar as respostas que poderá obter e, então, escrever *follow-ups* relevantes com base nessas respostas. Ao contrário de um formulário de captura de *leads*, um *chatbot* de qualificação de *leads* não coleta respostas de maneira passiva, mas engaja ativamente visitantes em conversas individuais e aprende sobre eles assim como um profissional de marketing ou vendedor humano. Mas, para esclarecer, o objetivo aqui não é fazer seu *chatbot* convencer os visitantes do seu site de que é humano; o objetivo é proporcionar uma experiência de compras de alta qualidade e em tempo real no seu site, mesmo quando os seres humanos de seu time estiverem indisponíveis.

Há chances de que sua equipe de marketing e/ou de vendas já tenha o esqueleto de um *chatbot* de qualificação de *leads*, seja na forma de um formulário de captura de *leads* ou de roteiro de vendas. Portanto, para começar, é bom você identificar as duas ou três perguntas "imprescindíveis" que já vêm sendo feitas nos formulários e/ou durante conversas de vendas, e transformá-las em um roteiro para o seu *bot*.

Naturalmente, as perguntas específicas que os times de marketing e vendas farão nos *chatbots* de qualificação de *leads* vão variar de setor para setor e de empresa para empresa. Mas, como ponto de partida, recomendo seguir o modelo "O quê? Quem? Como?" que elaboramos na Drift (veja a Quadro 10.1).

QUADRO 10.1 A abordagem "O quê? Quem? Como?" para escrever um roteiro de qualificação de *leads* para um *chatbot*

Pergunta 1 do *chatbot*	*O que* trouxe você aqui?
Pergunta 2 do *chatbot*	*Quem* é você?
Pergunta 3 do *chatbot*	*Como* posso ajudá-lo a usar nosso produto?

Continue lendo para ver como usamos esse modelo na Drift e como você pode adaptá-lo para seu próprio negócio.

Pergunta 1: O quê?

Se um cliente de primeira viagem entrasse em sua loja física, uma das primeiras perguntas que você faria seria "O que posso fazer para ajudá-lo hoje?" ou "O que traz você aqui hoje?". À primeira vista, isso pode parecer apenas uma pergunta ou um cumprimento simples, mas, para profissionais de marketing e vendas, ela pode ajudar a revelar a intenção de quem visita um site.

Na Drift, fizemos a primeira iteração de nosso *chatbot* de qualificação de *leads* (chamado DriftBot) iniciar as conversas perguntando "O que fez você vir até aqui dar uma olhada na Drift?". Em seguida, fizemos um roteiro para *follow-up* de clientes com base nas respostas das pessoas. Por exemplo, se elas respondiam que tinham ouvido falar de nós por meio de nosso podcast *Seeking Wisdom*, o *chatbot* pedia que deixassem uma avaliação de cinco estrelas no podcast e se inscrevessem antes de passar para a próxima pergunta (veja a Figura 10.1).

◢ Pergunta 2: Quem?

Essa próxima pergunta pode ser respondida de várias maneiras, a maioria sem que seja necessário usar a palavra "quem". Na Drift, muitas vezes expressamos essa questão perguntando "Em qual site você está querendo usar a Drift?". Uma alternativa comum: "Qual empresa você representa?".

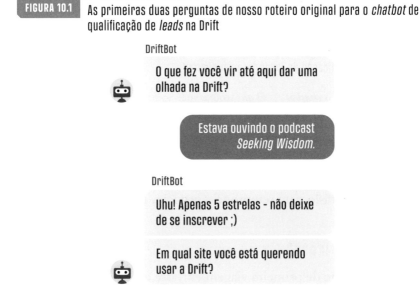

FIGURA 10.1 As primeiras duas perguntas de nosso roteiro original para o *chatbot* de qualificação de *leads* na Drift

Para empresas B2B, essa informação é crucial. Ela pode ajudá-lo a priorizar conversas e descobrir qual de seus vendedores humanos será encarregado de *leads* específicos – presumindo que esses *leads* acabem sendo qualificados.

Mesmo que às vezes você consiga revelar essa informação por meio de uma ferramenta de enriquecimento de dados, conforme exploramos no Capítulo 8, as taxas de sucesso dessas ferramentas nem sempre são de 100%. Em alguns casos, visitantes anônimos continuarão anônimos... a menos que você os engaje numa conversa e pergunte quem são.

◢ Pergunta 3: Como?

Depois que um *chatbot* identificou *o que* uma pessoa está fazendo em nosso site, e *quem* é essa pessoa, agora é hora de aprofundar a conversa e fazer o *chatbot* descobrir *como* você pode ajudá-la a usar seu produto.

Na Drift, frequentemente usamos a variação "Como você espera usar a Drift?" e fazer o *chatbot* listar "vendas", "marketing" e "suporte" como potenciais opções (veja a Figura 10.2). Independentemente da *copy* que você usar, o objetivo aqui é reunir contexto suficiente para que, se um *lead* acabar sendo qualificado, o vendedor de sua equipe que entrar na conversa e levar a venda até o final não chegará cru na conversa. Em vez disso, o vendedor que acabar conversando com um *lead* qualificado por *chatbot* já terá, pelo menos, um entendimento básico de quem é aquele *lead* qualificado e como ele ou ela pode ajudar – graças às informações coletadas por *chatbots*.

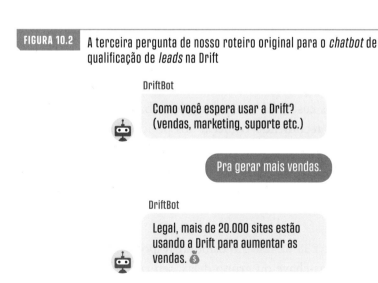

FIGURA 10.2 A terceira pergunta de nosso roteiro original para o *chatbot* de qualificação de *leads* na Drift

Independentemente de estar usando formulários de *leads* ou *chatbots*, fazer as perguntas certas é crucial para qualquer estratégia de qualificação de *leads*. E embora recomendemos começar aos poucos e só fazer seu *chatbot* perguntar duas ou três coisas no início, não há motivo para que, mais cedo ou mais tarde, você não possa transferir todas as perguntas presentes em seus formulários de captura de *leads* para um *chatbot* de qualificação de *leads* (ou para um pequeno grupo de *chatbots* que mirem públicos diferentes).

Mas lembre-se: o que diferencia os *chatbots* é o fato de serem capazes de obter informações por meio de conversas. Além de fazer perguntas, eles podem responder ao que os visitantes dos sites dizem, e é isso que torna a experiência tão envolvente.

Para profissionais de marketing e vendas, copiar e colar as perguntas que você já está fazendo é a fase um da construção de um *chatbot* para qualificar *leads*. A fase dois é dar as respostas perfeitas – os *follow-ups* dados pelos *chatbots* após os *leads* responderem às suas perguntas de qualificação. Essas respostas de *follow-up* são o que realmente dão vida a suas conversas por *chatbot* e ajudam a evitar que pareçam cópias de carbono de seus formulários. Elas oferecem uma chance de revelar a personalidade da sua marca.

Configurando respostas

Você pode escrever respostas por *chatbot* de duas maneiras diferentes: com base em palavras-chave que os visitantes usam ao responder a perguntas abertas ou em respostas de botões – que você escreveu previamente – nos quais os visitantes clicam.

Em ambos os casos, há um pouco de trabalho preparatório envolvido, por isso recomendo começar aos poucos e só fazer algumas perguntas ao configurar seu primeiro *chatbot* de qualificação de *leads*. Depois de entender como as duas opções funcionam, é possível voltar e refinar seu *chatbot*, atualizando suas perguntas e elaborando mais respostas conforme necessário.

1 Usando palavras-chave. Ao elaborar respostas que se alinham a certas palavras-chave ou grupo delas, seu *chatbot* de qualificação de *leads* pode fazer perguntas abertas aos visitantes do seu site e – contanto que haja correspondência com as palavras-chave – usar respostas customizadas.

No início deste capítulo (veja a Figura 10.1), você viu um exemplo de correspondência de palavras-chave em ação. Na Drift, depois de perguntar "O que fez você vir até aqui dar uma olhada na Drift?", nosso *chatbot* analisaria as respostas dos visitantes do site e tentaria correspondê-las à lista de palavras-chave que construímos nos bastidores (veja a Figura 10.3), dentro de nossa plataforma de marketing e vendas conversacionais. Vinculávamos cada palavra-chave a uma resposta pré-escrita, para que – por exemplo – os visitantes que mencionassem o nome do podcast, *Seeking Wisdom*, ou mesmo o termo "podcast", recebessem essa mensagem customizada que, como citei antes, pedia que deixassem uma avaliação cinco estrelas e se inscrevessem.

FIGURA 10.3 Exemplo de lista de palavras-chave usadas na Drift que ativariam uma resposta customizada de *chatbot* sobre nosso podcast

Contém	estava ouvindo o *Seeking Wisdom*
Contém	*podcast Seeking Wisdom*
Contém	grande fã do *Seeking Wisdom*
Contém	*Seeking Wisdom*
Contém	podcast
Contém	o podcast
Contém	O Podcast :)

Esse tipo de customização é possível graças a uma correspondência simples de palavras-chave. Basta listar algumas palavras-chave e escrever algumas respostas correspondentes. A parte complicada é garantir que você tenha todas as suas bases cobertas e que tenha pré-carregado respostas prontas para cada eventualidade.

Na Drift, percebemos logo que a correspondência de palavras-chave pode ser ineficiente. Com tantas respostas possíveis a nossas perguntas, era difícil elaborar as respostas perfeitas que correspondessem a cada cenário. Logo, assim como você viu na Figura 10.2, ainda na primeira iteração de nosso *chatbot* de qualificação de *leads* sugerimos respostas para ajudar a conduzir conversas nas direções certas. Em vez de apenas perguntar "Como você pretende usar a Drift?", incluímos entre parênteses um pequeno adendo e *demos* opções às pessoas: "(vendas, marketing, suporte etc.)".

FIGURA 10.4 Configurando respostas de *chatbot* (acima = pessoas que mencionam vendas, abaixo = pessoas que mencionam suporte)

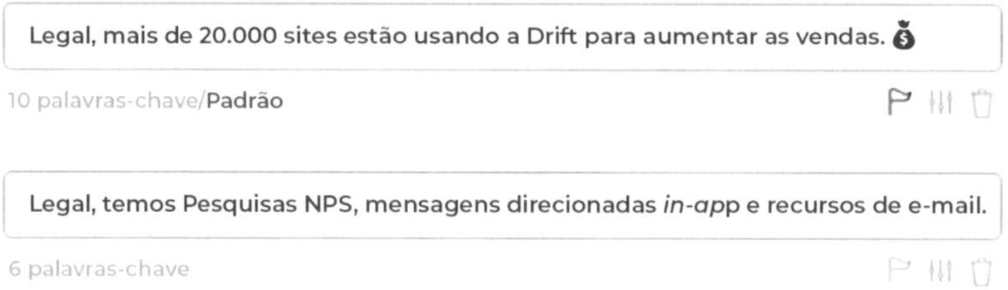

Legal, mais de 20.000 sites estão usando a Drift para aumentar as vendas. 💰
10 palavras-chave/Padrão

Legal, temos Pesquisas NPS, mensagens direcionadas *in-app* e recursos de e-mail.
6 palavras-chave

Nos bastidores, configuramos listas de palavras-chave com base nos termos "vendas", "marketing" e "suporte", e então elaboramos respostas customizadas para cada uma delas. Por exemplo, para pessoas que mencionavam vendas, o *chatbot* responderia dizendo "Legal, mais de 20.000 sites estão usando a Drift para aumentar suas vendas". (Por precaução, também colocamos um emoji de saco de dinheiro no fim.) Para pessoas que mencionavam suporte, por sua vez, fizemos o *chatbot* responder falando sobre as características relacionadas ao suporte de nosso produto, como mensageria *in-app* (veja a Figura 10.4).

E ainda que orientar as pessoas com suas perguntas possa aumentar as chances de seu *chatbot* fornecer uma resposta relevante, não há como configurar uma resposta customizada para cada coisa que uma pessoa disser. É por isso que, ao configurar respostas de *chatbot* usando palavras-chave, é importante você também escolher uma resposta padrão – uma resposta pré-selecionada que vai aparecer quando seu *chatbot* não conseguir fazer a correspondência com nenhuma de suas palavras-chave. Ao definir uma resposta-padrão, você pode garantir que o *chatbot* dê continuidade à conversa (ainda que ele não tenha 100% de certeza do que uma pessoa está tentando dizer).

Uma resposta padrão pode ser simples como "Hum, OK." Ou você pode usá-la para esclarecer um aspecto específico ou ponto de venda de seu produto, que, como no caso de sugerir respostas em suas perguntas, pode ajudá-lo a orientar a conversa na direção certa. Na Drift, no início fizemos nosso *chatbot* usar a mesma resposta que mostrávamos às pessoas interessadas em utilizar a Drift para vendas (veja a Figura 10.4) como resposta-padrão para nossa terceira pergunta de qualificação, já que ela destacava alguma evidência relacionada a nossos clientes. Dessa forma, mesmo que o *chatbot* não conseguisse encontrar uma palavra-chave correspondente, ainda poderia continuar a conversa e ajudar as pessoas a saber mais sobre nosso produto.

❷ Usando respostas em botões. Ainda que a correspondência de palavras-chave talvez seja a forma mais natural de fazer seu *chatbot* de qualificação de *leads* fornecer respostas relevantes, já que seus visitantes conseguem usar linguagem natural ao responder a perguntas qualificadas, respostas em botões permitirão um processo de qualificação mais rápido. Em vez de configurar seu *chatbot* para fazer perguntas abertas, com as respostas em botões você pode elaborar perguntas de múltipla escolha.

Por exemplo, em vez de configurar seu *chatbot* para iniciar uma conversa fazendo uma pergunta aberta do tipo "O que trouxe você ao nosso site?" e então esperar que a resposta dada por alguém corresponda a uma de suas palavras-chave, você pode fazer seu *chatbot* perguntar isso e, ao mesmo tempo, exibir botões com respostas pré-escritas como "Quero falar com vendas" ou "Só estou navegando" (veja a Figura 10.5). Assim como no caso do uso de palavras-chave, você pode criar respostas customizadas relacionadas a essas respostas.

FIGURA 10.5 Modelo de como usar respostas em botões ao configurar o *chatbot* de qualificação de *leads*.

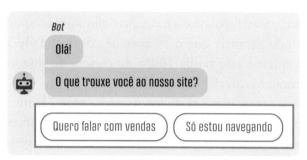

Em última instância, tanto a correspondência de palavras-chave como as respostas em botões têm suas vantagens. As respostas em botões são especialmente úteis nas etapas iniciais da conversa, já que podem ajudá-lo a organizar os visitantes de seu site em dois grupos, com facilidade e rapidez: as pessoas que estão prontas para comprar e interessadas em conversar com vendas, e as que ainda estão aprendendo e dando uma olhada. Nesse meio-tempo, quando um *lead* avança em seu funil de vendas, configurar seu *chatbot* para fazer perguntas abertas pode ajudá-lo a revelar detalhes mais precisos sobre potenciais clientes, como as métricas empresariais específicas que estão tentando aprimorar e para qual valor estão tentando mudá-las. Então, vendedores humanos podem avaliar essas respostas e usar o que elas revelam para iniciar conversas de vendas com muito mais contexto.

Vinculando respostas às ações

Ao elaborar as respostas de seu *chatbot*, você também precisará escolher ações correspondentes para acompanhar essas respostas. Do contrário, seu *chatbot* não saberá como proceder. Por exemplo, se alguém dá uma resposta qualificada à sua primeira pergunta, seu *chatbot* – após demonstrar que entendeu a resposta – deve passar imediatamente para a segunda pergunta e manter a conversa fluindo. Por outro lado, se a pessoa der uma resposta inválida à pergunta, o *chatbot* poderia perguntar de novo.

Agora, se alguém der uma resposta não qualificada à sua primeira pergunta, indicando que essa pessoa não tem o perfil adequado para comprar, você pode optar por encerrar a conversa por aí. Ao encerrar conversas, você pode configurar seu *chatbot* para transmitir uma mensagem customizada de encerramento contando à pessoa por que o perfil dela não é o adequado. Ou você pode simplificar ainda mais e escrever algo como "Desculpe, não achamos que nosso produto será útil para você no momento".

Nos bastidores, controlar quem passa para a próxima pergunta do seu *chatbot* e quem não passa exige o cumprimento de alguns critérios. Para cada resposta que você escreveu para seu *chatbot*, você precisa escolher uma ação correspondente, simples assim. Ao conversar com *leads* qualificados, essa ação tipicamente vai passar para a próxima pergunta até você chegar à última pergunta.

DECIDINDO SOBRE *CALL-TO-ACTION* (CTA)

Independentemente de usar correspondência de palavras-chave, respostas em botão ou uma combinação de ambas, após configurar suas perguntas e as respostas correspondentes você terá as características de um *chatbot* capaz de trabalhar para um objetivo específico. Como um *chatbot* de qualificação de *leads*, esse objetivo é identificar pessoas propensas a comprar engajando-as em conversas e persuadindo-as a responder algumas perguntas.

Agora, vamos imaginar que um visitante do site respondeu a todas as perguntas do *chatbot* e, com base nas respostas que ele deu, ficou claro que essa pessoa tem o perfil adequado para comprar. Ou seja, vamos imaginar que um *chatbot* foi bem-sucedido em seu objetivo. Isso leva à pergunta óbvia: o que o *chatbot* deve fazer em seguida?

Na Drift, quando um *chatbot* qualifica com sucesso um *lead* e uma conversa chega à sua conclusão natural, fazemos o *chatbot* aplicar automaticamente uma pontuação de *conversation-qualified lead* (CQL) – que aprendemos lá no Capítulo 4. Também fazemos o *chatbot* marcar a conversa como "qualificada por *bot*", o que nos permite distinguir entre CQLs que foram qualificados por seres humanos *versus* conversas qualificados por *chatbot*. (Por sua vez, os *leads* que nosso *chatbot* desqualifica durante conversas são marcados como "desqualificados".)

É claro, tudo isso acontece nos bastidores. A ação real acontece no seu site, dentro da janela da conversa. Isso porque, após atingir seu objetivo, o *chatbot* pode automaticamente exibir um *call-to-action* (CTA) – uma mensagem que incentiva *leads* qualificados a conversar com um vendedor humano, ou agendar um horário no calendário de um vendedor (veja a Figura 10.6), iniciar um teste grátis de seu produto ou simplesmente deixar um endereço de e-mail. Em última instância, o CTA que você usa no fim da conversa com o *chatbot* dependerá do que está tentando obter.

Também vale notar que você não *precisa* usar CTAs somente no fim das conversas. Hipoteticamente, se durante sua primeira ou segunda pergunta de qualificação uma pessoa dá uma excelente resposta qualificada (ou indica que vem de uma empresa incrível), você pode fazer o *chatbot* "acelerar" essa pessoa e conectá-la instantaneamente com um vendedor ou dar acesso imediato ao calendário de um vendedor.

FIGURA 10.6 Modelo de como é possível um *chatbot* inserir o calendário de um vendedor diretamente em uma conversa

CINCO DICAS PARA TORNAR AS SUAS CONVERSAS POR *CHATBOT* MAIS ENGAJADORAS

Até agora, o foco principal neste capítulo foram os mecanismos para configurar um *chatbot* de qualificação de *leads*. Vimos como as perguntas e respostas pré-escritas e as ações de *follow-up* que você escolhe estabelecem o fluxo do processo de compras conversacional. No entanto, ainda não dedicamos muito tempo a como tornar conversas por *chatbot* proveitosas e valiosas para seus visitantes e potenciais clientes. Aqui estão cinco dicas para você seguir:

❶ Faça perguntas curtas e simples. Quando você faz perguntas genéricas e complicadas, provavelmente terá respostas genéricas e complicadas que não se alinham com as do seu *chatbot*. Ao fazer perguntas curtas e simples, você conseguirá manter as pessoas focadas e engajadas, além de fazer com que avancem mais depressa por seu processo de qualificação.

❷ Forneça opções de respostas. Em alguns exemplos, como mencionei anteriormente, configurar seu *chatbot* para fazer perguntas abertas pode fazer sentido. Mas, como regra geral, se você quiser que seu *chatbot* qualifique *leads* com a maior eficiência e velocidade possíveis, fornecer opções de respostas – sobretudo em forma de respostas de botões – é a melhor maneira de conseguir isso. Com respostas em botões, provavelmente você conseguirá níveis maiores de engajamento, já que os visitantes não terão de quebrar a cabeça bolando respostas originais.

❸ Deixe claro que você está usando um *chatbot*. Para começar, isso significa que você não deve usar o rosto de um funcionário humano como avatar do *chatbot*. Fotos de pets, desenhos e ilustrações de robôs são boas alternativas, já que ajudam a confirmar que o *chatbot* do seu site não é uma pessoa de verdade. Assuma o fato de estar usando um *chatbot* e não tenha medo de falar isso. Por exemplo, você pode fazer um *chatbot* iniciar uma conversa dizendo algo do tipo "Sei que sou apenas um *chatbot* (bip, bip, bip), mas quis verificar se poderia ajudar". É melhor ser franco em relação à experiência que você está oferecendo e definir expectativas de imediato do que se arriscar a enganar as pessoas, mesmo que acidentalmente.

4 Defina caminhos para todos os tipos de *visitantes*. Como profissionais de marketing e vendas, sempre queremos estender o tapete vermelho para nossos melhores *leads*. Mas em alguns casos isso significa que acabamos ignorando os visitantes do site que não terminam qualificados e as pessoas saem com uma experiência ruim. Ao criar respostas e ações de *follow-up* que atendam a esses visitantes do site, você pode ajudar a encaminhá-los para se tornarem qualificados mais tarde. (No mínimo, você pode deixá-los com uma impressão positiva de sua marca.) Por exemplo, se alguém vem ao seu site para ler um post de blog, provavelmente não está pronto para uma demonstração de vendas. Mas isso não significa que ele não se interessaria em assinar sua newsletter. Portanto, em vez de pensar em um único objetivo para um *chatbot* de qualificação de *leads* (conectar *leads* qualificados com vendas) e oferecer um único caminho para compradores, pense em ter vários objetivos e em oferecer múltiplos caminhos que atendam a todos os tipos diferentes de pessoas no seu site.

5 Teste. Colocar um *chatbot* de qualificação de *leads* no seu site pode resultar em mais conversas do que seu time está acostumado a gerenciar. É por isso que antes de configurar um *chatbot* de qualificação de *leads* em todo o seu site, ou em qualquer lugar que você vá exibi-lo, é preciso testá-lo com um público menor. Por exemplo, você pode testar em uma página do site ou um segmento de pessoas que visitaram uma certa página do site algumas vezes, e então observar como as conversas se desenrolam. As pessoas estão respondendo a todas as perguntas ou ficam enrolando em algum lugar? Várias pessoas estão dando uma resposta que você não tinha pensado antes? Após algumas conversas, você conseguirá identificar possíveis lacunas no roteiro de seu *chatbot* e fazer os ajustes necessários.

[...] se você quiser que seu *chatbot* qualifique *leads* com a maior eficiência e velocidade possíveis, fornecer opções de respostas – sobretudo em forma de respostas de botões – é a **melhor maneira** de conseguir isso. Com respostas em botões, provavelmente você conseguirá **níveis maiores de engajamento**, já que os visitantes não terão de quebrar a cabeça bolando respostas originais.

PARTE TRÊS

CONVERTENDO *LEADS* DE MARKETING CONVERSACIONAL EM VENDAS

CAPÍTULO 11

COMO COLOCAR SEU FUNIL DE VENDAS NO PILOTO AUTOMÁTICO

Graças ao crescimento da mensageria e dos *chatbots*, que nos permitem capturar e qualificar *leads* em tempo real, hoje os times de vendas conseguem colocar o funil de vendas no piloto automático. Isso significa que, como vendedor, em vez de percorrer listas de *leads* e ficar tentando conversar por telefone (ou por e-mail) com pessoas que preencheram formulários de captura de *leads*, agora você pode sentar e esperar reuniões de vendas aparecerem automaticamente no seu calendário. Quer você esteja na praia ou preso em uma reunião, um *chatbot* de qualificação de *leads* (que aprendemos a construir no Capítulo 10) pode entrar em ação e qualificar *leads* para você 24 horas por dia, sete dias por semana.

No entanto, mesmo que um *chatbot* de qualificação de *leads* possibilite escalar e automatizar o processo de qualificação de *leads* – e, em termos mais gerais, facilitar a vida de todo mundo –, esse *chatbot* ainda não substitui um vendedor de carne e osso. Portanto, mesmo quando o piloto automático estiver ligado, vendedores precisam ficar atentos e, quando estiverem *online*, prontos para se engajar com os *leads* imediatamente.

Neste capítulo, vou explorar algumas das ferramentas e táticas que as equipes de vendas podem usar para obter os melhores resultados possíveis e garantir que os *leads* avancem por seu funil de vendas da maneira mais rápida e eficiente possível. Vamos começar analisando um dos aspectos mais cruciais de qualquer estratégia de vendas conversacional: descobrir como novas conversas devem ser direcionadas e, mais especificamente, para quais vendedores devem ser direcionadas.

CRIANDO REGRAS DE DISTRIBUIÇÃO DE *LEADS* PARA QUE ELES SEMPRE ESTEJAM CONECTADOS COM O PROFISSIONAL DE VENDAS CERTO

Para empresas com equipes grandes de vendas, a possibilidade de inaugurar um novo canal em tempo real com a mensageria (e automatizá-lo com *chatbots*) pode parecer um pesadelo logístico. Com tantos *leads* entrando, como distribuí-los de forma justa e igualitária entre seus vendedores com base em território e/ou porte da empresa, ou em quaisquer outras regras de direcionamento de *leads* que você esteja seguindo? A boa notícia: com uma plataforma de marketing e vendas conversacionais, você pode fazer uma integração com seu CRM já existente, como o da Salesforce, e seguir as mesmas regras de direcionamento de sempre. Dessa forma, quando um *lead* pedir para começar uma conversa (ou agendar uma demonstração) com vendas, você vai garantir que o vendedor detentor desse *lead* no CRM é quem será adicionado à conversa (veja a Figura 11.1).

FIGURA 11.1 Modelo de vendedor sendo adicionado a uma conversa (com base em uma regra de direcionamento da Salesforce)

Danielle Tocci 15:44
Entrou na conversa a partir da regra de direcionamento da Salesforce.

Para equipes de vendas que ainda não têm regras de direcionamento configuradas em um CRM, é possível criar diretamente novas regras de dentro de uma plataforma de marketing e vendas conversacionais, na qual poderá direcionar *leads* a representantes específicos com base na localização, comportamento no site (como número de visitas), firmografia e outros atributos desse *lead*. Por exemplo, se você tem um vendedor cujo foco exclusivo é vender para clientes europeus, é possível configurar regras de direcionamento para que somente pessoas em países europeus que iniciaram conversas sejam direcionadas a esse representante em particular.

O rodízio

Para equipes grandes de vendas, frequentemente há vários vendedores encarregados de cada território de vendas. Portanto, para garantir que os *leads* capturados (e qualificados) por meio de marketing conversacional estejam sendo distribuídos de forma justa entre os vendedores, você pode configurar um sistema de distribuição por "rodízio". Funciona assim: primeiro, dentro de sua plataforma de vendas e marketing conversacional, você seleciona um grupo (ou time) de vendedores que detêm um território específico. Em seguida, aplica as regras de direcionamento a todo esse grupo e distribui novos *leads* aos vendedores nesse grupo em um esquema de rotatividade.

Se alguns vendedores estão inativos ou *offline*, você pode fazer o rodízio pulá-los e direcionar *leads* a representantes que estejam disponíveis. Além de garantir que os *leads* sejam distribuídos de maneira igualitária e justa, o sistema de rodízio garante que novos *leads* sejam conectados a vendedores disponíveis o mais cedo possível (motivo pelo qual nosso time de vendas usa esse método na Drift).

USE *CHATBOTS* PARA AGENDAR REUNIÕES DE VENDAS 24/7

No Capítulo 10, exploramos como times de marketing e vendas podem construir *chatbots* de qualificação de *leads* que fiquem no seu site e ajudem a avançar, em velocidade recorde, visitantes do site por seu funil de vendas. Como vendedor, tudo o que você precisa fazer é (a) integrar seu calendário com a plataforma de vendas e marketing conversacional de sua equipe para que os *leads* possam agendar reuniões com você, e (b) esperar essas reuniões aparecerem no seu calendário. O *chatbot* se encarrega de enviar os e-mails de confirmação para ambos os lados e acrescenta automaticamente a reunião ao seu calendário. E não se preocupe: nos bastidores, você pode controlar quais dias e horários quer disponibilizar para reuniões e demonstrações; assim, nunca será pego desprevenido quando alguém aparecer no seu calendário.

Scott Magdalein, fundador da TrainedUp (uma plataforma *online* para treinamento de voluntários da igreja) postou o seguinte tuíte em maio de 2017, depois que seu time começou a usar *chatbots* para agendar demonstrações: "o agendamento por *bots* está a todo vapor. Seis *demos* por dia não é brincadeira". O diretor de marketing da TrainedUp, Kevin Fontenot, respondeu a esse tuíte com outro em que escreveu: "É verdade. Pule em uma *demo* e outra aparece como que por mágica".

Em julho de 2017, eles – e por "eles", me refiro apenas aos dois, Scott e Kevin – estavam usando *chatbots* para agendar mais de 80 demonstrações qualificadas por mês.

◢ Vendas *Outbound*

Ainda que substituir seus formulários de captura de *leads* por *chatbots* e ter demonstrações aparecendo "como por mágica" no seu calendário sem dúvida seja uma vantagem incrível das vendas conversacionais, é importante lembrar que, como vendedor, usar vendas conversacionais não é apenas vender a pessoas que já estão no seu site – é iniciar conversas com potenciais clientes nos termos deles, quando estiverem prontos para conversar. Quando se trata de vendas *outbound*, você pode aproveitar o *chatbot* (ou os *chatbots*) de qualificação de *leads* que sua equipe já construiu usando-os como ferramentas de divulgação. Você faz isso criando hyperlinks customizados que ativem conversas por *chatbot* e, então, compartilha esses hyperlinks em redes sociais, e-mails, posts de blogs ou qualquer lugar que você quiser.

Se usar hyperlinks para ativar conversas parece algo familiar, é porque se trata exatamente do mesmo processo que mencionei no Capítulo 7. Só que, desta vez, no lugar de usar um hyperlink para ativar uma conversa por mensageria, estamos falando de usar um hyperlink para ativar uma conversa por *chatbot*. Ao incluir um link num *chatbot* em um e-mail *outbound* ou mensagem direta para um potencial cliente, você está dando a essa pessoa a oportunidade de se autoqualificar e agendar uma reunião com você quando for mais conveniente para ela.

TRANSFORME O BOTÃO "FALE CONOSCO" DO SEU SITE EM UMA CONVERSA EM TEMPO REAL

Em um relatório de 2017 do time de marketing da Drift que analisou as estratégias de marketing das 100 principais empresas SaaS, descobrimos que 69% dessas empresas de crescimento elevado têm CTAs em seus sites que levam as pessoas a entrar em contato com vendas. No entanto, dessas 69 empresas, só duas dão às pessoas a oportunidade de conversar em tempo real com vendedores após clicarem nos CTAs "Fale conosco". As outras direcionavam as pessoas ou a formulários de captura de *leads* ou a *landing pages* onde elas eram instruídas a telefonar ou mandar e-mail.

Para a maioria dos times de vendas, nossos botões "Fale conosco" ou "Solicitar uma demonstração" eram oportunidades perdidas em escala massiva. Pense bem: havia pessoas em nossos sites erguendo a mão e dizendo "Estou pronto para falar com um vendedor" e, em vez de colocarmos essas pessoas em contato imediatamente com vendas, nós as forçamos a esperar. Nós as direcionamos para os mesmos formulários de captura de *leads* e sistemas de *follow-up* em que colocamos todos os outros *leads*.

Então, eis aqui a solução, e bem simples: Em vez de linkar seu botão "Contatar vendas" a um formulário de captura de *leads*, linke-o a uma conversa em tempo real – seja com alguém de carne e osso (se você tiver um vendedor *online*) ou por *chatbot* (veja a Figura 11.2). De uma forma ou de outra, como vendedor você conseguirá dar aos *leads* qualificados a oportunidade de agendar demonstrações com você imediatamente, em vez de fazê-los esperar e-mails ou telefonemas de *follow-up*. O melhor de tudo, você pode usar o mesmo método "rodízio" para direcionar *leads* sobre o qual conversamos anteriormente para distribuir de maneira igualitária os *leads* gerados dos CTAs "Contatar vendas" ou "Solicitar demonstração" entre os vendedores.

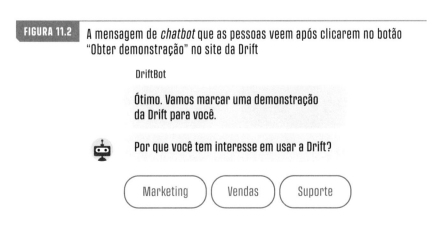

FIGURA 11.2 A mensagem de *chatbot* que as pessoas veem após clicarem no botão "Obter demonstração" no site da Drift

De uma perspectiva da configuração, atualizar seu CTA "Contatar vendas" usa o mesmo método que expliquei na seção anterior. Primeiro você constrói um *chatbot* ou configura uma campanha de mensageria, depois, cria um hyperlink que ativará esse *chatbot* ou campanha. De posse do hyperlink, tudo o que você precisa fazer é "linká-lo" ao botão CTA no seu site e o canal "Contatar vendas" em tempo real estará funcionando.

FAÇA COM QUE OS PROFISSIONAIS DE VENDAS CRIEM CARTÕES DE VISITAS DIGITAIS

Depois que você se cadastrou em uma plataforma de marketing e vendas conversacionais e conectou seu calendário – como o Google ou o Office 365 –, vai conseguir construir seu próprio "cartão de visitas digital", um perfil público com uma URL exclusiva que potenciais clientes podem usar para saber mais sobre você e para começar conversas em tempo real e agendar demonstrações (veja a Figura 11.3).

FIGURA 11.3 Exemplo de "cartão de visita digital" de uma vendedora da Drift

Na Drift, cada funcionário cria um perfil como esse, e os usamos para compartilhar um pouco sobre nós, inclusive nome, localização, cargo, e alguns interesses e hobbies. Isso ajuda a tornar ainda mais claro para nossos potenciais clientes o fato de que nós (as pessoas com quem eles estão conversando via mensageria em tempo real) somos funcionários de carne e osso da empresa – e não drones corporativos anônimos. Hospedamos esses perfis em um subdomínio no site da Drift, o team.drift.com, e cada perfil individual tem uma URL exclusiva. Por exemplo, a URL do meu perfil na Drift é team.drift.com/david.

Ao contrário de quando você entrega a alguém um cartão de visita tradicional, quando compartilha um link de seu perfil com uma pessoa – quando dá a ela um "cartão de visita digital" –, ela não precisa fazer uma ligação ou escrever um e-mail para entrar em contato com você. Em vez disso, pode simplesmente clicar em um botão para começar uma conversa em tempo real – presumindo que você esteja *online*, é claro.

Na Drift, exibimos indicadores de status em nossos perfis (pontinhos verdes) que avisam os visitantes do perfil se estamos ou não *online* e disponíveis para conversar. Se *não* estivermos disponíveis para conversar no exato instante em que uma pessoa nos visitar, ela ainda pode nos deixar uma mensagem ou clicar em um segundo botão, que permitirá agendar reuniões diretamente conosco em nossos calendários (graças à ajuda de um simpático *chatbot*).

Como vendedor, você pode incluir um link para seu cartão de visita digital na assinatura do e-mail, em seus perfis de redes sociais, e pode acrescentá-lo nas conversas em apps de mensagens como o Messenger e o WhatsApp. É a ferramenta perfeita para conectar seu canal de vendas já existente às conversas em tempo real que acontecem no seu site.

RECEBA NOTIFICAÇÕES EM TEMPO REAL QUANDO OS *LEADS* ESTIVEREM *ONLINE*

Na maioria dos apps de mensagens, você pode optar por receber notificações no celular sempre que alguém enviar uma mensagem. Assim, você pode garantir que consegue responder prontamente e não perder nenhuma conversa importante. O mesmo vale para plataformas de marketing e vendas conversacionais. Como vendedor, você pode receber notificações no celular (e pelo navegador ou via e-mail) sempre que alguém começar uma conversa no seu site. Você também pode refinar as notificações para que, por exemplo, só seja alertado quando *leads* qualificados começarem a conversar.

Mas é aí que a coisa fica legal para valer: além de receber notificações quando os *leads* começarem a conversar *com você*, é possível receber notificações assim que eles entrarem no seu site, para que possa começar a conversar proativamente *com eles*. Seja um *lead* qualificado com quem você já conversou antes ou um visitante de primeira viagem de uma de suas contas alvo, você pode configurar notificações que vão alertá-lo assim que esse tipo de *lead* estiver no seu site.

Quando você receber uma dessas notificações, estará a um clique de distância de começar proativamente uma conversa com esse *lead*. Ou, se for uma notificação por celular, você estará a um toque de distância de iniciar uma conversa (veja a Figura 11.4). De uma forma ou de outra, um dos melhores recursos dessas notificações é que – além de avisá-lo quando um *lead* estiver no seu site – elas podem informar com exatidão em que página do seu site ele está.

FIGURA 11.4 Modelo de notificação por celular que o avisa que um *lead* está em sua página de preços

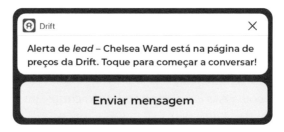

Como vendedor, essas notificações possibilitam que você comece a conversar proativamente com os *leads* no seu site com mais contexto. Por exemplo, se você foi notificado de que há um *lead* em sua página de preços, é possível enviar a ele uma mensagem personalizada e customizada para avisá-lo de que você está disponível para responder a quaisquer perguntas sobre preços que possam aparecer. À pessoa que visita sua página de preços, a mensagem aparecerá como qualquer outra mensagem de boas-vindas – a única diferença é que ela é hiperpersonalizada (veja a Figura 11.5).

FIGURA 11.5 Exemplo de mensagem personalizada proativa enviada por um vendedor para um *lead* em visita à página de preços da empresa

E ainda que hoje os *chatbots* possibilitem automatizar esse tipo de mensagem, permitindo que você ofereça uma experiência conversacional em escala, isso não significa que o time de vendas deva abandonar o contato individual. Às vezes você precisa fazer coisas que não são escaláveis para oferecer a melhor experiência possível. Especificamente, como vendedor, quando você está *online* e vê com clareza que há um *lead* no seu site, por que esperar um *chatbot* ajudar a pessoa sendo que você mesmo poderia fazer isso? Com as notificações, você consegue oferecer o tipo de toque pessoal que pode ajudá-lo a fechar uma venda.

Nos bastidores, configurar essas notificações funciona muito como o Twitter: Em sua plataforma de marketing e vendas conversacionais, é só selecionar os *leads* (ou empresas) que você deseja seguir e começará a receber notificações quando esses *leads* estiverem no seu site. Dependendo da plataforma específica que estiver usando, talvez seja possível ter também uma visão ao vivo dos visitantes do seu site. Uma tela que mostre isso (veja a Figura 11.6) é dinâmica, atualizando-se sempre que uma pessoa entra e sai do site, ou navega para uma página diferente dentro dele. Como vendedor, você pode escanear essa tela ao vivo e, assim como nas notificações, iniciar conversas em tempo real com um único clique.

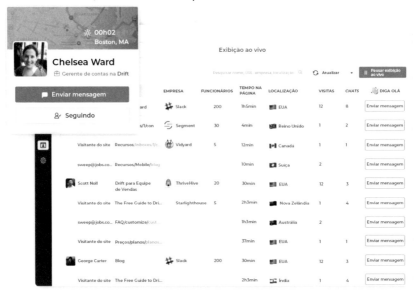

FIGURA 11.6 Modelo de tela "ao vivo", que lhe permite ver (e começar a conversar com) todos os visitantes que estão no seu site

DÊ ADEUS À INSERÇÃO MANUAL DE DADOS

De acordo com um estudo de 2016 da CSO Insights, atualmente os vendedores estão gastando apenas 36% do tempo vendendo, e o restante é dedicado a outras atividades, como prospecção, envio de e-mails e – adivinhou! – entrada de dados. Pergunte a qualquer vendedor quais são os aspectos mais chatos e/ou irritantes de seu ofício, e há chances de que a resposta será atualizar registros de contatos com todas as ligações telefônicas, e-mail, reuniões e qualquer outra interação que ele ou ela faz durante uma venda. Em vez de conseguir focar exclusivamente em proporcionar uma ótima experiência de compra, vendedores tradicionalmente tinham de equilibrar isso com registros de atualizações manuais e garantir que estavam inserindo corretamente todos os dados. Então, é provável que não surpreenda tanto saber que um estudo mais antigo da CSO Insights descobriu que 71% dos profissionais de vendas afirmam que gastam muito tempo inserindo dados.

Quando você adota uma abordagem conversacional em vendas, essa inserção manual de dados desaparece, permitindo que a produtividade dos vendedores dispare. Isso porque, quando você está conversando, qualificando *leads* e agendando reuniões em tempo real, tudo em um só lugar (seu site), não é preciso registrar manualmente cada pequeno evento e detalhe – uma plataforma de marketing e vendas conversacionais pode registrar isso automaticamente para você. (Como você aprenderá no Capítulo 13, ela também pode registrar suas conversas por e-mail.)

Por meio de uma integração com seu CRM já existente, você pode ter todas as informações reunidas por conversas em tempo real (por exemplo, nomes, endereços de e-mail, nomes de empresas e assim por diante) copiadas automaticamente para seu CRM. Além disso, você pode ter as transcrições das conversas que teve com seus *leads* adicionadas automaticamente aos seus registros de contato no CRM. Assim, você vai conseguir visualizar tudo o que aprendeu sobre um *lead* e revisar todas as conversas que teve com ele em um único local conveniente – sem que seja preciso inserir dados manualmente.

◢ O que fazer quando seu funil de vendas estiver no piloto automático

Ao longo deste capítulo, desmembrei algumas das principais maneiras pelas quais as vendas conversacionais estão otimizando o processo de compras e contribuindo para uma melhor produtividade nas vendas. Desde o uso de um sistema de direcionamento inteligente até garantir que os *leads* estejam conectados aos vendedores corretos, passando por receber notificações em tempo real quando um *lead* visita seu site para que você possa iniciar conversas na hora certa, e excluindo a necessidade de entrada manual de dados, a tecnologia de vendas tirou algumas das tarefas mais chatas da responsabilidade do time. Ao automatizar essas tarefas chatas, vendedores agora conseguem focar mais o próprio tempo e energia na parte mais importante das vendas: construir relacionamentos por meio de conversas individualizadas.

No próximo capítulo, analisaremos como times de vendas podem dominar o poder das conversas a fim de criar uma melhor experiência de compras e converter mais *leads* em clientes.

CAPÍTULO 12

COMO OS TIMES DE VENDAS PODEM CRIAR UMA EXPERIÊNCIA DE COMPRA MELHOR POR MEIO DE CONVERSAS EM TEMPO REAL

Chegou a hora de os vendedores encararem os fatos: os dias de "*hard sell*" acabaram. Em um mundo onde informações sobre produtos estão disponíveis gratuitamente e as pessoas esperam respostas em tempo real das empresas como norma, e onde dominar a demanda de um produto ou serviço se tornou mais importante que dominar a oferta, ficou claro que o processo tradicional de vendas se tornou obsoleto.

Atualmente, ajudar é a nova forma de vender.

Pense nisso: hoje em dia, se você tranca documentos e outros recursos atrás de formulários de captura de *leads*, potenciais compradores simplesmente vão buscar essas informações em outros lugares (como no site da concorrência), em vez de perderem tempo preenchendo seu formulário. Hoje, se potenciais compradores tentam entrar em contato com sua equipe de vendas e você os força a esperar dias, semanas ou horas antes que alguém realmente fale com eles, é muito provável que esses compradores desistam (e acabem recorrendo a um concorrente que responda em tempo real às perguntas deles).

Nos últimos anos, houve uma crescente desconexão entre as experiências que equipes de vendas tradicionalmente vinham proporcionando e o que esperam os atuais compradores. E esse é o caso especialmente no universo das vendas B2B.

Hoje em dia, a maioria dos times de vendas B2B estão oferecendo aos compradores uma experiência que não tem nenhuma semelhança com as experiências de compras que eles têm em outros lugares, como consumidores. E como explicou o ex-analista da Forrester, Andy Hoar, certa vez em um episódio do podcast *What It Means*, da Forrester, as pessoas estão cientes (e desestimuladas por isso) como a experiência de compras B2B de hoje é inferior quando comparada à incrível experiência de compras B2C (*business-to-consumer*) com que se habituaram. Como Hoar explicou:

"A pessoa não tem uma experiência surpreendente como consumidor B2C na Amazon, na Nordstrom, Sephora ou Charles Schwab, ou qualquer lugar, e de repente, vai trabalhar e diz: 'Bem, agora espero uma experiência muito pior como cliente, e estou feliz com isso'."

Resultado: os compradores B2B de hoje esperam coisa melhor, ou seja, como vendedor, você não pode mais depender no manual de vendas B2B tradicional. Os vendedores mais bem-sucedidos deste novo paradigma de vendas – um paradigma em que todo o poder está nas mãos do cliente – não serão os que perseguem insistentemente as pessoas e as pressionam a comprar. Ao contrário, os vendedores mais bem-sucedidos serão aqueles que orientam os clientes pelo processo de compra, disponibilizando-se para responder a perguntas em cada etapa do caminho. Em vez de "Sempre fechando", o mantra de vendas do futuro é "Sempre ajudando".

◢ Transformando palavras em ações

Naturalmente, ainda que esse conceito de "ajudar é o novo vender" e que oferecer a melhor experiência possível de compras pareça ótimo na teoria, a pergunta que não quer calar é: como vendedor, de que maneira fazer isso?

No capítulo anterior, exploramos as ferramentas e as táticas que equipes de vendas podem usar para que sua estratégia de vendas conversacional funcione e possam vender em tempo real. Neste capítulo, nos atentaremos às táticas individuais que vendedores podem usar trabalhando nas linhas de frente para ter melhores conversas de vendas.

PEÇA LICENÇA ANTES DE COMEÇAR A FAZER PERGUNTAS

O relacionamento vendedor/comprador pode ser complicado de gerenciar. Tradicionalmente, como vendedores, consideramos potenciais compradores quase como adversários – como pessoas que precisamos "conquistar" para trazê-los para o nosso lado e nossa maneira de pensar. Consequentemente, hoje existe uma tensão persistente entre vendedores e compradores. Robert Gibbons, vice-presidente de vendas na empresa de gestão de TI Ipswitch, refere-se a esse fenômeno como "tensão de relacionamento". Robert treinou times de vendas no mundo todo na arte da conversa, e percebeu que, quando se trata de se engajar em uma conversa individualizada com um potencial comprador, o primeiro passo essencial é aliviar essa tensão de relacionamento o mais rápido possível. Do contrário, fica mais difícil esse comprador confiar em você e vê-lo como um recurso (e não como um adversário).

Como aliviar a tensão de relacionamento no início de uma conversa de vendas? Como disse Robert ao time de marketing da Drift, antes de iniciar seu roteiro de vendas ou começar uma lista de perguntas, você precisa pedir licença:

"As pessoas não querem se sentir 'vendidas'; elas querem sentir que você é um aliado. Um recurso. Então, é bom começar uma conversa pedindo permissão para fazer a primeira pergunta que inicia tudo. A maneira mais simples de começar uma conversa seria: 'Tudo bem se eu te fizer uma pergunta?'. Quando o potencial cliente diz sim, consegui duas coisas: reduzi a tensão de relacionamento e [tive] permissão para prosseguir."

Como vendedor, as perguntas que você vai acabar fazendo o ajudarão a compreender melhor seus potenciais compradores e os seus casos em particular, o que, por sua vez, permitirá que você os ajude ainda mais e dê conselhos mais específicos. Então, por que não ser franco? Deixando claras suas intenções e pedindo licença desde o início, você vai conseguir acalmar a tensão do relacionamento e partir imediatamente para as negociações.

É claro, a linguagem exata que você usa ao pedir permissão pode variar. Em alguns contextos, um simples "Tudo bem se eu fizer algumas perguntas?" dará conta do recado. O ideal é que sua maneira de se comunicar por mensageria se alinhe com a voz de sua marca, que seja o tom e o estilo de escrita que você usa em seu marketing e ao se comunicar com clientes já existentes. Mas igualmente importante (se não mais) é que profissionais de vendas individualizem as perguntas que fazem e a linguagem usada com base nas próprias personalidades.

DEIXE A PERSONALIDADE DOS SEUS PROFISSIONAIS DE VENDAS APARECER

Na Drift, descrevemos nossa voz de marca como humana, prestativa e acolhedora, para que – isso vale para nossos *leads* e clientes –, quando alguém se comunica conosco, a sensação seja a de conversar com um bom amigo ou um familiar querido. Nosso tom é sempre respeitoso, mas não tão reservado e formal como a redação comercial tradicional, ou seja, não temos medo de contar umas piadas. Nosso teste decisivo para editar o texto: se não é algo que podemos nos imaginar dizendo em voz alta a um amigo ou familiar, não escrevemos.

E embora manter uma voz de marca consistente no marketing e nas vendas (e no suporte ao cliente, *customer success* e assim por diante) é importante para oferecer uma experiência do cliente coesa, isso não significa que a personalidade das pessoas em nossa empresa precise ser suprimida. Afinal, todo mundo interage de maneira diferente com os próprios amigos e familiares, ou seja, a voz da nossa marca está aberta a interpretações. Na verdade, incentivamos vendedores a conversarem do jeito deles e a usarem a própria personalidade para construir laços. Seja usando um cumprimento característico ("Oiê!") ou se tornando mestre no uso de emojis (🤠), inserir um pouco de personalidade em suas conversas de vendas pode ajudar a mostrar a um potencial comprador que você é uma pessoa de verdade em quem esse comprador pode confiar.

É certo que, como pessoa real de carne e osso, você nem sempre pode estar *online* para se engajar com *leads* em conversas em tempo real. A boa notícia: você pode ter um *chatbot* para cobri-lo. E ao configurar esse *chatbot*, pode usar o mesmo tom (e os mesmos emojis) que usaria em uma conversa entre seres humanos. Para Rich Wood, diretor-geral da agência de marketing Six & Flow, esse foi o recurso principal para decidir adotar vendas e marketing conversacionais. Como disse ao time de marketing da Drift, personalidade e humor são essenciais à forma de trabalho da Six & Flow, e usar um *chatbot* "permite que a gente seja 'divertido', um de nossos valores fundamentais. Podemos deixar nossos *bots* engraçados".

Por exemplo, se um *chatbot* começa uma conversa com um *lead*, mas ele pede para falar com uma pessoa, FloBot, o *chatbot* da Six & Flow,

FIGURA 12.1 FloBot, *chatbot* da Six & Flow, informa aos visitantes como ele se sente quando pedem para falar com um ser humano

avisa o *lead* que – mesmo com os sentimentos feridos – vai transferir a solicitação do *lead* e conectá-lo com um ser humano (veja a Figura 12.1). E sim, eles até inseriram um meme na mensagem do *chatbot*.

USE FRASES EMPÁTICAS PARA DEMONSTRAR QUE VOCÊ ESTÁ ESCUTANDO

Ao conversar pessoalmente com alguém, você não presta atenção somente às palavras que essa pessoa diz, mas também à sua linguagem corporal. E, em muitos casos, é fácil afirmar – apenas observando a expressão facial de alguém – se ele ou ela está ou não interessado(a) no que você tem a dizer. É claro que, quando você conversa com alguém por telefone, a linguagem corporal não entra na equação. Entretanto, em uma ligação telefônica, além de ouvir *o que* alguém está dizendo, você pode ouvir *de que maneira* essa pessoa está falando. É possível detectar mudanças no tom e outras nuances vocais capazes de fornecer mais informações do que somente as palavras.

Então, eis que surge a mensageria.

Como vendedor, quando você conversa com *leads* via mensageria, esses *leads* não podem ler sua linguagem corporal nem ouvir o som de sua voz. Portanto, quando se trata de demonstrar empatia e mostrar aos *leads* que você está prestando atenção e genuinamente interessado em ajudá-los, a mensageria o coloca em ligeira desvantagem. No entanto, isso não quer dizer que você não pode ser um bom ouvinte durante uma conversa via mensageria. Um dos segredos para superar as limitações da mensageria – em que, como participantes da conversa, não podemos nos ver nem ouvir a voz um do outro – é usar frases empáticas.

◢ O que são frases empáticas?

Uma frase empática é uma frase ou pergunta que coloca o foco diretamente no comprador e demonstra uma compreensão da perspectiva dele. Como o psicólogo Dr. Jack Schafer, escreveu na *Psychology Today*: "Afirmações empáticas captam a essência do que os clientes dizem... e usar uma linguagem paralela reflete essa mensagem para os clientes". Schafer escreveu ainda que, se você quiser elaborar uma frase empática básica, pode começar com a expressão "Então, você..." (como em "Então, você está com o problema *tal* e precisa de ajuda com ele, correto?"). O que quer que faça, evite, a qualquer custo, a frase "Sei como você se sente". Porque, como Schafer explicou: "Os clientes provavelmente vão pensar, 'Esse vendedor não está passando pelas mesmas coisas que eu, e não sabe como me sinto'". E, ainda que não o critiquem por usar essa frase, potenciais clientes ainda podem acabar se ressentindo tacitamente por você presumir que sabe como eles se sentem. Citando Schafer: "Essa reação não dita muitas vezes prejudica o elo".

Lembre-se de que, com a mensageria, você está se comunicando apenas com texto (e emojis) – sem linguagem corporal, expressões faciais ou voz. Ou seja, é importante estar ciente de como seus comentários podem ser recebidos e interpretados. Para melhores resultados, coloque frases empáticas em toda a conversa de vendas para lembrar aos compradores que você está pensando *neles* (e não apenas em fazer uma venda).

Dez frases empáticas que você deve começar a usar em conversas de vendas neste exato instante

Aqui estão dez ótimos exemplos de frases empáticas que seu time de vendas pode começar a aplicar hoje nas conversas de vendas. Observação para vendedores: certifiquem-se de colocar seu próprio tempero nelas antes de usá-las – pensem nelas como modelos que vocês podem mexer e desenvolver.

1. "Então, se entendi bem, você está com {o problema X} para tentar conseguir {o resultado Y}?"

2. "Obrigado por me permitir passar um tempo com você hoje, {nome da pessoa}."

3. "Obrigado por me contar mais sobre {o problema/desafio vivenciado}."

4. "Até agora, tudo bem? Estou respondendo a todas as suas perguntas?"

5. "Posso fazer uma sugestão?"

6. "Adoraria entender isto um pouco mais. Você se importa se eu fizer mais perguntas?"

7. "Certamente posso responder a essa(s) pergunta(s) suas, mas pode me interromper a qualquer momento."

8. Tudo bem se repassarmos o que conversamos até aqui?"

9. "Como {a solução atual} está funcionando para você neste instante?"

10. "Você se importaria em me contar mais sobre {a dor ou o desafio em questão}?"

De acordo com Robert Gibbons, o vice-presidente de vendas que mencionei anteriormente, frases empáticas (como essas mencionadas) não são apenas úteis quando você conversa via mensageria – são essenciais. Isso porque, em qualquer ponto de uma conversa de vendas, o potencial comprador tem o poder de dizer não e encerrar a conversa. Como vendedor, você precisa saber reconhecer limites do que potenciais compradores estão dispostos a falar e não forçar muito a barra. Afirmações empáticas podem ajudá-lo a descobrir esses limites.

Usando frases empáticas para agendar demonstrações e reuniões de vendas

Idealmente, as conversas de vendas que você tem no seu site deveriam culminar em um contrato fechado. Mas a segunda melhor coisa é que suas conversas levem a demonstrações e reuniões, para que você possa mostrar com mais detalhes o seu produto a compradores qualificados. No entanto, como vendedor engajado em uma conversa individualizada com um potencial comprador via mensageria, pode ser difícil descobrir quando avançar a conversa e quando pedir a esse potencial comprador que agende uma *demo* passando para a próxima fase. Afinal, você não quer correr o risco de reintroduzir a tensão que já eliminou ou de quebrar a confiança que já ganhou.

Frases empáticas podem ajudar. Nesse ponto de uma conversa de vendas, quando você está pensando em levar as coisas para o próximo nível, é importante verificar com o potencial comprador para ver em que nível ele ou ela está. Você pode fazer isso recapitulando tudo o que foi conversado até então e, em seguida, pedir permissão para falar qual pode ser o próximo passo.

Seguem três exemplos de frases empáticas elaboradas especificamente para mudar a conversa para uma demonstração ou reunião de vendas:

- "Seria correto dizer que, com base no que conversamos, você conseguiria {este resultado} usando {o produto}?"

- "Parece que devemos continuar esta conversa para falar com detalhes sobre {objetivo 1}, {objetivo 2} e como {o produto} ajudaria."

- "Se estou entendendo bem, parece que {o produto} seria útil para sua empresa para atingir {objetivo 1}, {objetivo 2} – correto?"

Após receber um "sim" a uma dessas perguntas, você pode propor uma reunião ou uma demonstração. O melhor de tudo é que, em vez de ficar indo e vindo para descobrir em que dia e horário ambos estarão disponíveis, você pode – com poucos cliques – inserir seu calendário diretamente na janela de conversa e deixar a pessoa escolher o melhor horário para ela.

MOSTRE O VALOR DA SUA SOLUÇÃO

Mesmo que frases empáticas possam ajudá-lo a resumir as necessidades de um potencial comprador e, em troca, auxiliar no avanço de uma conversa, você nunca vai conseguir levar essa venda até o final a menos que demonstre o valor de seu produto ou serviço.

Para deixar claro, não basta listar todos os benefícios que seu produto ou serviço pode oferecer. O objetivo não é mostrar que sua solução pode resolver os problemas de toda e qualquer pessoa, e sim mostrar que sua solução pode resolver os problemas específicos do comprador com quem você está conversando. Conforme a conversa de vendas continua, você deve mostrar em mais detalhes as características específicas de seu produto ou serviço que mais ajudarão o comprador e, em seguida, dar um zoom cada vez maior nessas características. Se você descobrir que há certas métricas que um comprador está tentando aprimorar, destaque como seu produto pode ajudá-lo a fazer isso. Ainda que uma conversa de vendas possa começar com um panorama geral básico do que seu produto ou serviço pode fazer, ela deve terminar com explicações detalhadas sobre como uma pessoa pode implementar seu produto ou serviço e começar a usá-lo para obter resultados.

É claro que é mais fácil falar do que fazer. Afinal, como determinar os aspectos e benefícios precisos que um comprador específico achará vantajosos? Como reunir as informações necessárias para customizar seu discurso às necessidades específicas desse comprador?

◢ Os três porquês

No Capítulo 8, compartilhei algumas perguntas de qualificação que você pode usar para aprender mais sobre *leads* e quem visita seu site. Então, no Capítulo 10, compartilhei o modelo "O quê? Quem? Como?", que separa o processo de qualificação de *leads* em três perguntas simples: "O que o trouxe aqui?", "Quem é você?" e "Como posso ajudá-lo a usar o produto?".

Mesmo que essas perguntas possam ajudá-lo a obter uma compreensão superficial de um potencial comprador, como vendedor, inevitavelmente você vai ter que se aprofundar. Para garantir que alguém não apenas compre sua solução, mas também comece a extrair valor real e previsível dessa solução, você precisa entender a fundo as necessidades desse comprador e o que ele ou ela está tentando realizar. É aí que entra em cena o popular modelo de tomada de decisões dos "três porquês".

Originalmente desenvolvida por Sakichi Toyoda como os "cinco porquês", no passado o modelo ajudou líderes na Toyota Motor Corporation a adotar uma abordagem científica para a resolução de problemas. Diante de um problema, o modelo o instrui a perguntar "Por quê?" (como em "Por que você está com esse problema?"). Depois de identificar a resposta, você volta a perguntar "Por quê?", e o processo vai se repetindo até não ser mais possível dar uma resposta satisfatória à pergunta "Por quê?", e nesse ponto você terá chegado à causa raiz de um problema.

Por exemplo, digamos que o problema de uma empresa seja não conseguir gerar *leads* de alta qualidade para sua equipe de vendas (já viu esse filme?). Quando eles se perguntam "Por que não estamos conseguindo gerar *leads* suficientes", fazem uma análise de suas métricas e percebem que estão atraindo vários visitantes ao site, mas que a taxa de conversão para *leads* é horrível. Então, eles se perguntam "Por que temos essa taxa tão horrível de conversão de visitantes para *leads*?" e descobrem que, embora vários visitantes se inscrevam para receber a newsletter, poucos preenchem formulários de captura de *leads* e baixam conteúdo exclusivo. Quando voltarem a perguntar "por quê?", naturalmente eles (assim esperamos) vão reconhecer que formulários de *leads* agem como obstáculos no processo de compras, e cada vez menos compradores se dão ao trabalho de preenchê-los.

Sakichi Toyoda acreditava que eram necessários cerca de cinco "porquês" para atingir a causa raiz de um problema, mas Ricardo Semler,

CEO da Semco, mais tarde diminuiu o modelo para três "porquês", que é a iteração mais popular atualmente. Independentemente de quantos "porquês" você usa, o objetivo do modelo é descascar as camadas e rastrear as causas e os efeitos até a causa raiz de um problema. Isso torna o modelo uma ferramenta especialmente útil para vendedores que estejam tentando compreender mais a fundo o problema de um comprador em um curto espaço de tempo. Além disso, aplicar os três "porquês" pode ajudar seu comprador a chegar a um momento "*Aha!*" e aprender algo que antes não sabia. Como vendedor, isso permite que agregue valor antes mesmo que o comprador teste seu produto, e estabelece que você é uma fonte confiável.

Uma boa prática para ter em mente: ao usar os "três porquês" em uma conversa de vendas, certifique-se de não perguntar, literalmente, "Por quê? Por quê? Por quê?" repetidas vezes. Em vez disso, coloque seus "porquês" em frases empáticas. Por exemplo, você nunca cumprimentaria alguém dizendo: "Olá, por que está aqui?". Em vez disso, perguntaria "Em que posso ajudá-lo?" ou "O que o trouxe aqui hoje?". Em última instância, ainda vai obter a resposta ao primeiro "por quê", mas de maneira conversacional. E antes de passar para o segundo "por quê", você pode pedir permissão para isso – e, ao mesmo tempo, reafirmar a resposta ao primeiro "por quê" – dizendo algo como: "Se entendi bem, você está com *esse* problema. Adoraria compreender um pouco mais. Você se importa se eu fizer mais perguntas?"

USE UMA CHAMADA DE VÍDEO PARA PERSONALIZAR A PERGUNTA FINAL

Neste capítulo, exploramos as táticas e técnicas que equipes de vendas podem usar para oferecer uma experiência melhor a compradores durante conversas via mensageria. Especificamente, vimos de que maneira, como vendedores, há certos tipos de afirmações que podem ser usadas (e perguntas que podem ser feitas) para ajudá-lo a superar as limitações de se comunicar apenas por texto. No entanto, é importante reconhecer que, em algumas conversas de vendas, inevitavelmente você vai precisar mudar para um canal diferente de comunicação antes de fazer alguém dizer "sim".

Tradicionalmente, o telefone tem sido a opção de canal de comunicação quando se trata de conseguir novos clientes. Mas, hoje em dia, fazer uma chamada de vídeo é a melhor opção. Chamadas de vídeo permitem que um potencial comprador ouça sua voz e leia a linguagem corporal (e vice-versa), o que ajuda a tornar a conversa mais pessoal e pode auxiliar na formação de um elo mais sólido. Como expliquei no Capítulo 6, as pessoas reagem com mais força ao ver outros rostos. Isso é algo para o qual todos estamos programados. É por isso que, quando estivermos usando mensagens, é preciso colocar uma foto sua como avatar, e é também por isso que você deveria usar chamadas de vídeo quando precisar "escalar" uma conversa para um canal diferente, a fim de fazer uma venda.

A melhor parte: você pode passar de uma conversa por mensageria a uma chamada de vídeo em segundos. Após iniciar uma reunião em alguma ferramenta de videoconferência que estiver usando, você pode simplesmente colocar o link dessa reunião na janela de mensagens. Com apenas um clique seu potencial comprador conseguirá conversar com você "cara a cara", e você estará em uma posição perfeita para fechar o negócio.

Chamadas de vídeo permitem que um potencial comprador ouça sua **voz** e leia a **linguagem corporal** (e vice-versa), o que ajuda a tornar a conversa mais **pessoal** e pode auxiliar na formação de um elo mais sólido.

CAPÍTULO 13

COMO ENVIAR SEQUÊNCIAS DE E-MAILS DE VENDAS QUE REALMENTE ENGAJEM OS COMPRADORES

Até agora, na Parte Três deste livro, exploramos como equipes de vendas podem usar a mensageria (e *chatbots* construídos em cima dos apps de mensageria) para que seus *leads* avancem por seus funis de vendas à velocidade da luz. E embora cada vez mais compradores de hoje queiram usar mensageria em tempo real para se comunicar com times de vendas, isso não significa que outros canais de comunicação comercial, como o e-mail, tornaram-se obsoletos. Como analisamos no Capítulo 7, apesar de sua péssima reputação, o e-mail ainda está bastante vivo. De fato, conforme uma pesquisa de 2017 do The Radicati Group, 269 bilhões de e-mails são enviados todos os dias, o que equivale a mais de três milhões de e-mails enviados *por segundo*.

Fica evidente que ainda há uma oportunidade para times de vendas usarem e-mails para começar (e retomar) conversas com potenciais compradores. Tradicionalmente, a maneira como fazemos isso é configurando uma sequência de e-mails "de nutrição" – uma série de e-mails automatizados nos quais você pode registrar as pessoas com base em certas ações que elas tomaram (como se inscrever em um webinar sobre um produto). Para muitos vendedores, as sequências de e-mails têm sido cruciais quando se trata de entrar em contato proativamente com potenciais compradores que precisam de um empurrãozinho para despertar o interesse e fazê-los visitar o site de uma empresa – onde poderão ter conversas em tempo real.

O único problema com sequências tradicionais de e-mails de vendas: na verdade, há muitos problemas, que exploramos com profundidade no Capítulo 7. No entanto, para times de vendas, a lição mais importante é que a maneira como estamos usando sequências de e-mails de vendas está totalmente desatualizada. Em vez de focar na relevância e na qualidade das mensagens contidas nos e-mails, nós os transformamos em um jogo de números, disparando a maior quantidade possível de e-mails para maximizar nossas chances de sucesso – que definimos como conseguir que alguém abra nossos e-mails e clique em um link. Ficamos tão obcecados com essas métricas de taxas de aberturas e cliques que paramos de nos atentar às conversas que tínhamos (ou não tínhamos).

Hoje, esse tipo de abordagem não vai levar você a lugar nenhum.

FOI-SE O TEMPO DE "DISPARAR E REZAR"

A maioria das ferramentas por e-mail não foi criada para vender. Elas foram feitas para enviar *spams*.

O que explica parte do motivo pelo qual tantos times de vendas adotaram hábitos de e-mail tão péssimos: a tecnologia faz com que pareçam eficientes. Da perspectiva de um vendedor, ser capaz de escrever um único e-mail que, por exemplo, poderia listar cada aspecto de seu produto (para que todas as suas bases estejam cobertas), e então poder enviar esse único e-mail a centenas ou milhares de potenciais clientes é algo incrivelmente poderoso. Usando a tecnologia da personalização, você pode inclusive se dirigir pelo nome aos seus destinatários de e-mail ao cumprimentá-los. E se você está se sentindo excepcionalmente ambicioso, pode ajustar a frase de abertura do e-mail para cada destinatário, a fim de incluir algo que soube sobre essa pessoa no LinkedIn. (Por exemplo, você poderia mencionar que gostou de um post que ele ou ela escreveu.)

Durante anos, *esse* foi o procedimento quando o assunto era enviar e-mails de vendas. Mas você precisa se conscientizar de algo: provavelmente, há dezenas, se não centenas, de outras empresas enviando os mesmos e-mails de vendas que você. Ao seguir essa abordagem padronizada, seus e-mails de vendas estão ficando em segundo plano nas caixas de entrada de seus potenciais compradores. Em última instância, personalizar um e-mail com o nome de alguém e mencionar algo sobre essa pessoa que qualquer pessoa poderia encontrar na internet só demonstra a seus potenciais clientes que, na verdade, você não a entende, nem compreende aquilo em que está interessada.

Então como demonstrar a potenciais clientes – em um e-mail – que você os entende? E como elaborar sequências de e-mails de vendas que levem a conversas reais (e não só a caixas de entrada lotadas)? Continue lendo para descobrir.

◢ Seja profissional - mas abandone a "voz profissional"

Uma maneira de fazer seus e-mails de vendas se destacarem é abandonar o tom excessivamente formal e autoritário que se tornou sinônimo de e-mails de negócios. Hoje em dia, juntar um monte de frases secas e sem emoção que expliquem sem rodeios o que seu produto pode fazer é tiro e queda para fazer seu e-mail se perder na caixa de entrada de um potencial cliente. Para ser ouvido, você precisa ser humano.

Conforme exploramos no capítulo anterior, como vendedor é importante deixar sua personalidade aparecer em conversas em tempo real. E essa ideia vale também para conversas por e-mail. Para ganhar a confiança das pessoas que você está entrando em contato, e mostrar a elas que existe uma pessoa de verdade por trás dos e-mails, que está ali para ajudá-las, é preciso conversar com essas pessoas como se vocês fossem amigos. Isso significa abandonar os jargões corporativos e adotar um tom amigável que reflita sua personalidade verdadeira.

FIGURA 13.1 Exemplo de e-mail automatizado que potenciais clientes recebem depois de se inscreverem num webinar sobre um produto da Drift

> Olá.
> Vi que você se inscreveu para o webinar de Guillaume (nosso VP de Crescimento) com a Datanyze e Close.io.
> E, para ser sincero, a maioria dos e-mails que você recebe após se inscrever em um webinar são terríveis...
> Então, eu queria tentar algo diferente:
> Quero oferecer um vídeo personalizado sobre como a Drift pode funcionar no seu site, para que você veja *com exatidão* como poderia gerar *leads* e agendar mais reuniões de vendas.
> ...mas sem a pressão de uma chamada de vendas - nem mesmo parando para fazer uma reunião.
> Só faremos um vídeo para você e o enviaremos.
> É isso.
> Quer ver um vídeo sobre como ficaria o *chatbot* da Drift no seu site?
> É só responder aqui com o link de seu site e me avisar - podemos gravar um vídeo rápido para enviar.
> - Dave

Em última instância, você ainda pode ser profissional sem ter que assumir uma "voz profissional". O objetivo de adotar um tom mais amigável e menos formal não é baixar o nível da conversa ou esquecer de ser educado, e sim conversar com potenciais clientes da mesma forma que fala com qualquer outra pessoa em sua vida. É ser direto e franco, e não simplesmente seguir o fluxo. Na Drift, por exemplo, depois que potenciais clientes se inscrevem em algum dos webinars de nosso produto, Dave Gerhardt, nosso líder de marketing, envia uma confirmação automática por e-mail... que reconhece como a maioria dos e-mails de confirmação para webinars são horríveis (veja a Figura 13.1). Como vendedor, ao usar esse tipo de honestidade e franqueza em seus e-mails, você vai conseguir desviar a atenção de outros e-mails de vendas na caixa de entrada de um potencial cliente e começar a ganhar a confiança dele.

É claro que o tom de seus e-mails de vendas não é o único fator em jogo aqui. Sem dúvida, *o que* você diz no e-mail é muito mais importante do que *a maneira como* você diz. Porque mesmo os falantes de mais lábia (e os redatores de e-mails com mais capacidade) não conseguirão converter uma pessoa em cliente se não tiverem ideia de quem é essa pessoa e do tipo de ajuda de que ela precisa. É por isso que, como vendedor, personalizar seus e-mails para alinhá-los com as necessidades do potencial comprador é fundamental.

◢ Use personalização - mas do jeito certo

Nos últimos anos, "personalizar" um e-mail de vendas era fazer o nome do destinatário aparecer no cumprimento e, em seguida, ficar jogando fatos biográficos aleatórios e jargões relacionados à área do destinatário que você descobria em redes sociais. Da perspectiva do comprador, esse tipo de personalização pode parecer bizarra, especialmente quando a mensagem principal de um e-mail não se alinha com o que um comprador está realmente procurando, ou com o que ele ou ela está tentando resolver. Quando você personaliza um e-mail de vendas sem o contexto adequado, o comprador se sente desconectado. Em vez de pensar "Uau, isso tem tudo a ver comigo", ele ou ela pode acabar pensando "Bizarro, esse vendedor sabe muitas coisas sobre mim... mas não tenho o menor interesse no que está sendo oferecido". E essa não é uma boa experiência de compras.

Então, como garantir o contexto certo – e acertar na mensagem – ao personalizar um e-mail de vendas? Tente se fazer estas duas perguntas:

1. Você tem informações sobre como pode ajudar um comprador a resolver um problema (ou melhorar resultados) que não sejam jargões?

2. Você consegue inspirar um pouco de FOMO ("medo de ficar de fora", tradução do inglês, *fear of missing out*) em compradores contando como a concorrência está usando um certo método ou processo para melhorar?

As respostas a essas perguntas darão a você o tipo de contexto necessário para personalizar um e-mail de vendas de uma forma que não seja desconexa (ou bizarra).

Outro conselho ao personalizar um e-mail de vendas: seja ele parte de uma sequência ou um e-mail frio pontual, não faça – repito, não faça – com que a mensagem principal do e-mail fale das virtudes de seu produto ou serviço. Não faça simplesmente uma lista de recursos. Porque (adivinha só?) todos os produtos de empresas contêm recursos dos quais os vendedores podem se gabar – esse foi o manual de vendas por e-mail durante anos. Então, para se destacar, você precisa enfatizar o *valor* que pode agregar e que outras empresas não podem. Você precisa identificar o problema específico que o comprador está enfrentando e explicar, de uma forma atraente, como pode ajudá-lo a resolver.

Sei o que alguns de vocês devem estar pensando: personalizar cada e-mail de vendas enviado seria impossível de escalar – especialmente quando se considera que cada uma das sequências contém vários e-mails. A solução: em vez de moldar seus e-mails de vendas e sequências de e-mails para pessoas em particular, molde-os para tipos específicos de pessoas – gente que se encaixe em uma *persona* particular de comprador ou perfil de cliente, ou que represente uma verticalização específica. Então, para cada um desses segmentos, você pode elaborar um e-mail personalizado que aborde os objetivos específicos ou dores das pessoas desse segmento.

Por exemplo, se você tem um segmento de compradores que são *chief financial officers* (CFOs), é possível configurar uma sequência de e-mails de vendas que foque especificamente em como ajudar CFOs a melhorar o retorno sobre o investimento (ROI) da empresa. Sim, personalizar esse e-mail com o nome do CFO pode ser um belo toque, mas o mais importante é personalizar seus e-mails de vendas com propostas de valor que repercutirão com públicos específicos.

◢ Simplifique

É claro que, em alguns casos, você pode identificar um potencial comprador que poderia se beneficiar de seu produto ou serviço de várias maneiras diferentes. E pode haver mais de uma proposta de valor que você queira destacar. Nessas situações, talvez você fique tentado a amontoar tudo em um único e-mail de vendas. Mas a questão é a seguinte: para melhorar a probabilidade de obter uma resposta, você precisa manter o conteúdo de seus e-mails o mais focado possível. Isso não tem a ver somente com mandar e-mails curtos, mas com prestar atenção em quantas ideias diferentes você está apresentando (e com que velocidade). O ideal é que cada e-mail explique um único conceito e/ou destaque uma área onde você pode ajudar a estimular valor. Parece senso comum, mas, como CEO que recebe um grande número de e-mails de vendas todos os dias, posso confirmar que a maioria desses e-mails acaba se ramificando em um excesso de direções diferentes e dividindo minha atenção.

O melhor método: simplificar os e-mails de vendas. Além de garantir que cada e-mail tenha um único foco, aqui estão três dicas para simplificar seus e-mails de vendas.

> **❶ Escolha com cuidado suas palavras.** Usar chavões e jargões *talvez* ajude a demonstrar seu conhecimento sobre o ramo de um potencial cliente em particular, mas isso não se traduz em credibilidade instantânea. Portanto, em vez de focar nos acrônimos que pode apresentar às pessoas, você deveria focar no conhecimento que pode apresentar. Isso porque, se você consegue explicar um conceito complexo usando uma linguagem cotidiana e não técnica ao escrever um e-mail, isso vai se refletir mais positivamente em seu

conhecimento e compreensão do ramo de atividade ou empresa de uma pessoa do que escrever como um dicionário ambulante. Como regra geral, ao revisar seu e-mail, tente encontrar áreas em que está usando três ou quatro palavras para descrever um conceito e veja se pode reduzir para uma ou duas. Talvez nem sempre seja possível, mas é um bom hábito para adotar ao tentar manter seus e-mails de vendas o mais sucintos possível.

❷ Leia seus e-mails em voz alta. Ler suas redações em voz alta é um bom conselho para qualquer tipo de escrita, mas é especialmente valioso quando se tenta adotar um tom amigável e conversacional em seus e-mails de vendas. Ao ler e-mails em voz alta antes de enviá-los, ficará mais fácil captar problemas como expressões estranhas e frases mal escritas (em comparação com a leitura silenciosa). A regra de ouro aqui: se algo não soa bem quando dito em voz alta, certifique-se de revisar antes de incluir no e-mail.

❸ Não sacrifique a clareza em troca da criatividade. Como vendedor, você quer que os e-mails enviados se destaquem, mas pelos motivos certos. E ainda que injetar um pouco de sua personalidade no que você escreve pode ajudá-lo com isso, também é bom garantir que não esteja *exagerando*. Em última instância, e-mails de vendas com excesso de brincadeiras ou engenhosidades podem distrair potenciais compradores de sua mensagem central, e essa mensagem – o valor que você pode oferecer a eles – é o que deveria fazer um e-mail se destacar. Então, em vez de tentar reinventar a roda sempre que escrever um e-mail de vendas, você deveria se concentrar na elaboração de uma mensagem clara que será relevante a um potencial comprador e repercutirá nele.

USANDO A INTELIGÊNCIA ARTIFICIAL PARA DESCADASTRAR PESSOAS QUE NÃO ESTÃO INTERESSADAS

No Capítulo 7, expliquei que respostas são a métrica mais importante de e-mail a ser monitorada. Isso porque, ao contrário de aberturas e cliques, respostas estão conectadas a conversas reais. Elas mostram que as pessoas estão engajadas o bastante com sua mensagem a ponto de terem boa vontade em parar um pouco para responder e compartilhar o que pensam.

Naturalmente, nem todas as respostas que você obtém de seus e-mails de vendas serão positivas. Como vendedor, inevitavelmente vai encontrar pessoas durante o contato por e-mail que não estão nem um pouco interessadas em comprar de você. E quando isso acontece, geralmente há três resultados possíveis:

1. A pessoa ignora seu e-mail e não responde.

2. A pessoa pede para ser descadastrada.

3. A pessoa pede para ser descadastrada de novo porque ela já tinha pedido o descadastramento antes.

A terceira opção é o pior dos cenários. Mas, infelizmente, isso acontece o tempo todo. Como vendedor, é provável que tenha recebido uma resposta frustrada por e-mail (ou duas, ou três) de pessoas que achavam já estarem descadastradas de sua lista. O problema subjacente aqui não é que o vendedor está tentando importunar as pessoas de propósito, é que as ferramentas que ele está usando estão ultrapassadas e não facilitam ao atendimento das expectativas dos compradores de hoje.

Tradicionalmente, se alguém respondeu a um de seus e-mails e disse "Quero me descadastrar", seria sua responsabilidade acessar sua ferramenta de automação de marketing e remover manualmente essa pessoa de sua lista de e-mails. Como alternativa, você poderia responder e dizer a essa pessoa que usasse o pequeno link cinza "descadastrar" na parte de baixo de seu e-mail, mas assim estaria colocando *sobre ela* o ônus de resolver o problema. Se alguém já informou que deseja ser descadastrado, fazer isso acontecer deveria ser ônus nosso – como empresa.

A boa notícia: hoje, times de vendas podem usar inteligência artificial (IA) – especificamente, aprendizado de máquina e processamento de linguagem natural (PLN) – para descadastrar de forma automática pessoas que não querem mais receber seus e-mails. A IA faz isso interpretando a linguagem na resposta de uma pessoa. Ela sabe que frases como "Pare de me enviar e-mails" e "Quero deixar de receber" correspondem à mesma coisa que pedir para ser descadastrado, e, a cada nova resposta lida, seu trabalho melhora.

Esse é um perfeito uso de caso para utilizar IA, já que elimina uma tarefa tediosa e repetitiva – remover manualmente contatos de bases de dados – que no passado cabia a profissionais de marketing e de vendas humanos, ou mesmo aos próprios destinatários dos e-mails (por meio dos tais links cinza minúsculos). Além disso, a IA aprimora a experiência para ambas as partes envolvidas, já que vendedores não precisam mais ficar com medo de receber por e-mail as famigeradas respostas "Já pedi para ser descadastrado", e os destinatários dos e-mails não têm mais de se preocupar em escrevê-las. Isso porque, ao contrário de um ser humano, uma IA nunca vai se esquecer de descadastrar uma pessoa na primeira vez em que ela pedir.

CUSTOMIZANDO OS SEUS E-MAILS DE VENDAS COM LINKS DE CALENDÁRIO

Uma das principais limitações do e-mail como canal de comunicação é que as conversas realizadas por meio dele não acontecem em tempo real. É por isso que, como vendedor, depois de receber resposta de um potencial cliente, você deve mover essa conversa para a mensageria ou, se possível, mover a conversa do e-mail diretamente para uma demonstração agendada ou uma reunião.

FIGURA 13.2 Modelos de nossas assinaturas de e-mail na Drift, que incluem links para ativar conversas e reuniões

Há maneiras diferentes de fazer isso. Para começar, sua equipe de vendas pode incluir links nas assinaturas de e-mail (veja a Figura 13.2) que permita aos destinatários acessar seus calendários e começar conversas em tempo real. Portanto, em vez de linkar a um cartão de visitas digital, que exploramos no Capítulo 11, é como se você estivesse incorporando uma versão em miniatura de seu cartão de visitas digital diretamente em um e-mail. Você pode, inclusive, configurar uma assinatura padrão em sua plataforma de vendas e marketing conversacional para que todos em sua equipe exibam a mesma informação e usem as mesmas cores e formatação. Além de manter todo mundo dentro da marca, configurar uma assinatura padrão para sua equipe significa que vendedores individuais não precisam mais perder tempo atualizando (ou lembrando outros vendedores de atualizar) suas assinaturas de e-mail quando elas estiverem desatualizadas. Em vez disso, uma única pessoa pode atualizar a assinatura de e-mail de todos em questão de minutos.

É claro que, dependendo de onde uma pessoa específica (ou grupo de pessoas) está em seu ciclo de vendas, as solicitações em sua assinatura de e-mail talvez sejam sutis demais. Se você está indo para uma reunião ou uma demonstração de produto, e está pronto para dar o próximo passo, pode inserir um link no seu calendário diretamente no corpo de um e-mail (veja a Figura 13.3) e incentivar o destinatário a escolher data e horário que funcione melhor para ele ou ela. Com apenas alguns cliques, esse potencial cliente conseguirá configurar uma reunião ou demonstração do conforto do e-mail que ele ou ela acabou de ler – nada de formulários, complicações ou obstáculos.

A melhor parte de usar links de calendários em seus e-mails de vendas: eles são dinâmicos. Assim como quando se usa uma assinatura padrão de e-mail, você pode ter o calendário de um vendedor específico automaticamente adicionado a um e-mail com base nas regras de propriedade de seu time. Isso dá poder para você criar uma única sequência de e-mail de vendas que vários representantes podem usar para agendar reuniões, já que cada e-mail será automaticamente customizado com o link do calendário do vendedor que o está enviando.

Quando um potencial cliente *agenda* uma reunião ou demonstração com seu time de vendas, você pode fazer esse cliente em potencial ser excluído automaticamente de suas sequências de e-mails de vendas.

FIGURA 13.3 Modelo de e-mail de vendas automatizadas customizado com o calendário de um vendedor

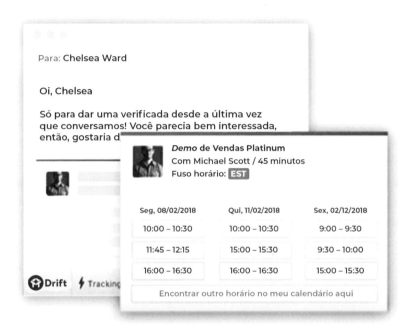

Assim, como vendedor, você não precisa se preocupar com potenciais clientes recebendo e-mails supérfluos e automatizados depois que eles avançaram pelo funil e você já começou a se comunicar com eles de forma individualizada.

Resultado: sequências de e-mails de vendas não deveriam exigir gerenciamento constante. Ao descadastrar automaticamente as pessoas com quem você agendou reuniões – em combinação com o uso de IA para descadastrar pessoas que não estão interessadas –, você conseguirá deixar suas listas de e-mails mais limpas e fazer um trabalho melhor em combinar a mensagem certa com o público certo.

CRIANDO MENSAGENS DE BOAS-VINDAS PERSONALIZADAS PARA AS PESSOAS QUE ABREM OS SEUS E-MAILS

Quando o assunto são os e-mails de vendas que você está enviando, é fácil pensar no sucesso em dois extremos: ou as pessoas se engajam ou não. Ou elas respondem (de forma positiva), agendam uma reunião ou dão algum outro tipo de próximo passo, *ou* ignoram seus e-mails ou se descadastram. Mas e o meio-termo? E as pessoas que abrem seus e-mails, mas não respondem logo de cara? Em alguns casos, antes de dar o próximo passo recomendado em seu e-mail, um potencial comprador talvez decida visitar o site de sua empresa e fazer umas pesquisas.

No passado, se alguém abria um e-mail nosso – sem responder ou clicar num link – e mais tarde ia ao nosso site, acabávamos tratando essa pessoa como outro visitante qualquer. Não teríamos o contexto de como esse visitante acabou ali (ou, no mínimo, não conseguiríamos usar esse contexto a nosso favor em tempo real). Esse é o problema com plataformas de vendas e marketing tradicionais: não há tecido conector entre o que acontece em seus e-mails e o que acontece no seu site.

Com uma plataforma de vendas e marketing conversacionais, suas sequências de e-mails de vendas e as conversas de mensageria que você tem no seu site são interconectadas. Isso significa que vendedores podem configurar mensagens personalizadas de boas-vindas exibidas automaticamente aos visitantes que abriram seus e-mails (veja a Figura 13.4), ainda que esses visitantes não cliquem nos links dentro dos e-mails. Para potenciais clientes, a experiência de compras permanece coesa mesmo que eles mudem de canal de comunicação. Quando os mesmos vendedores conduzem as conversas no e-mail e na mensageria, não há necessidade de transferências incômodas ou de trazer mais pessoas para acelerar a venda. Além disso, você também pode configurar notificações por celular e no navegador (que mencionamos no Capítulo 11) que o alertarão assim que um potencial cliente (a) abrir um de seus e-mails, (b) entrar em seu site ou (c) começar uma conversa via mensageria com você através da mensagem de boas-vindas. Dessa forma, você sempre pode estar preparado para aparecer no momento ideal e se engajar em tempo real.

Assim como no caso de potenciais clientes que agendam reuniões com você, é possível descadastrar automaticamente as pessoas que começam a conversar com você a partir de suas sequências de e-mails de vendas. Dessa forma, você pode garantir que a automação não atrapalhe ou distraia das conversas em tempo real que você está tendo.

FIGURA 13.4 Modelo de mensagem de boas-vindas personalizada (à direita) elaborada para visitantes que abrem um e-mail de vendas específico (à esquerda)

Revisitando a analogia das lojas

Neste livro, comparei sites B2B com lojas vazias. Quando os fregueses entram, não há ninguém para recebê-los ou falar com eles, e não podem comprar nada (antes de preencher um formulário).

Como expliquei, o marketing e as vendas conversacionais buscam virar do avesso esse modelo de "loja vazia" e tratar as pessoas do seu site da mesma maneira que funcionários de lojas físicas tratam seus clientes. Isso significa dizer olá às pessoas quando elas aparecem e estar disponível para ajudá-las.

Onde é que sequências personalizadas de vendas por e-mail e mensagens de boas-vindas entram nesse cenário? Pense nisso desta maneira: imagine que você está dando voltas pelo shopping e vê um anúncio de uma loja de sapatos, e nesse anúncio há uma foto de um funcionário da loja incentivando-o a entrar. Já que você está procurando um novo par de sapatos, decide entrar, e, assim que o faz, adivinha quem está lá para recebê-lo na porta? O mesmo funcionário que você viu no anúncio, e esse funcionário vai continuar ajudando-o durante toda a experiência de compra. Esse é o tipo de coesão que seu time de vendas pode criar seguindo as orientações enfatizadas neste capítulo.

Lembre-se: os dias de disparar e rezar já eram. Com a combinação de adotar uma nova abordagem para escrever e-mails de vendas + adoção de novas tecnologias que podem ajudá-lo a gerenciar e enviar esses e-mails de maneira mais inteligente, você vai conseguir aumentar o número de oportunidades de vendas geradas por meio das sequências de e-mails.

[...] o marketing e as vendas conversacionais buscam virar do avesso esse modelo de "loja vazia" e tratar as pessoas do seu site da mesma maneira que funcionários de lojas físicas tratam seus clientes. Isso significa dizer olá às pessoas quando elas aparecem e **estar disponível para ajudá-las**.

CAPÍTULO 14

ACCOUNT-BASED MARKETING (ABM) E *ACCOUNT-BASED SELLING* (ABS) CONVERSACIONAIS

Não vou tentar dourar a pílula: adotar uma nova tecnologia, ou uma abordagem totalmente nova em marketing e vendas é sempre estressante. E muitas empresas, mesmo com resultados de vendas e marketing medíocres, frequentemente acham melhor manter o curso e continuar apostando no que já sabem do que mergulhar em algo novo. No entanto, como você já viu, adotar uma abordagem conversacional em marketing e vendas não exige uma reformulação completa de sua configuração. Em vez disso, você pode manter o mesmo roteamento e regras de propriedade de *leads*, os mesmos segmentos de *leads* e os mesmos territórios de *leads*, e simplesmente conectar conversas em tempo real ao que já está fazendo.

Para mais de 70% das empresas B2B que usam algum formulário de *account-based marketing* (ABM) ou *account-based selling* (ABS) como parte da própria estratégia (fonte: SiriusDecisions), isso significa que adotar marketing e vendas conversacionais não vai exigir colocar um fim nesses esforços. Em vez disso, ao incorporar conversas em tempo real em sua estratégia ABM/ABS, você vai conseguir dar à experiência que está oferecendo às contas-alvo uma boa atualização, ao mesmo tempo que reduz o ciclo de vendas de seu time.

Para quem não está familiarizado com ABM e ABS, não se preocupe: a seguir, apresentarei uma visão geral. Para quem já usa ABM e ABS há anos, sinta-se à vontade para pular para a próxima seção, onde explicarei como você pode usar conversas em tempo real para resolver um dos maiores problemas do uso de uma abordagem baseada em contas no marketing e vendas.

O QUE É *ACCOUNT-BASED MARKETING* (ABM)? (E POR QUE VOCÊ DEVERIA SE IMPORTAR COM ISSO?)

ABM e ABS se referem à mesma estratégia abrangente, que envolvem o uso de recursos altamente segmentados e campanhas personalizadas para conquistar contas específicas, em vez de campanhas abrangentes destinadas a atrair todo um setor. Conforme definido pela Information Technology Services Marketing Association (ITSMA), a ABM trata "contas individuais como mercados em si".

Um esclarecimento rápido: o termo "ABM" é tipicamente usado para descrever as atividades baseadas em contas feitas por profissionais do marketing, enquanto "ABS" é geralmente utilizado para descrever atividades feitas por vendedores. (Alguns times também começaram a usar a expressão genérica "*account-based experience*" ou "ABX" para se referir a tudo que abarca uma estratégia baseada em contas.) Por questão de clareza e conveniência, vou usar simplesmente "ABM" daqui por diante, já que essa continua sendo a iteração mais conhecida do termo. Lembre-se que muitas das lições que você conhecerá neste capítulo serão úteis para vendedores e para profissionais do marketing.

Muito bem, onde estávamos? Ah, sim: ABM envolve direcionar seus esforços a contas específicas – empresas e organizações que você já identificou que possuem o perfil adequado para suas vendas. Logo, em vez de encher o topo de seu funil com visitantes do site e depois ficar filtrando até acabar em alguém propenso a comprar, com a ABM você vai virar o funil de cabeça para baixo e *começar* com alguém propenso a comprar e, então, entrar em contato com essa pessoa de forma proativa. É como pescar com uma lança, e não com uma rede. Ou como disse Joe Chernov, CMO da InsightSquared, à equipe de marketing da Drift: "A aspiração da ABM é ser um marketing 'desperdício zero'. É um modelo que visa apenas as empresas e contatos que provavelmente comprarão seu produto e com quem o time de vendas já se comprometeu a tentar fechar o negócio".

Na maioria dos casos, quando você usa ABM, não está lidando com um único "alguém". Isso porque, em qualquer venda, raramente é um único comprador que toma a decisão. Nos acordos empresariais, em particular, geralmente são 17 pessoas envolvidas no processo de tomada de decisões, de acordo com uma pesquisa da IDG. O ABM difere de outros tipos de marketing e vendas porque reconhece os tipos diferentes de pessoas – e de pontos de vista – que compõem cada conta e são parte da estrutura de uma venda. Seja enviar a alguém uma xícara de café ou de chá (dependendo da preferência da pessoa), uma carta manuscrita, ou elaborar posts de blog personalizados, posts em redes sociais ou e-mails, com campanhas ABM você vai fundo em vez de tentar ser amplo. Você busca contas e elabora campanhas especificamente para *elas*. Cada ponto de contato ao longo da jornada do comprador é personalizado.

Desde os anos 2000, empresas vêm usando ABM para se destacar da multidão. Como explicou a presidente e estrategista-chefe do The Bridge Group, Trish Bertuzzi, em um episódio do podcast *Real Sales Talk*: "Com o ABM, você está criando um conjunto de atividades realmente estratégico e orquestrado que o faz se destacar do barulho que todos os outros estão fazendo e faz essa conta dizer 'Ei, quero conversar com você'".

COMO UMA ABORDAGEM EM TEMPO REAL PODE RESOLVER O MAIOR PROBLEMA DO ABM

Enquanto equipes de venda e marketing pelo mundo usaram ABM para oferecer experiências de compra mais personalizadas e segmentadas, há uma inconsistência que continua me incomodando: Como profissionais de marketing e de vendas baseados em contas, estamos dedicando todo esse tempo e energia para desenvolver essas incríveis campanhas abrangentes, mas, quando essas campanhas são realmente bem-sucedidas, e as pessoas de nossas contas segmentadas acabam nos nossos sites querendo saber mais, em termos gerais nós as tratamos como qualquer outro visitante do site. Em vez de dizer olá e oferecer para ajudar em tempo real, nós as sujeitamos à mesma velha experiência de captura de *leads* com base em formulários que usamos para qualquer pessoa.

Mas pense nisto por uns instantes: estamos falando de pessoas de suas contas segmentadas, não de visitantes aleatórios de sites. Essas pessoas são das empresas e organizações que você pré-identificou como tendo o perfil adequado para seu produto, o que as torna alguns dos melhores *prospects* com quem você poderia desejar conversar. Em vez de obrigá-los a preencher formulários de captura de *leads* e esperar *follow-up*, você deveria dar a eles a experiência "VIP" que merecem. E isso significa ser capaz de engajar com *prospects* ABM enquanto eles estão ao vivo no seu site (e no auge do interesse) e de responder às perguntas deles em tempo real.

◢ Escalando a experiência ABM

Parece tão óbvio: quando alguém de suas contas alvo está no seu site, o responsável por essa conta deve entrar em ação e servir como guia pessoal desse potencial cliente. O único problema: tradicionalmente, tem sido difícil oferecer o tratamento personalizado e "VIP" que seus potenciais clientes ABM merecem em escala.

Como explicou Joe Chernov, CMO que citei anteriormente: "Existe uma tensão natural entre ABM e escala. Afinal, a intenção do ABM é atingir uma '*persona* de um', isto é, toda interação deveria ser – ou, pelo menos, parecer de forma convincente – uma troca individualizada".

No passado, era impossível fornecer esse tipo de troca individualizada em meio a centenas ou milhares de potenciais clientes que visitam seu site a cada dia. Mesmo quando você estiver usando ABM para se concentrar em algumas contas alvo, capturar as pessoas dessas contas no momento certo, como quando elas estão no seu site, pode ser desafiador, sobretudo quando sua equipe está vendendo em múltiplos fusos horários.

A boa notícia: a tecnologia de marketing e vendas finalmente acertou os horários. Graças ao advento da mensageria em tempo real (e dos *chatbots*), agora você pode estender o tapete vermelho para cada potencial cliente ABM que aparece no seu site. Veja como fazer isso.

ESTENDENDO O TAPETE VERMELHO PARA SEUS *PROSPECTS* ABM

No capítulo anterior, exploramos como vendedores podem modernizar seus e-mails e gerar mais reuniões e conversas de vendas a partir de suas sequências de e-mails de vendas. E, antes disso, nos Capítulos

11 e 12, aprendemos sobre as ferramentas e as técnicas que vendedores podem usar para oferecer um processo de compras mais rápido e otimizado que permita aos representantes converter mais conversas em tempo real em receita. Agora, chegou a hora de juntar todas essas peças.

Há três passos centrais que você precisa seguir para oferecer o tipo de experiência de compras em tempo real, nível VIP que seus potenciais clientes ABM merecem. A melhor parte é que, se você acompanhou a leitura dos últimos capítulos, tudo isso deve soar bastante familiar.

◢ Passo 1: Use e-mails *outbound* para começar a conversa

Em seu cerne, o ABM é uma variedade de vendas *outbound* altamente direcionada. Ou, pelo menos, é assim que ele começa. O objetivo é sair e capturar a atenção de empresas e organizações específicas que você sabe que têm o perfil adequado para comprar – isso é pescar com lança. E embora haja muitas formas criativas que profissionais do marketing e vendas baseados em contas podem chamar a atenção dos tomadores de decisão em suas contas-alvo, como oferecer a eles um iPad gratuito ou enviar por correio brinquedos antigos (sim, essas táticas ABM são reais, sobre as quais aprendemos e escrevemos no blog da Drift), uma das táticas mais comuns é enviar e-mails *outbound*.

Eu sei, eu sei: a ideia do e-mail não é tão divertida quanto as outras que citei, mas adivinha só? Ele é extremamente escalável e tem ótimo custo-benefício. E conectando o e-mail com a mensageria em tempo real, você conseguirá converter mais e-mails de contato em conversas e reuniões em tempo real. Como vimos no capítulo anterior, times de vendas podem começar incluindo links em suas assinaturas de e-mail que dão a potenciais clientes ABM a capacidade de iniciar conversas e agendar reuniões com seus proprietários de contas em apenas alguns cliques. Vendedores também podem incluir links que ativem conversas ou para seus calendários, no corpo de seus e-mails. E ao integrar sua plataforma de marketing e vendas conversacionais a seu CRM já existente e/ou plataforma ABM, você pode garantir que e-mails automatizados sejam sempre personalizados com base nas regras de propriedade de sua conta existente e que as conversas provenientes desses e-mails sejam direcionadas de acordo.

Passo 2: Crie mensagens personalizadas de boas-vindas para suas contas-alvo

Independentemente de seus *prospects* ABM visitarem seu site após lerem um de seus e-mails ou como resultado de outros esforços seus de marketing ou vendas, é crucial que você configure mensagens personalizadas de boas-vindas para esses *prospects*.

Para *prospects* que *realmente* abrem seus e-mails e então acabam no seu site, uma mensagem personalizada de boas-vindas é a maneira perfeita para criar alguma coesão entre a experiência que eles estavam tendo por e-mail e a experiência que estão prestes a ter via mensageria. Isso porque, quando potenciais clientes ABM chegam no seu site, você pode ter as mensagens de boas-vindas que eles veem venham dos responsáveis pelas contas, portanto, eles acabam vendo o mesmo nome e rosto no seu site que viram nos seus e-mails. Parece um detalhe irrelevante, mas pode ajudar a fazer a transição do e-mail para conversas em tempo real mais natural – como se fosse parte de uma experiência de compras coesa e única.

FIGURA 14.1 Modelo de mensagem personalizada de boas-vindas que podemos usar na Drift para mirar visitantes de site de nossas contas-alvo

É claro, *prospects* ABM podem acabar chegando no seu site por vários motivos, e por fontes diferentes. Tradução: nem todos estão chegando dos e-mails. É por isso que é crucial configurar mensagens de boas-vindas (veja a Figura 14.1) para *todos* os seus potenciais clientes ABM, independentemente de você estar ou não em contato com eles. Como exploramos anteriormente neste livro, sobretudo no Capítulo 9, agora você pode usar a correspondência de endereço IP e o enriquecimento de dados para identificar visitantes anônimos no site e saber em quais empresas eles trabalham. Ou seja, mesmo que você ainda não tenha um endereço de e-mail associado a uma conta-alvo, ainda assim pode elaborar uma mensagem personalizada que aparecerá aos visitantes do site que trabalham nessa conta.

Naturalmente, responsáveis pelas contas não podem ficar *online* 24 horas por dia só esperando pessoas de suas contas-alvo aparecerem e responderem às mensagens de boas-vindas. E isso levanta uma questão: o que acontece quando você está *offline* e alguém de uma conta-alvo começa uma conversa? Como manter o tapete vermelho estendido para todos os seus potenciais clientes ABM 24 horas por dia?

Muitos de vocês já devem ter adivinhado a resposta: você usa *chatbots*, que já aprendeu a construir no Capítulo 10, para preencher as lacunas de seus horários *online*.

FIGURA 14.2 Modelo de como usar um *chatbot* para responder a *prospects* ABM pela mensageria quando você estiver *offline*

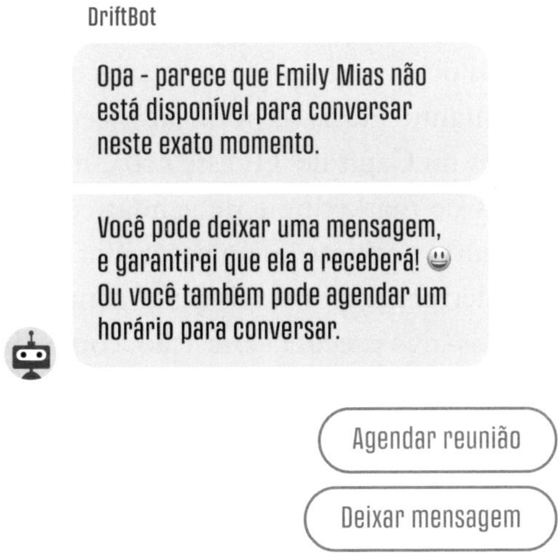

DriftBot

Opa - parece que Emily Mias não está disponível para conversar neste exato momento.

Você pode deixar uma mensagem, e garantirei que ela a receberá! 😃 Ou você também pode agendar um horário para conversar.

(Agendar reunião)

(Deixar mensagem)

Especificamente, você pode criar um simples *chatbot* que apareça a potenciais clientes ABM e (a) avisá-los que o responsável pela conta deles não está disponível no momento e (b) dar a eles a oportunidade de deixar uma mensagem a esse responsável pela conta e/ou agendar uma reunião no calendário do responsável (veja a Figura 14.2).

Em última instância, não há substituto para conversas individualizadas quando se trata de construir relacionamentos com as pessoas em suas contas-alvo. É por isso que quando você usa *chatbots* como parte de sua estratégia conversacional ABM, é preciso pensar neles como um *backup*. Eles não estão aí para substituir os responsáveis pelas contas durante conversas, e sim para ajudar esses proprietários a começarem conversas com potenciais clientes ABM nas horas certas.

◢ Passo 3: Receba notificações quando contas-alvo estiverem *online*

E por falar em conseguir iniciar conversas com seus potenciais clientes ABM nas horas certas, não há hora melhor que em tempo real. Em um mundo perfeito, os responsáveis pelas contas sempre estariam prontos para entrar em ação em questão de segundos e se engajar com *prospects* enquanto eles estão ao vivo nos sites. Porém, como já afirmamos, os responsáveis pelas contas não podem ficar *online* 24 horas por dia (é por isso que temos *chatbots*). O outro problema principal aqui: tradicionalmente, os responsáveis pelas contas simplesmente não conseguiam saber se ou quando pessoas de suas contas-alvo estavam em seus sites. No entanto, graças às notificações em tempo real, sobre as quais aprendemos no Capítulo 11, esse não é mais o caso.

Os profissionais de marketing e de vendas com base em contas agora podem configurar notificações no navegador (veja a Figura 14.3) e por celular que alertem responsáveis pelas contas quando alguém de alguma das contas-alvo executa certa ação, como abrir um e-mail, começar uma conversa por meio de uma mensagem de boas-vindas ou, simplesmente, visitar um site. Usando uma ferramenta de enriquecimento de dados, você pode inclusive identificar visitantes anônimos do site que trabalham em suas contas-alvo e fazer suas notificações chamarem essas contas pelo nome (veja a Figura 14.3).

Como responsável pela conta, o que você deve fazer após receber uma dessas notificações? Uma das melhores maneiras de começar é simplesmente entrar em contato e dizer: "Olá, precisa de ajuda?".

Parece tão simples, e, no entanto, nenhum profissional de marketing e de vendas baseados em contas faz isso. Ao configurar notificações,

FIGURA 14.3 Modelo de notificação por navegador que avisa um responsável pela conta que há um *prospect* de uma conta-alvo ao vivo no site

os responsáveis pelas contas podem oferecer a presença em tempo real que está faltando na experiência tradicional do site. Imagine um mundo em que sempre que uma pessoa de uma conta-alvo aparece no seu site, ela recebe imediatamente um cumprimento personalizado do responsável pela sua conta. Esse é o tipo de tratamento VIP que suas contas-alvo deveriam receber com o ABM.

MINERANDO NOVOS *PROSPECTS* ABM NO SEU SITE

Uma das resistências que às vezes ouço quando se trata de ABM conversacional é que as pessoas de contas-alvo que visitam sites e começam conversas não são as que acabam tendo a palavra final em uma decisão de compra. Há uma ideia boba circulando por aí de que as pessoas que trabalham em gerência e diretoria de nível superior não visitam sites B2B nem usam mensageria para fazer perguntas. Na realidade, isso não poderia estar mais longe da verdade.

FIGURA 14.4 Divisão de quem começa conversas em sites B2B (por posição hierárquica)

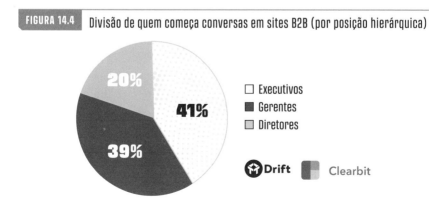

Fonte: *2017 State of Conversational Marketing Report*.

No relatório de 2017 da State of Conversational Marketing, copublicado pela Drift e pela Clearbit, descobrimos que 41% dos visitantes do site que começavam conversas em sites B2B eram executivos (veja a Figura 14.4). Outros 20% eram diretores.

No mesmo relatório, quando analisamos por função as conversas, descobrimos que 7,4% das pessoas que iniciaram conversas eram CEOs, 6,5% eram fundadores, e 4,6% eram proprietários (veja a Figura 14.5). Essas três funções terminaram entre as 10 principais em termos de quais tipos de pessoas estavam iniciando a maioria das conversas.

A lição aqui: os tomadores de decisões de hoje já estão procurando e participando de uma experiência de compras conversacional. Logo, se você está tentando identificar novas empresas e organizações que possam ser alvos de seus esforços ABM, um dos primeiros lugares passíveis de olhar é no seu próprio site.

Mais especificamente, conforme expliquei no Capítulo 9, você pode usar a tecnologia de enriquecimento de dados para "desmascarar" os visitantes anônimos de seu site e ver para quais empresas eles trabalham. Você também pode ver dados firmográficos sobre essas empresas, como de quais setores elas são, quantos funcionários possuem e a quantidade de fundos que levantaram. De posse desses dados, você pode comparar os perfis das empresas dessas potenciais contas-alvo com os perfis das empresas de seus clientes já existentes, a fim de determinar se elas têm o perfil adequado.

Se você quisesse dar um passo adiante, poderia integrar sua plataforma de vendas e marketing conversacional com uma ferramenta de pontuação de *leads* (como também mencionei no Capítulo 9), o que lhe permitiria automaticamente identificar – e enviar mensagens de boas-vindas personalizadas a – potenciais clientes ABM provenientes de empresas que correspondam a seus critérios-alvo (ainda que você nunca tenha se engajado com essas empresas antes). Por exemplo, imagine que alguém da IBM apareça no seu site e tenha o perfil adequado baseado em seu modelo de pontuação de *lead*. Mesmo que um proprietário de conta ainda não tenha feito contato com a IBM, e mesmo que sua empresa não tenha um único endereço de e-mail de alguém dessa companhia armazenado em algum lugar, ainda assim você pode receber essa pessoa com uma mensagem personalizada de boas-vindas (veja a Figura 14.6).

FIGURA 14.5 Divisão de quem está iniciando conversas em sites B2B (por função).

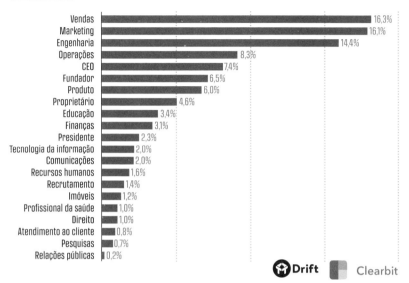

Fonte: *2017 State of Conversational Marketing Report.*

O resultado aqui é que você consegue oferecer o tipo de experiência em tempo real e sob demanda a pessoas de suas contas-alvo desde o início – antes mesmo de convertê-las de visitantes em *leads*. Como

FIGURA 14.6 Modelo do que uma pessoa da IBM veria em uma mensagem personalizada de boas-vindas.

disse o CMO da RapidMiner Tom Wentworth ao time de marketing da Drift, adotar uma abordagem conversacional para a ABM permite que você "qualifique os visitantes do seu site da mesma maneira que qualifica *leads* e elimina o atrito dos formulários de sites que faz a maioria das pessoas ir embora".

◢ Fechando o círculo

Com o ABM, você vira de cabeça para baixo seu funil de marketing e vendas e começa pela base. Você mira contas específicas e as trata como mercados em si. Mais cedo ou mais tarde, no entanto, você ainda vai precisar reabastecer esse funil. E, além de contar com pesquisas tradicionais, adotar uma abordagem conversacional ABM pode ajudá-lo a fazer isso, assim como permitirá tirar vantagem das conversas de vendas que já estão acontecendo no seu site.

Em última instância, você pode aplicar os princípios do marketing e das vendas conversacionais a qualquer etapa de seu funil, esteja ele virado de cabeça para baixo ou não. Como você está prestes a aprender na Parte Quatro deste livro, também é possível aplicar esses mesmos princípios conversacionais à sua estratégia de *customer success* após uma venda ser feita.

Imagine um mundo em que sempre que uma pessoa de uma conta-alvo aparece no seu site, ela recebe imediatamente um cumprimento personalizado do responsável pela sua conta. Esse é o tipo de **tratamento VIP** que suas contas-alvo deveriam receber com o ABM.

PARTE QUATRO

DEPOIS DA VENDA

CAPÍTULO 15

CONTINUANDO A CONVERSA

A IMPORTÂNCIA DE CONVERSAR COM SEUS CLIENTES

Qual é a primeira coisa que você quer fazer após fechar uma venda? Colocar os pés em cima da mesa e relaxar? Fazer uma dancinha feliz? Ir para o *happy hour*? Claro, é sempre divertido comemorar sucessos. Só que – e não estou querendo ser desmancha-prazeres –, após fechar uma venda, as empresas precisam pensar não em como comemorar, mas como podem auxiliar o novo cliente e torná-lo o mais bem-sucedido possível.

Ainda que seja fácil ver o acordo fechado como a etapa final do processo de marketing e vendas, a realidade é que, quando *leads* se transformam em clientes, o marketing e as vendas não param. Em vez disso, *a maneira como* você faz marketing e vende para esses clientes precisa evoluir. Quando a conversa pré-venda termina, a conversa pós-venda deve começar.

Ao aplicar os princípios do marketing e das vendas conversacionais *após* uma venda e tendo conversas individualizadas em uma base contínua e regular, você vai conseguir reunir um monte de feedback de clientes, que pode usar em seguida para aprimorar seu produto, seus processos e a experiência geral do cliente que sua empresa oferece.

Antes de explorarmos como configurar um ciclo contínuo de feedback e tornar acionável esse feedback do cliente que você recebe (o que faremos mais adiante neste capítulo), primeiro vamos nos aprofundar em por que as conversas são tão cruciais para a experiência geral do cliente depois que ele compra.

CRIANDO UMA EXPERIÊNCIA DE MARCA INCRÍVEL

Imagine que um freguês entra em sua loja física pela primeira vez. Você o cumprimenta e responde às suas perguntas, e então, *voilà*, ele compra alguma coisa. Agora, imagine que esse mesmo freguês volta uma semana depois com uma pergunta sobre o produto que ele comprou de você, mas, em vez de oferecer a mesma experiência amigável e conversacional que proporcionou na primeira vez, você se recusa a falar com a pessoa. Em vez de ajudá-la em tempo real, você a orienta a pegar uma senha de atendimento (de uma dessas máquinas dispensadoras de senha que você vê em balcões de padaria) e esperar.

Mais uma vez, identificamos uma experiência que seria considerada absurda se acontecesse em uma loja física, e, no entanto, é exatamente esse o tipo de experiência de suporte ao cliente que muitas empresas B2B e SaaS estão oferecendo nos próprios sites. Quando clientes pagantes chegam em nossos sites com perguntas, devemos tratá-los como convidados de honra. Devemos aproveitar qualquer oportunidade que temos para nos engajarmos com eles e saber como foram suas experiências com nossos produtos e serviços. Em vez disso, muitos de nós tratamos esses clientes como aborrecimentos temporários. Em vez de considerá-los pessoas reais, nós as consideramos senhas de atendimento que precisam ser fechadas (da mesma maneira que profissionais de marketing e vendas costumavam considerar seus *leads* como contatos em uma base de dados).

A solução: ofereça atendimento em tempo real 24 horas para seus clientes, usando mensageria e *chatbots*. Você se lembra do capítulo anterior, quando falamos sobre estender o tapete vermelho para seus melhores *prospects*? Pois você pode estender esse mesmo tapete para seus clientes. Pode criar mensagens personalizadas de boas-vindas que apareçam para seus clientes assim que eles aparecerem no seu site. E se for uma empresa SaaS, você pode inclusive fazer essas mensagens de boas-vindas aparecerem dentro de seu app. Dessa forma, independentemente de onde seus clientes estiverem, você sempre pode estar presente e oferecer atendimento em tempo real.

Em vez de forçar clientes a um sistema de senhas e fazê-los esperar horas, dias ou semanas por *follow-up*, seus representantes de atendimento ao cliente agora podem usar a mensageria para conversar com seus clientes assim que surgirem os problemas. E quando os representantes estiverem *offline*, os *chatbots* podem entrar para ajudar. Além de dar aos clientes a capacidade de agendar um horário no calendário de um representante de suporte ao cliente (ou um representante de *customer success*), os *chatbots* podem responder a perguntas de atendimento e disponibilizar links para materiais de ajuda importantes e outros conteúdos (veja a Figura 15.1), algo que já mencionei lá no Capítulo 3.

Em última instância, se você vai adotar uma abordagem conversacional para marketing e vendas a fim de oferecer uma experiência em tempo real para seus *leads*, usar a mesma abordagem e oferecer a mesma experiência após a venda é fácil. Não só permite uma transição mais suave para os clientes, já que eles não precisam se adaptar a um novo sistema de comunicação, como também contribui para uma experiência geral de marca mais forte e coesa.

FIGURA 15.1 Exemplo de *chatbot* da Drift respondendo a uma pergunta de atendimento ao cliente

Lembre-se: a marca de sua empresa não é o logo, a mascote ou a afirmação de sua missão. Ao contrário, sua marca é um reflexo das experiências que as pessoas têm com a empresa. E cada interação contribui com a maneira como sua marca é percebida. Logo, mesmo que a tarefa da construção de uma marca seja muitas vezes atribuída a equipes de marketing ou de design, é importante reconhecer que as interações do topo do funil não são as únicas que moldam sua marca. Como escreveu o CEO da plataforma colaborativa Slack, Stewart Butterfield, em um e-mail aos funcionários (e que depois publicou no *Medium*), "[…] mesmo os melhores slogans, anúncios, páginas de entrada, campanhas de RP etc. vão falhar se não forem respaldados pela experiência que as pessoas têm quando encontram seu site, fazem uma conta, começam a usar o produto pela primeira vez e passam a usá-lo no dia a dia".

A grande lição aqui: construir uma marca não é executar bem uma única coisa. É oferecer uma experiência cinco-estrelas a cada etapa do caminho para cada pessoa com quem você interagir – visitantes, *leads* e clientes. Ao adotar uma abordagem conversacional para atender clientes em conjunto com o uso de marketing e vendas conversacionais, você vai adquirir a reputação de ser uma empresa que se importa de verdade com as experiências que as pessoas têm ao visitarem seu site, não importa onde elas estejam em suas jornadas de clientes. *É assim* que você constrói uma marca que as pessoas adoram – uma interação positiva de cada vez.

FICANDO PERTO DE SEUS CLIENTES (POR MEIO DO FEEDBACK CONTÍNUO)

Além de permitir que você proporcione uma experiência coesa em tempo real ao longo de cada etapa da jornada do cliente de uma pessoa, adotar uma abordagem conversacional após a venda possibilita reunir feedback do cliente com facilidade e sem sacrifícios, que você pode usar mais adiante para aperfeiçoar ainda mais a experiência do cliente.

O feedback do cliente é como uma bateria que alimenta empresas voltadas para o cliente. Ele tem um lado positivo ("Amamos seu produto!") e um lado negativo ("Seu produto é uma porcaria!"), mas você precisa de ambos – do feedback positivo e do negativo – para obter um resultado significativo. Lembre-se: seus clientes são as pessoas que estão usando e (idealmente) obtendo valor de seu produto ou serviço no dia a dia, ou seja, eles sabem melhor do que você quando o assunto é como aprimorar a própria experiência. Infelizmente, muitas empresas estão desvalorizando ou mesmo ignorando o valioso feedback que seus clientes estão oferecendo. Em vez de ouvir os clientes e se adaptar às suas expectativas em evolução, muitos de nós confiam apenas em nossos instintos e em ideias desenvolvidas internamente. Ficamos voltados para a empresa em vez de nos voltarmos para o cliente.

Hoje em dia, em um mundo onde os clientes têm todo o poder e em que experiências sob demanda se tornaram a norma, uma abordagem voltada para a empresa não será mais suficiente. Atualmente, para atingir o hipercrescimento, as empresas – em particular, as empresas SaaS – precisam ser capazes de atualizar seu produto com regularidade e rapidez, e aprimorar seus processos com base no feedback do cliente que elas coletam por meio de conversas em tempo real.

◢ Construindo um ciclo de feedback

Como empreendedor, sou obcecado por feedback do cliente desde que construí meu primeiro site, quando era estudante na faculdade. Na época, no auge dos navegadores web como o Mosaic e, mais tarde, o Netscape, era comum colocar o endereço de e-mail no rodapé de seu site, e foi exatamente isso o que fiz. E então um dia aconteceu um evento monumental: alguém me enviou esta mensagem:

"Ei, cara, gostei muito do seu site. É bem maneiro."

Foi assim que vivenciei meu primeiro feedback do cliente (veja a Figura 15.2). Com todas as empresas que fundei e todos os times que gerenciei desde então, colher feedback do cliente e acompanhar em tempo real o que os clientes acham de nossos produtos foram cruciais para a maneira como operamos.

FIGURA 15.2 Diagrama de um ciclo básico de feedback do cliente

No início de 2009, quando eu era CEO da Performable, meio que tropecei nessa abordagem de atendimento voltado a clientes, em que nossos engenheiros conversavam diretamente com os clientes, corrigiam bugs e fariam outras atualizações, de imediato, com base no feedback em tempo real. Eu disse "tropecei" pois nossos engenheiros estavam prestando atendimento porque éramos uma *startup* pequena e iniciante composta principalmente de engenheiros. Ainda não tínhamos uma equipe de atendimento dedicada. Então, o esquema era todos a bordo. Todos se revezavam no atendimento ao cliente.

Logo descobrimos que, permitindo que essas conversas de atendimento individualizadas acontecessem entre nossos engenheiros (as pessoas que estavam trabalhando em nosso produto no dia a dia) e nossos clientes (as pessoas que estavam usando nosso produto no dia a dia), conseguíamos resolver problemas relacionados aos produtos muito mais rapidamente. Na verdade, ainda conheço clientes antigos daquela época que se lembram de conseguir nos enviar uma mensagem com um problema e, dentro de minutos, conseguirmos dizer a eles "Atualize" e o problema estaria resolvido. Essas conversas individualizadas também nos permitiram coletar *insights* sobre como poderíamos tornar nosso produto geral mais alinhado com os problemas que nossos clientes precisavam de ajuda para resolver e as métricas que eles precisavam ajudar a mudar.

Em 2011, quando a Performable foi adquirida pela HubSpot e me tornei diretor de produtos desta última, trouxe comigo a abordagem conversacional e voltada para clientes, e comecei a refiná-la. Então, quando iniciei a Drift em 2014, garanti que ser conversacional e voltado para clientes fizesse parte de nosso funcionamento desde o início. E agora estamos ajudando outras empresas a adotar a mesma abordagem.

Hoje em dia, líderes empresariais no mundo todo estão percebendo o valor de conversas individualizadas com clientes, incluindo Peter Reinhardt, cofundador e CEO da Segment, empresa de plataforma de dados do cliente. Como Reinhardt escreveu em seu blog pessoal, ao tentar encontrar adequação produto/mercado para algumas de suas ideias de produtos (uma das quais finalmente se tornaria a Segment), no início ele hesitou em adotar conversas com clientes como recurso. "Como engenheiros que nunca haviam feito isso antes, conversar com pessoas não parecia trabalho de verdade. Trabalho de verdade era codificar", escreveu ele. "Mas, na realidade, 20 horas de ótimas entrevistas provavelmente nos teriam poupado um acúmulo de 18 meses construindo coisas inúteis."

Em última instância, conversar com pessoas individualmente é a melhor maneira de coletar feedback dos clientes e identificar problemas que eles tenham. Além de usar esse feedback para aprimorar seu produto (ou refinar uma ideia sobre um produto), você pode utilizá-lo para melhorar as experiências dos clientes no seu site. Para o CMO da empresa de softwares de ciência de dados RapidMiner, Tom Wentworth (que mencionei lá no Capítulo 4), conseguir melhorar a experiência *in loco* para os clientes é crucial, já que um dos objetivos empresariais mais importantes da RapidMiner é deixar seus clientes satisfeitos e engajados. Para atingir esse objetivo em escala, Tom usa um *chatbot* para perguntar aos clientes no site da RapidMiner: "Por que você está aqui?".

"Fazendo essa pergunta simples, começo a descobrir padrões de coisas que talvez meu site não esteja fazendo hoje e que deveria estar", contou Tom ao time de marketing da Drift. "Portanto, na verdade essas conversas nos incentivaram a repensar: qual a estrutura de nosso site? Qual informação deveríamos fazer aparecer mais facilmente porque os clientes têm perguntas a respeito e não estamos respondendo a elas?"

Após implementar uma estratégia conversacional em seu site, Tom descobriu que clientes que se engajavam em conversas em tempo real acabavam sendo 30% mais propensos a se tornar usuários mensais ativos da RapidMiner e tinham um Net Promoter Score (NPS) 20% mais alto, um sinal de até que ponto seus clientes estão satisfeitos com seu produto e até que ponto eles são leais à sua empresa.

A principal lição aqui: ouvir (e tomar providências a respeito) o feedback recebido de clientes é crucial para manter seu produto – bem como a experiência geral do cliente que você está oferecendo – alinhado com as expectativas deles. Mesmo assim, nem todos os líderes empresariais acreditam que seus clientes sabem o que é melhor.

◢ E aquela famosa frase de Henry Ford?

> "Se eu tivesse perguntado às pessoas o que queriam, elas teriam dito: cavalos mais velozes."

A frase anterior, frequentemente atribuída a Henry Ford, parece lançar dúvida à noção de que o feedback do cliente é essencial para o sucesso de um produto e/ou negócio. Afinal, em 1908, quando a Ford Motor Company estreou o Modelo T – o primeiro automóvel produzido em massa –, pegou o mundo de surpresa. E como implica a citação, esse avanço nos transportes não era necessariamente algo que as pessoas estavam querendo. Sem dúvida, foi o pensamento visionário do próprio Ford que levou ao sucesso do Modelo T.

Mas há outra parte da história que as pessoas geralmente não conhecem tão bem: Nos anos 1920, as expectativas do cliente tinham mudado. Compradores de carros não estavam mais apenas interessados na compra de um automóvel antigo; eles queriam veículos que combinassem com seus estilos de vida pessoais. Foi exatamente assim que os concorrentes da Ford, especialmente a General Motors, começaram diminuir o *market share* do Modelo T: ouvindo o feedback do cliente e dando a eles aquilo que estavam pedindo.

Ford, por sua vez, dobrou a aposta em seu Modelo T universal. Ele se recusou a abandonar sua visão original. Em 1921, a Ford Motor Company vendia 60% dos carros que fabricava. Em 1927, esse índice havia caído para 15%. Talvez não surpreenda que 1927 também tenha sido o ano em que Ford finalmente decidiu aposentar o Modelo T e substituí-lo por algo mais moderno, o Modelo A. Mas, na época, o estrago já estava feito.

Como escreveu o autor e empreendedor Patrick Vlaskovits na *Harvard Business Review*, não fica claro se Henry Ford realmente disse "Se eu tivesse perguntado às pessoas o que queriam, elas teriam dito: cavalos mais velozes". No entanto, para Vlaskovits, é certo que Ford "sem sombra de dúvidas tinha essa linha de pensamento", e que "o fato de ignorar as necessidades (implícitas ou explícitas) do cliente causou um impacto muito oneroso e negativo sobre os investidores, funcionários e clientes da Ford Motor Company".

Em última instância, a crença de Ford de que os clientes eram incapazes de informar o que procuravam em um produto se provou imprecisa, e no fim sua empresa acabou sofrendo. Como tão elegantemente concluiu Vlaskovits em seu artigo sobre a famosa frase de Ford: "Ficou claro o que as pessoas queriam, e não eram cavalos mais velozes. Eram carros melhores, com opções melhores de financiamento."

O QUE FAZER COM O FEEDBACK DO CLIENTE ASSIM QUE VOCÊ O RECEBE

Neste capítulo, exploramos a importância de ouvir os clientes e como você pode usar o feedback do cliente para fazer melhorias contínuas em seu produto e seus processos. Na teoria, isso parece bem simples, mas com frequência vejo empresas se atrapalhando quando o assunto é pegar o feedback do cliente que recolheram, priorizá-lo e torná-lo acionável. Decididamente, essa foi uma dificuldade e tanto quando começamos na Drift. Com a mensageria e os *chatbots* implementados em todo o site, o que nos permitia ter conversas vinte e quatro horas por dia, estávamos recebendo mais feedback de cliente nem sempre sabíamos o que fazer com ele (o que não foi um problema lá tão horrível).

Para resolver esse problema, desenvolvemos o modelo Holofote (veja a Quadro 15.1), que nos permite categorizar, com rapidez e facilidade, o tipo de feedback que estamos ouvindo, para que possamos dar os próximos passos apropriados.

A chave para usar o modelo é se concentrar nas palavras e frases iniciais do que seus clientes estão dizendo. Provavelmente você conseguirá diagnosticar o tipo de problema que está enfrentando com base apenas na maneira como os clientes estruturam o próprio feedback.

Durante anos, ficamos focados na parte errada do feedback que ouvíamos dos clientes. Em vez de nos concentrarmos na questão mais ampla e subjacente que o feedback de alguém vinha apontando, tendíamos a focar no assunto do feedback. Procedendo assim, não conseguíamos dar os próximos passos corretos.

Por exemplo, se ficamos ouvindo vezes seguidas a pergunta "Como faço para ativar esse recurso?", podemos tender a pensar, "Ei, esse recurso deve ser muito popular. Todos os nossos clientes ficam perguntando sobre ele". No entanto, quando você usa o modelo Holofote, pode ver logo de cara que o problema subjacente é da experiência do usuário – o cliente sabe que tal coisa é possível, apenas não consegue descobrir como usá-la no seu produto. É por isso que as perguntas continuam chegando. Isso deveria alertar seu time de produção de que talvez seja necessária uma atualização.

QUADRO 15.1 O modelo Holofote para processar feedback de clientes

PROBLEMA DE EXPERIÊNCIA DO USUÁRIO	PROBLEMA DE MARKETING DO PRODUTO	PROBLEMA DE POSICIONAMENTO
"Como eu…"	"Será que você/eu…"	"Provavelmente eu não seja seu cliente-alvo…"
"O que acontece quando…"	"Como comparar com…"	"Tenho certeza de que estou errado, mas pensei…"
"Eu tentei…"	"Como vocês diferem de…"	
	"Como eu deveria usar você para/por…"	

Alternativamente, se um cliente faz uma pergunta como, "É possível integrar com essa plataforma?", o modelo mostra a você que existe um problema com o marketing do produto – o cliente não tem certeza se algo é possível ou não, o que sinaliza a seu time de marketing do produto que talvez seja preciso mencionar de maneira mais proeminente as integrações no seu site.

Por fim, temos os problemas de posicionamento. Em geral, você pode diagnosticar esses problemas com base na simpatia das pessoas ao dar feedback. Por exemplo, se alguém vem ao seu site e diz alguma coisa que comece com "Talvez eu não seja seu cliente-alvo, mas…" e acontece que essa pessoa *é* de fato um cliente-alvo, é um sinal de que seu posicionamento não está funcionando – as pessoas não têm certeza se possuem o perfil adequado para seu produto mesmo quando possuem. Outro sinal de que você talvez tenha um problema de posicionamento é se um cliente diz algo que começa com "Tenho certeza de que estou errado, mas pensei…", e no fim a suposição dele é correta. A falta de clareza é um sinal de que talvez você precise rever como está posicionando seu produto para o mundo.

Ao organizar o feedback de seus clientes dentro dessas três categorias – problemas de experiência do usuário, problemas de marketing do produto e problemas de posicionamento –, você conseguirá determinar com mais facilidade o próximo plano de ação que precisa tomar com base nesses feedbacks. O melhor de tudo é que, se estiver usando uma plataforma de marketing e vendas conversacionais, é possível "etiquetar" as conversas em tempo real que está tendo com esses clientes quando os problemas específicos surgirem. Dessa forma, todos em seu time conseguirão entender melhor quais tipos de problemas os clientes vivenciam com mais frequência.

Priorizando o feedback do cliente

Mesmo que você possa usar o modelo Holofote para organizar o feedback dos clientes e descobrir o próximo passo que precisa ser dado para tornar esse feedback acionável, ainda existe uma questão de prioridade. Quando você está tendo dezenas, centenas ou milhares de conversas com clientes todos os dias, descobrir sobre qual feedback agir imediatamente, qual deixar em espera e qual ignorar pode ser desafiador. Esse é especialmente o caso de empresas SaaS – como a Drift – que oferecem produtos gratuitos além de planos pagos porque isso significa que estamos ouvindo feedback – inclusive solicitações para novos recursos de produtos – de duas categorias diferentes de pessoas: usuários gratuitos e clientes pagantes.

O segredo para priorizar feedbacks nessas situações complicadas não é somente distinguir entre com quem você está falando – um usuário gratuito ou um cliente pagante –, mas também monitorar a frequência com que você ouve uma determinada pergunta, preocupação ou solicitação de recurso sendo expressa.

Pense nisso como um espectro: em um extremo, você tem muitos clientes pagantes solicitando que se acrescente o mesmo novo recurso ao seu produto, e essas solicitações estão ficando cada vez mais frequentes. Nesse caso, você deve tomar providências para implementar esse novo recurso o mais rápido possível. É lógico que, se um monte de clientes – as pessoas que usam seu produto no dia a dia – estão informando que detectaram uma lacuna no que você está oferecendo, resolver isso deve ser prioridade máxima.

No outro extremo, você tem uma solicitação de recurso vinda de um usuário gratuito, e é a primeira vez que ouve essa solicitação particular de alguém. Nesse exemplo, não é prioridade fazer uma mudança. Como representante de atendimento ao cliente, o que você deve fazer é perguntar e ver se consegue saber mais.

Para um único cliente *pagante* que solicita um novo recurso pontual, no entanto, você deve tomar nota da solicitação (e/ou etiquetar a conversa em sua plataforma de vendas e marketing conversacional) e revisá-la mais tarde. Ainda que não seja prioridade máxima hoje, poderá acabar se tornando. Você pode tomar a mesma providência ao lidar com uma solicitação de recurso que vários usuários gratuitos (mas não clientes pagantes) estão solicitando. Ainda que não necessariamente exija ação imediata, é algo em que definitivamente você vai querer ficar de olho.

Em última instância, você sempre deve dar mais peso às opiniões e preocupações de seus clientes pagantes do que às de seus usuários gratuitos. Enquanto o primeiro grupo já entende o valor que sua empresa pode oferecer, o segundo ainda está sondando o terreno e descobrindo se você é uma boa opção. Se você der outra olhada no modelo Holofote, o feedback de usuários gratuitos tende a cair na categoria "Problema de marketing do produto". Isso porque usuários gratuitos ainda estão tentando entender o que seu produto pode fazer (por isso você vê perguntas começando com "Será que eu posso..."). Por outro lado, feedback de clientes pagantes tende a cair na categoria "Problema de experiência do usuário". Isso porque a maioria dos clientes já sabe o que seu produto pode fazer, portanto, eles querem aprender como extrair ainda mais valor de seu produto tornando as coisas mais fáceis ou mais rápidas (por isso você ouve perguntas começando com "Como eu...").

Inevitavelmente, é claro, você terá que dizer "não" (ao menos por um tempo) a uma solicitação de recurso feita por um cliente. Nesses casos, é importante lembrar que, embora você tenha de dizer "não" à solicitação, não precisa encerrar a conversa com um "não". Em vez disso, pode fazer perguntas e tratar cada conversa com um cliente como uma oportunidade para aprender.

Ao organizar o feedback de seus clientes dentro dessas três categorias - problemas de experiência do usuário, problemas de marketing do produto e problemas de posicionamento -, você conseguirá determinar com mais facilidade o próximo **plano de ação** que precisa tomar com base nesses feedbacks.

CAPÍTULO 16

UMA ABORDAGEM CONVERSACIONAL PARA O *CUSTOMER SUCCESS*

No capítulo anterior, analisamos as conversas com os clientes principalmente como atividade reativa. Exploramos, de uma perspectiva de suporte ao cliente, como os times podem usar conversas a fim de ouvir as preocupações dos clientes (e solicitações de recursos) assim que eles as verbalizam. Entretanto, como muitos já sabem, esses não são os únicos tipos de conversas que você deveria ter com os clientes após a venda. Hoje em dia, além de ter uma equipe de suporte ao cliente que reaja aos problemas quando eles surgirem, você deveria ter um time de *customer success* que se engaje proativamente com os clientes e os ajude a se tornarem o mais bem-sucedidos possível com o seu produto. Isso não apenas vai resultar em uma melhor experiência do cliente como também ajudará a aprimorar o resultado de sua empresa.

Dependendo do seu ramo de atuação (e dos dados específicos que você analisa), o custo de adquirir um novo cliente é entre cinco e 25 vezes maior do que o custo de manter um cliente já existente, de acordo com a editora-colaboradora da *Harvard Business Review* Amy Gallo. "Faz sentido: você não precisa investir tempo e recursos para encontrar um cliente novo – é só manter satisfeito o que já tem", escreveu Gallo em um artigo de 2014.

Além disso, a probabilidade de fazer *upselling* de um cliente já existente (tema sobre o qual aprenderemos mais adiante neste capítulo) e fazer esse cliente voltar a comprar com você varia de 60% a 70%, enquanto a probabilidade de fazer um *prospect* comprar de você pela primeira vez é de apenas 5% a 20%, de acordo com o livro *Marketing Metrics* (Farris; Bendle; Pfeifer; Reibstein, 2011).

A lição: não é suficiente reagir a seus clientes. Para que sua empresa prospere, você precisa fazer seus clientes prosperarem. Adotar uma abordagem proativa para garantir que seus clientes sejam felizes e bem-sucedidos não é só a coisa certa a fazer do ponto de vista da experiência do cliente, mas a coisa inteligente a fazer do ponto de vista da receita. Tudo começa assim que um cliente mergulha em seu produto pela primeira vez e começa a aprender como ele funciona.

REFORMULANDO A ABORDAGEM TRADICIONAL PARA O *ONBOARDING*

Na Drift, nossos CSMs (*customer success managers*) agendam ligações iniciais com novos clientes o mais cedo possível. Eles usam essas ligações para conversar sobre objetivos e métricas e para ajudar os clientes a definir marcos para que consigam ver os progressos que estão fazendo.

Naturalmente, a ligação inicial é uma parte bem padrão do processo de integração do cliente, sobretudo para empresas SaaS, e, contanto que seus clientes as julguem úteis, não há motivo para interrompê-las. Porém, para deixar essas conversas mais focadas e relevantes, você pode configurar *chatbots* que segmentem novos clientes no seu site e/ou no app a fim de preparar novos clientes para essas ligações iniciais. Você também pode fazer *chatbots* agendarem essas ligações para você (assim como vendas as usam para agendar demonstrações e reuniões). É a mesma experiência conversacional que você vem aprendendo ao longo deste livro, só que agora está sendo aplicada em seu *onboarding*. Para novos clientes, isso significa que eles não precisam usar o telefone ou o e-mail para marcar um horário para conversar. Em vez disso, eles podem obter respostas e agendar reuniões em tempo real.

◢ Construindo *um bot* de *onboarding*

Se você leu o Capítulo 10, já sabe como configurar um *chatbot* simples para qualificar *leads*. A boa notícia: configurar um *chatbot* para auxiliar seu time de *customer success* com o *onboarding* de novos clientes seguirá as mesmas regras e mecanismos que você já aprendeu. A única diferença é que agora o objetivo de suas conversas por *chatbot* mudou, ou seja, você vai precisar atualizar suas perguntas e respostas para refletir essa mudança. Já que seus novos clientes (assim esperamos) já sabem o valor do seu produto, nesta etapa você não vai mais precisar usar *chatbots* para descobrir se alguém tem o perfil adequado para comprar. Em vez disso, você pode usar *chatbots* a fim de descobrir como fazer alguém colocar seu produto para funcionar o mais rápido possível, com base nas necessidades específicas desses clientes.

Na Drift, construímos um *chatbot* que aparece para novos clientes quando eles abrem nosso app pela primeira vez. Após acolher os clientes na família Drift, fazemos o *chatbot* perguntar algumas coisas rápidas a eles, cujas respostas ajudam nossos CSMs a verificar algumas informações antes da ligação inicial. Especificamente, nosso *chatbot* de *onboarding* de novos clientes pergunta o seguinte:

① Em qual site você deseja usar a Drift?

② Qual seu principal objetivo em usar a Drift?

③ Você tem ferramentas que está querendo integrar?

④ Agora, uma pergunta divertida: que tamanho de camiseta você usa?

Sim, essa quarta pergunta é crucial. (E, sim, o emoji de camiseta que incluímos também é.) Depois que o *chatbot* pega o manequim de um novo cliente, nosso time de *customer success* envia no mesmo dia uma camiseta a esse cliente, junto com outros brindes da Drift. No fim da conversa, o *chatbot* incentiva o novo cliente a agendar uma chamada de *onboarding* e dá acesso ao calendário de um CSM para que ele possa marcar o dia e o horário apropriados.

Lembre-se: aqui, o objetivo do uso de *chatbots* não é remover os CSMs humanos da experiência de *onboarding*; é ajudar esses gerentes a entrar na conversa na hora certa, munidos de muito contexto.

▲ Apresentando clientes a diferentes partes do seu produto

Além de construir um *chatbot* que possa preparar novos clientes para as ligações de *onboarding*, você também pode construir *chatbots* que apresentem proativamente novos clientes às diferentes partes de seu produto.

Na Drift, por exemplo, construímos um *chatbot* que aparece para nossos clientes na primeira vez em que eles navegam para o menu de configurações de nosso app (veja a Figura 16.1). O *chatbot* pergunta se o cliente precisa de ajuda e fornece uma checklist das diferentes tarefas com que ele pode auxiliar.

Independentemente de seus CSMs estarem *offline* no momento ou se você tem clientes que preferem fazer tudo sozinhos, os *chatbots* dão aos clientes a capacidade de receber guias estruturadas de produtos 24 horas por dia, e essas conversas podem acontecer diretamente dentro do seu produto. Para empresas SaaS, essa é outra vantagem-chave de se adotar mensageria e *chatbots*: além de permitir que os setores de marketing e vendas

FIGURA 16.1 Exemplo de *chatbot* elaborado para ajudar novos clientes a navegar no menu de configurações no app da Drift

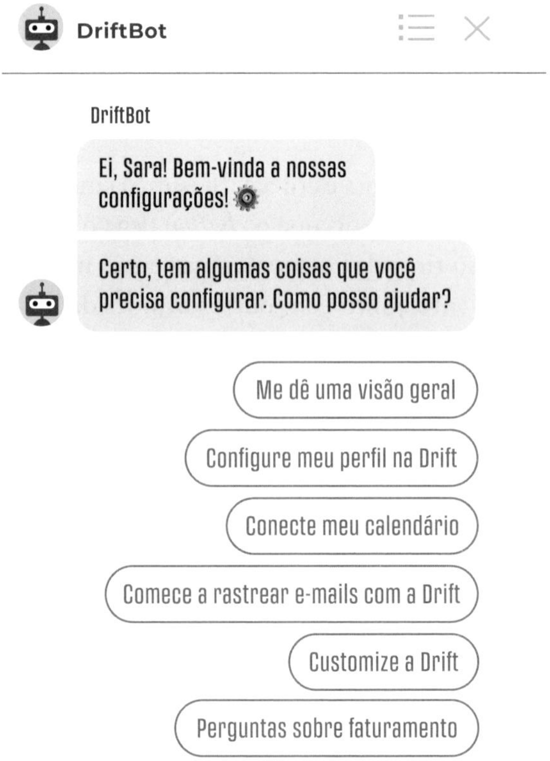

DriftBot

DriftBot

Ei, Sara! Bem-vinda a nossas configurações!

Certo, tem algumas coisas que você precisa configurar. Como posso ajudar?

(Me dê uma visão geral)

(Configure meu perfil na Drift)

(Conecte meu calendário)

(Comece a rastrear e-mails com a Drift)

(Customize a Drift)

(Perguntas sobre faturamento)

possam usá-los para segmentar *leads* específicos (e tipos de *leads*) no seu site, seus CSMs podem usá-los para segmentar clientes específicos (e tipos de clientes) dentro de seu app. Nos bastidores, dentro de sua plataforma de marketing e vendas conversacionais, a única coisa que muda – além do que você está falando, é claro – é como você segmenta suas conversas.

Além de segmentar pessoas com base em dados firmográficos e nos comportamentos que elas demonstraram no seu site, quando elas se tornam clientes e acessam seu produto, você pode começar a segmentá-las com base na maneira como usam seu produto. Assim, como time de *customer success*, você pode garantir sempre entrar em contato nos horários certos com as mensagens certas. Por exemplo, se você perceber que os clientes estão passando muito tempo na página de cobrança no seu app, é possível criar um *chatbot* especificamente para essa página que pergunte aos clientes por que isso acontece e, em seguida, fazer o *chatbot* oferecer algumas soluções.

CRIANDO UMA VIA DE ACESSO RÁPIDO PARA OS SEUS CSMs (*CUSTOMER SUCCESS MANAGERS*)

De acordo com um estudo da Forrester de 2016, 73% dos clientes acreditam que o elemento mais importante de um bom atendimento ao cliente é respeitar o tempo de uma pessoa. E é exatamente por isso que adotar uma abordagem conversacional para o *customer success* permitirá que você proporcione uma experiência superior do cliente: como CSM, você vai conseguir abrir uma via rápida para seus clientes pagantes e reduzir (ou eliminar por inteiro) o tempo que eles normalmente passariam esperando para entrar em contato com você.

Com a mensageria, um único gerente de sucesso do cliente pode se engajar em múltiplas conversas, ajudando vários clientes de uma vez, e não um só por vez. E você se lembra do Capítulo 11, quando expliquei como equipes de vendas podem usar transferência inteligente para garantir que os *leads* sejam sempre direcionados para os vendedores certos com base nas regras de propriedade? Times de *customer success* podem fazer a mesma coisa, garantindo que, durante as conversas por mensageria, os clientes sempre serão direcionados automaticamente a CSMs que já sabem como esses clientes estão usando seu produto e quais são seus objetivos específicos. Dessa maneira, seus CSMs conseguirão focar todo o tempo e energia em ajudar de verdade os clientes e resolver problemas (e não em tentar trazer outras pessoas à sua empresa na velocidade da luz).

Naturalmente, como já mencionei, CSMs humanos não podem ficar *online* vinte e quatro horas por dia. Em algum momento, eles vão precisar comer, dormir e sair de férias. E é aí que entram os *chatbots*. Além de usá-los como ferramentas de *onboarding*, times de *customer success* podem usar *chatbots* da mesma maneira que os vendedores – como *backup*. Por exemplo, se um cliente faz uma pergunta via mensageria enquanto está no seu app, mas todos os membros de sua equipe estão *offline*, você pode programar um *chatbot* para entrar e responder a essa pergunta mostrando links para documentos de ajuda importantes e outros conteúdos.

Comparando com o vaivém dos e-mails, ter uma conversa em tempo real, seja com um ser humano ou um *chatbot*, permite aos clientes encontrarem mais depressa respostas a suas perguntas. E foi exatamente por isso que a empresa de plataformas de lealdade do cliente Swipii decidiu adotar uma abordagem conversacional para o *customer success*. Como disse Robert Gillespie, líder de marketing da Swipii, ao time de marketing da Drift: "Precisávamos de algo com que não tivéssemos de nos preocupar. Apenas um lugar que os usuários pudessem acessar rapidamente, ter sua pergunta respondida ou, se não, entrar em uma conversa conosco em tempo real". Essa é a descrição perfeita da via rápida que seu time de *customer success* pode criar para seus clientes usando mensageria e *chatbots*. Melhor ainda: você pode criar essa via rápida de sucesso do cliente sem ter que fazer mudanças drásticas em suas configurações ou software já existentes. Como Robert explicou, "foi, literalmente, uma solução *plug and play* para nós".

USANDO AS CONVERSAS EM TEMPO REAL NA LUTA CONTRA O *CHURN* (EVASÃO DE CLIENTES)

Em última instância, configurar uma via rápida de *customer success* com mensageria e *chatbots* permitirá que você ofereça um caminho sem atrito e indolor para os clientes entrarem em contato com você e encontrarem as respostas e informações que estão procurando.

Para times de *customer success* (em particular, times de *customer success* de empresas SaaS), essa é uma ótima notícia. Porque, no fim das contas, proporcionar esse tipo de experiência do cliente é crucial para ajudar a manter clientes e reduzir a taxa de *churn* de sua empresa.

Para quem não conhece o termo, "*churn*" se refere à porcentagem de clientes de uma empresa que abandonam um produto ou serviço em determinado período. Uma pesquisa da CEB mostra que, se uma empresa submete um cliente a uma "experiência de esforço elevado", em que um cliente tem dificuldade para encontrar ajuda ou precisa pedir ajuda muitas vezes, será mais provável que ele abandone seu produto. Na verdade, a CEB descobriu que 96% dos clientes vão se tornar desleais ou deixar uma empresa após serem submetidos a uma experiência de esforço elevado. Enquanto isso, uma pesquisa conduzida por Frederick Reichheld, da Bain & Company – e criador do Net Promoter Score (NPS) – mostra que um aumento de 5% nas taxas de retenção de clientes de uma empresa levará a um aumento de lucros entre 25% e 95%. A lição que fica: se você facilita as coisas para seus clientes, eles não apenas tenderão a ficar com você, mas também ajudarão a manter seu resultado.

Ao usar mensageria e *chatbots* para otimizar a maneira como você gerencia a comunicação com os clientes e oferecer um atendimento em tempo real, vinte e quatro horas por dia, é possível garantir nunca submeter os clientes a experiências de esforço elevado. E ao configurar vias rápidas tanto no seu site quanto no app já vai colocá-lo na pista certa rumo a manter o *churn* de clientes inferior a 5% (que é um marco informal de SaaS, mas amplamente conhecido, de onde deve ficar sua taxa de *churn*), e você também pode adotar uma abordagem mais proativa. Além de usar mensageria e *chatbots* para iniciar conversas com clientes quando eles já estão no seu site ou no produto, você pode usar o e-mail para começar a conversar com clientes quando eles não estão por perto.

◢ Quatro e-mails para clientes que você deveria começar a enviar ainda hoje

Quando um cliente está em risco de *churn*, não se pode ficar esperando sentado até ele começar a conversar com você no seu site ou no app.

Afinal, se é alguém que parou de usar seu produto, você nunca vai conseguir entrar em contato através de uma mensagem no app. Nesses casos, antes de precisar escalar para fazer uma ligação telefônica, o e-mail é a melhor opção.

Assim como na mensageria, você pode direcionar e-mails para clientes com base nos comportamentos que eles demonstram (ou não demonstram) em seu produto. Dessa forma, você pode usar e-mail para ajudar a orientar os clientes na direção certa, ou então orientá-los de volta para seu produto, a fim de que possam começar a extrair valor dele.

Mesmo que o e-mail não seja o canal de comunicação favorito das pessoas hoje em dia, ele ainda pode ser útil – sobretudo quando você o usa como ferramenta para reativar conversas com clientes. Como você viu no Capítulo 6, e de novo no Capítulo 13, ao incluir links em seus e-mails que ativem conversas (com humanos, se estiverem disponíveis, e com *chatbots*, se não estiverem), você conseguirá transformar o e-mail em um canal de comunicação com o cliente em tempo real, usando-o proativamente para combater o *churn*.

Aqui estão quatro e-mails para começar. Você pode usá-los (e personalizá-los) como parte de sequências automatizadas ou enviá-los um a um.

① **O e-mail de boas-vindas.** Sim, este é bem padrão, mas não quis pulá-lo. Mesmo quando você usa mensageria para cumprimentar novos clientes no seu site e no app, é preciso enviar um e-mail de boas-vindas como parte do *onboarding* do novo cliente. Apenas certifique-se de que, além de fazer o *onboarding* dos novos clientes, o e-mail seja usado para fazer uma pergunta a eles, mesmo que seja um simples "Por que você decidiu comprar?". Lembre-se: o objetivo do e-mail não deve ser disparar uma mensagem de mão única, mas engajar alguém numa conversa.

② **O e-mail de três dias depois.** A quantidade de dias é arbitrária. Sejam dois, três ou quatro dias após o envio do e-mail de boas-vindas, você pode enviar um e-mail de *follow-up* que ofereça dicas para começar a usar seu produto (e obter o valor máximo dele).

Enquanto alguns clientes vão explorar cada cantinho de seu produto e acabar aprendendo muita coisa por conta própria (com a ajuda de alguns *chatbots* que você tiver configurado), outros precisarão de mais atenção prática. É importante garantir que esses clientes saibam como colocar tudo em funcionamento rapidamente, para que possam começar a ver resultados o mais depressa possível (e não desengajar).

3 O e-mail de verificação do cliente inativo. Para clientes que passam uma semana ou mais sem usar seu produto, talvez seja bom enviar um e-mail perguntando se há algo errado ou se existe alguma coisa em que sua empresa pode melhorar. Mais uma vez, o número exato de dias que se espera antes de enviar este e-mail depende de você, mas o objetivo subjacente é o mesmo: entrar em contato com clientes ao primeiro sinal de que eles se desengajaram do seu produto. Assim, você pode identificar em que ponto seus clientes estão tendo dificuldades, e ajudá-los a voltar aos trilhos antes que virem *churn*.

4 O e-mail com aviso de renovação de 30 dias. Este aqui tem um escopo um pouco mais administrativo, mas ainda assim é um e-mail que, literalmente, pode ajudá-lo a evitar o *churn*. O cenário é o seguinte: o cartão de crédito de um cliente expirou, mas a assinatura está configurada para renovação. O que fazer? Ao enviar um e-mail 30 dias ou mais antes da renovação da assinatura de um cliente, você pode ajudar a garantir que não perderá clientes por *churn* devido à desatualização das informações de pagamento. Além disso, você pode usar esses e-mails com aviso de renovação para começar conversas sobre *upgrades* (ou despertar o interesse nos clientes) de seu produto e/ou adquirir funcionalidades adicionais.

Na última seção deste capítulo, vamos explorar com mais detalhes como CSMs podem usar uma abordagem conversacional não somente para atender melhor os clientes e reduzir o *churn*, mas também para vender a eles outros planos e recursos do produto.

FAZENDO *UPSELLING* POR MEIO DE CONVERSAS 101 (*ONE-TO-ONE*)

Muitos empresários tendem a pensar que aumentar a receita é trabalho de seus times de marketing e vendas. A realidade é que é muito mais provável você gerar novas receitas de seus clientes já existentes do que de novos clientes. Como disse o empreendedor SaaS e investidor Jason Lemkin na conferência Gainsight Pulse, de 2015: "O *customer success* é onde está 90% das receitas".

Além de clientes existentes serem uma fonte imensa de receita – e, em muitos casos, inexplorada –, vender para esses clientes tem custo-benefício muito maior em comparação com vender para clientes novos. De acordo com pesquisa de David Skok para o blog *Entrepreneur*, o custo de conseguir US$ 1 de um novo cliente é 68% mais caro que o custo de fazer *upselling* de clientes existentes.

A lição aqui: se você não está fazendo *upselling* (ou *cross-selling*) de seus clientes, está perdendo. E, à guisa de esclarecimento, *upselling* e *cross-selling* não significam bombardear clientes com mensagens dizendo a eles que precisam começar a pagar mais. Ao contrário, o objetivo é ajudá-los ao longo da jornada do cliente e introduzir mais planos em camadas (*upselling*) ou ferramentas e recursos suplementares (*cross-selling*) como parte de uma conversa em andamento com o cliente. (Obs.: Por questão de conveniência, daqui em diante usarei o termo genérico "*upselling*" para me referir aos dois conceitos.)

Ao contrário do *churn*, que é um indicativo de como você é bom (ou ruim) em persuadir clientes a ficar, a quantidade de receita que você gera por meio do *upselling* é um sinal de que você é bom em fazer os clientes crescerem com seu produto. Ao adotar uma abordagem conversacional para o *customer success*, e tendo conversas contínuas com os clientes, você pode identificar oportunidades de *upselling* e dar passos de maneira proativa para convencer clientes a fazer um upgrade.

▲ Avisos de novas funcionalidades

No Capítulo 15, exploramos como as empresas podem usar o feedback do cliente para decidir quais novos recursos elas devem adicionar em seus produtos. Mas, quando sua equipe de produtos elabora esses recursos e sua equipe de engenheiros constrói e lança, a história não acaba aqui: você precisa avisar seus clientes sobre as mudanças. Enviar um e-mail é uma opção, mas para empresas SaaS, melhor ainda é fazer o anúncio do novo recurso aparecer diretamente dentro do app. Além de direcionar suas mensagens a segmentos específicos de clientes (com base no comportamento que demonstram dentro do produto, por exemplo), você pode construir um *chatbot* que faça perguntas qualificadas – assim como aprendeu a fazer no Capítulo 10 – para garantir que clientes tenham o perfil adequado para o novo recurso que você está introduzindo.

◢ Mensagens direcionadas *in-app*

É claro que você pode usar mensagens *in-app* para mais coisas que somente anunciar novos recursos. Você pode usá-las para destacar qualquer recurso ou funcionalidade do produto que acredita que poderia beneficiar um cliente específico (ou segmento de clientes) se ele o adotasse, ou para destacar um plano do produto cujo upgrade acha que um cliente específico (ou segmento de clientes) deveria fazer.

No mundo SaaS, é comum empresas terem diferentes planos de produtos, alguns dos quais são direcionados a empresas e vêm com todos os recursos, enquanto outros estão voltados para usuários individuais e oferecem um conjunto de recursos mais simplificado. Com mensagens *in-app*, os CSMs podem diferenciar facilmente os tipos diferentes de clientes com quem estão se engajando e configurar mensagens personalizadas (e *chatbots*) capazes de direcionar clientes em momentos específicos de suas jornadas. Por exemplo, você poderia criar uma mensagem *in-app* que só aparecesse para seus clientes de nível empresarial que estão tentando explorar uma parte de seu produto incluída apenas no seu plano empresarial. A mensagem de boas-vindas poderia perguntar se esses clientes gostariam de saber mais sobre o recurso específico, e – se a resposta fosse sim – esses clientes poderiam ser direcionados de acordo (ou diretamente a um CSM para uma conversa em tempo real, um *chatbot* de qualificação, ou um calendário de algum CSM).

◢ Mensagens de aviso de "capacidade máxima"

Para muitas empresas SaaS, o preço de seus produtos depende da quantidade de dados ou do armazenamento que os clientes estão usando ou de quantas entradas esses clientes estão armazenando em bases de dados de contatos. Em casos como esses, times de *customer success* podem usar mensagens *in-app* para avisar quando os clientes estão prestes a atingir seus limites. Por exemplo, se você nota que um cliente logo vai usar todo o armazenamento que veio com o plano atual do produto que ele possui, é possível enviar uma mensagem *in-app* (e/ou um e-mail) para alertá-lo com antecedência e ajudá-lo a descobrir o plano de produto que será o mais adequado para ele dali em diante.

Conclusão final quando se dá vida a uma estratégia conversacional de *upselling*: não exagere.

Mesmo que seus clientes existentes sejam uma fonte incrível de conhecimento e de receita, certifique-se de lhes dar espaço para respirar. Lembre-se: são pessoas que já descobriram o valor do seu produto e decidiram que ele vale o dinheiro gasto. Em vez de entupi-los de oportunidades de *upsell*, você deveria servir como guia pessoal e adotar uma abordagem conversacional para ajudar seus clientes a descobrir o valor dos recursos ou das funcionalidades que eles ainda estão perdendo.

Com mensagens *in-app*, os CSMs podem diferenciar facilmente os tipos diferentes de clientes com quem estão se engajando e configurar **mensagens personalizadas** (e *chatbots*) capazes de **direcionar** clientes em momentos **específicos** de suas **jornadas**.

CAPÍTULO 17

MENSURANDO O MARKETING CONVERSACIONAL E A PERFORMANCE DE VENDAS

Um de nossos valores fundamentais na Drift é "aprenda sempre". Mas essa não é só uma frase vazia pendurada na parede, é algo que usamos em nosso processo de contratação – buscamos ativamente funcionários com fome voraz de conhecimento. "Aprenda sempre" também serve de base para nosso podcast, o *Seeking Wisdom*, que, como o nome implica, é um programa dedicado à busca do aprendizado e descoberta de novos insights para podermos nos aprimorar em termos pessoais e profissionais.

É claro que, assim como você viu no Capítulo 15, também aplicamos a filosofia "aprenda sempre" com nossos clientes, usando conversas para criar ciclos contínuos de feedback. Em última instância, são nossos clientes que ditam como será a experiência deles, já que ouvimos o feedback e conseguimos fazer melhorias contínuas. Como resultado, sempre estaremos aptos a nos adaptar de acordo com as necessidades e as expectativas deles.

Em um mundo ideal, esse tipo de conhecimento – que você consegue obter conversando em tempo real com visitantes do site, *leads* e clientes – seria suficiente para justificar o investimento em uma abordagem conversacional. Mas, olhe, eu entendo. Por ter sido fundador cinco vezes e CEO duas vezes, compreendo que, do ponto de vista empresarial, equipes de marketing e vendas (bem como as de atendimento e *customer success*) precisam vincular tudo que fazem à receita. Como analisamos no Capítulo 5, a receita é a cola que mantém unida as equipes de marketing e vendas. Ao adotar uma abordagem conversacional e alinhar o marketing e as venda em torno do objetivo compartilhado de gerar receita, você finalmente conseguirá dar um fim às discussões – chega de brigas por causa de *leads*.

Quando você está capturando, qualificando e se conectando com clientes por mensageria, é fácil voltar e ver como as conversas começaram e como terminaram. (Em uma reunião? Em uma venda?) Analisando esses resultados diferentes, você vai conseguir ligar todas as conversas que está tendo à receita real. Assim, todas as pessoas da sua empresa, inclusive membros da diretoria e investidores, conseguirão enxergar o valor da adoção de uma abordagem conversacional. Além disso, ao medir a performance de seus esforços conversacionais de marketing e vendas, você vai poder identificar quais aspectos de sua estratégia estão funcionando melhor – e gerando mais receita – e quais precisam de atualização.

Resultado: para garantir que está atingindo seus objetivos de crescimento, você precisa monitorar esse crescimento. E isso significa prestar atenção regular a certas métricas e avaliar sua performance diária. Continue lendo para aprender em quais métricas de marketing e vendas conversacionais você deve focar.

REUNIÕES DE VENDAS AGENDADAS

Historicamente, agendar reuniões de vendas (e demonstrações de produtos) tem sido um horror. Com todas essas idas e vindas de e-mail e vaivéns telefônicos, vendedores perderam uma quantidade imensa de tempo agendando horários quando deveriam estar vendendo. Hoje em dia, não tem mais desculpa. Após configurar a mensageria e *chatbots* de qualificação de *leads*, as equipes de marketing conseguirão agendar reuniões para vendedores 24 horas por dia, sete dias por semana.

Ao analisar quantas reuniões você agenda por dia, semana e mês, e ver quantas delas se convertem em acordos fechados, será possível desenvolver um bom padrão de quantas reuniões é preciso agendar para atingir seus objetivos de vendas. Mesmo que o número de *leads* gerados por você tenha sido o "número mágico" no marketing, a realidade é que capturar informações de contato de uma pessoa não faz sentido a não ser que gere uma conversa real. É por isso que reuniões são uma métrica melhor de mensuração.

Na TrainedUp, uma empresa que mencionei no Capítulo 11, os funcionários prestam atenção específica a quantas reuniões (ou, no caso deles, demonstração de produtos) seus *chatbots* conseguem agendar para eles. E o que descobriram foi que 15% das conversas feitas somente por *chatbots* – durante as quais os *chatbots* assumem toda a conversa em prol de sua empresa – acabam se convertendo em demonstrações. E 40%

dessas demonstrações resultam em acordos fechados. (A empresa também sabe que, em média, esses clientes tendem a fechar o acordo depois de um mês da demonstração.)

Além de monitorar *quantas* reuniões de vendas você está agendando, é importante monitorar *com quem* você está fazendo essas reuniões. É por isso que sua equipe de vendas deveria manter uma lista em tempo real de todas as próximas reuniões que terão em determinada semana (veja a Figura 17.1). Além de permitir uma transparência cada vez maior em sua empresa, fazer esse tipo de lista dará uma compreensão mais detalhada de quais acordos estão descendo pelo funil (e quando), o que, por sua vez, permitirá prever acordos com maior precisão.

A melhor parte: se você está usando uma plataforma de vendas e marketing conversacionais, não é necessário nenhum trabalho manual para elaborar e manter uma lista como essa. Uma vez que seus vendedores tiverem conectado seus calendários, uma plataforma conversacional de marketing e vendas pode fazer todo o trabalho por você e atualizar automaticamente a lista conforme as reuniões de vendas começarem a aparecer.

OPORTUNIDADES DE NEGÓCIO CRIADAS

O ideal é que, quando uma reunião de vendas acaba, um vendedor tenha: (a) fechado um acordo – definitivamente, o melhor dos cenários, ou (b) ao menos tenha confirmado que um *lead* está pensando

FIGURA 17.1 Modelo de uma lista que mostra, em tempo real, quem está agendando reuniões de vendas com seus representantes

Quem está agendando reuniões conosco?
Esta semana, até agora

AGENDADO COM	EMPRESA	NOME	CARGO
James Pidgeon	SalesRabbit	Chelsea Ward	Diretor de Vendas Internas
Ally Brez	Segment	Jane Meyer	VP de Marketing
Danielle Tocci	Rapidminer	Sara Ortega	Diretor de Conteúdo
Brendan McManus	Leadpages	Pete Read	VP de Vendas
Alex Hanbury	ThriveHive	Andy Scott	Diretor

seriamente em comprar, e que existe dinheiro de verdade em jogo. Essa última categoria, que se situa entre "*lead* qualificado" e "cliente" na base do seu funil de vendas, é conhecida como "oportunidade".

Naturalmente, as definições de *leads*, *leads* qualificados e oportunidades diferem de uma empresa para outra, mas em geral você pode pensar da seguinte maneira: um *lead* qualificado pode ser alguém engajado apenas com um *chatbot*. Uma oportunidade, por outro lado, é alguém que se engajou com um vendedor (humano) e que esse vendedor identificou não somente como tendo o perfil adequado para o produto, mas, também, como uma oportunidade real de receita para a empresa.

Como mencionei lá no Capítulo 1, a empresa de programas de banco de dados open-source MongoDB conseguiu aumentar as oportunidades de crescimento em 170% após mudar para uma abordagem conversacional. Especificamente, eles usaram a mensageria direcionada e *chatbots* para filtrar o "ruído" no site, permitindo que apenas *leads* qualificados agendassem reuniões com seus vendedores. Portanto, não é de se admirar que a MongoDB tenha conseguido aumentar as oportunidades – seus vendedores começaram a receber os melhores *leads* possíveis com que se engajar.

IMPACTO NO FUNIL DE VENDAS

Além de ficar de olho na quantidade (e na porcentagem) de oportunidades que você está criando por meio de conversas em tempo real, é possível monitorar a quantia total de dinheiro associada a essas oportunidades – comumente conhecida como "funil de vendas".

Dependendo de seu preço, vender um plano de nível superior pode trazer um aumento de receita equivalente a vender cinco ou dez planos de nível mais baixo. Ou seja: se você quiser entender como conversas em tempo real estão afetando seu resultado, é preciso analisar até que ponto suas conversas de vendas no funil estão influenciando esse resultado. E é exatamente isso que o CMO Tom Wentworth faz na RapidMiner. Como mencionei no Capítulo 4, em questão de meses de adoção de marketing e vendas conversacionais, a RapidMiner percebeu conversas influenciando 25% de todo o seu funil de vendas aberto, que foi avaliado em mais de US$1 milhão.

FECHAMENTOS/GANHOS

Quanto do seu funil de vendas acaba se transformando em receita de verdade? Isso é o fechamento/ganho: a quantidade total em dinheiro associada às oportunidades que assinam contratos e se tornam clientes pagantes.

Por si só, fechamento/ganho é uma métrica essencial, já que mostra quanta receita você está gerando com marketing e vendas conversacionais. Mas você pode torná-la ainda mais poderosa monitorando-a ao lado de outras métricas relacionadas a receita, como funil de vendas influenciado e oportunidades (veja a Figura 17.2). Dessa forma, você conseguirá ver a progressão de *leads* conforme eles se movem pela base do funil.

MÉTRICAS CONVERSACIONAIS

Sim, já defini que a receita é a "métrica que governa todas as outras" quando se trata de medir a performance do marketing e das vendas conversacionais. Porém, quando você vê mais de perto e tenta entender como pode se sair melhor em gerar receita por meio de conversas em tempo real, faz sentido aprender tudo sobre as conversas que está tendo – desde quantas conversas novas estão sendo iniciadas até quando elas estão acontecendo, passando por quais são os participantes dessas conversas na sua empresa. Todas essas métricas você pode monitorar dentro de uma plataforma conversacional de vendas e marketing. Agora, vamos analisar mais de perto.

FIGURA 17.2 Modelo de painel de relatório de vendas conversacionais exibindo três métricas-chave: oportunidades, funil de vendas e fechamento/ganho

◢ Novas conversas

Toda venda começa com uma conversa. Por isso é uma boa ideia acompanhar quantas conversas novas você está tendo no seu site. Ao comparar quantas conversas você começa dia após dia, semana após semana e mês após mês (veja a Figura 17.3), vai conseguir medir o ritmo de sua estratégia conversacional e fazer os ajustes necessários. Por exemplo, se notar uma queda em novas conversas, isso pode ser um sinal de que precisa repensar seu direcionamento e/ou atualizar o texto que está usando para suas mensagens de boas-vindas e roteiros de *chatbots*.

FIGURA 17.3 Modelo de comparação mês a mês de quantas novas conversas estão sendo iniciadas em um site

A empresa de análise empresarial Databox conseguiu aumentar as novas conversas em 113% após retrabalhar o roteiro de seu *chatbot*. Como explicou John Bonini, diretor de marketing da Databox, em um post no blog da empresa: "Ainda que estivéssemos percebendo resultados, nossa curiosidade era se conseguiríamos aumentar em dez vezes o engajamento ficando mais abertos e conversacionais". Assim, Bonini analisou a fundo os dados das conversas (armazenados em sua plataforma de vendas e marketing conversacional) e começou a se concentrar nos motivos mais comuns que levavam as pessoas a visitar o site da Databox. Como ele explicou: "analisando nossas conversas ao longo dos últimos seis meses, descobrimos que a maioria das pessoas que visitavam nossa *homepage* (ou a de preços) queria (a) ver uma demonstração do produto, (b) saber mais sobre preços, ou (c) simplesmente falar com uma pessoa". De posse desses novos *insights*, Bonini reescreveu seu roteiro de *chatbot* para colocar essas três opções na linha de frente (veja a Figura 17.4).

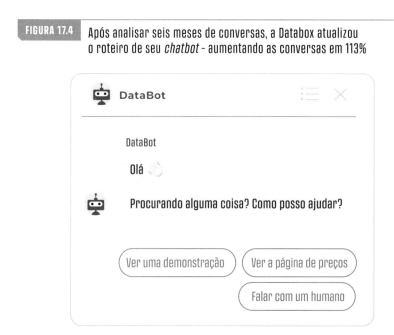

FIGURA 17.4 Após analisar seis meses de conversas, a Databox atualizou o roteiro de seu *chatbot* - aumentando as conversas em 113%

Aqui, um último lembrete: ao medir novas conversas, você pode fazer filtragens de acordo com quem está conversando – um ser humano, um *chatbot* ou um *chatbot* com assistência humana (quando um *chatbot* e um ser humano participam da conversa). Dessa forma, você será capaz de obter uma compreensão mais detalhada de como as conversas estão sendo distribuídas entre humanos e *bots*. Como mencionei no Capítulo 3, vimos que cerca de 50% das novas conversas estão sendo gerenciadas apenas por *chatbots*, 40% por um misto de *chatbots* e humanos, e somente 10% estão sendo gerenciadas só por seres humanos.

Novas conversas de acordo com o horário do dia

Além de verificar o volume de conversas que você tem no seu site, é possível aprender muito verificando *quando* essas conversas estão acontecendo. Na Drift, temos um mapa de calor em nosso painel de relatórios que mostra quais horários do dia são os mais populares para novas conversas (veja a Figura 17.5). As cores mais escuras do mapa indicam que mais conversas acontecem em determinada hora, enquanto as mais claras indicam que estão ocorrendo menos conversas.

Monitorar esses dados pode ajudá-lo a ter uma ideia melhor dos horários mais agitados no seu site, e, em troca, você pode usar o que descobriu para informar como vai programar os turnos de mensageria. Por exemplo, é uma boa ideia ter funcionários humanos *online* nos períodos em que, historicamente, o volume das conversas atingiu o ápice. No entanto, em períodos em que o volume das conversas foi historicamente baixo, você pode optar por colocar *chatbots* como responsáveis por esses turnos. A conclusão mais ampla é que, em vez de agendar arbitrariamente horários *online* e *offline* para sua equipe, você pode analisar novas conversas por período do dia a fim de criar um sistema de agendamento com mais informações.

▸ Localizações da conversa

Até o momento nesta seção, abarcamos a importância de saber *quantas* conversas você tem no seu site e de saber *quando* elas estão ocorrendo. Agora, é hora de voltarmos a atenção para *onde* essas conversas estão acontecendo.

Na Drift, mantemos uma lista de quais páginas do nosso site (e quais seções de nosso app) estão impulsionando a maioria das novas conversas (veja a Figura 17.6). A lista inclui a quantidade específica de conversas que cada página impulsiona, dando a nós ainda mais ideias sobre como nossos esforços de vendas e marketing conversacionais estão valendo a pena nessas páginas. Mas não analisamos *somente* nossas páginas de maior performance. Já que rastreamos cada uma das conversas que acontecem no nosso site (e nosso produto), também conseguimos pesquisar URLs de páginas específicas e analisar o volume das conversas página por página. Isso, por sua vez, nos permite identificar páginas de baixa performance para que possamos descobrir como melhorá-las.

FIGURA 17.5 Modelo de mapa de calor que mostra em quais horários do dia novas conversas estão acontecendo

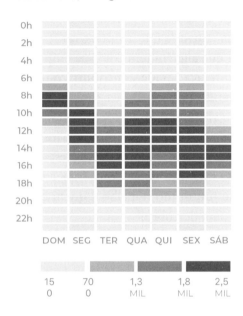

FIGURA 17.6 Modelo de como monitoramos onde as conversas estão acontecendo no site da Drift

Ao saber quais páginas no seu site e/ou quais seções de seu produto estão gerando a maioria (e a minoria) das conversas, você conseguirá entender

melhor quais partes de sua estratégia de marketing e vendas conversacionais estão funcionando (e quais não estão), e fazer os ajustes apropriados.

MÉTRICAS DE PERFORMANCE PARA OS TIMES

O marketing e as vendas conversacionais são como um esporte de time. Afinal, cada conversa que acontece no seu site contribui com a experiência geral que alguém tem com sua empresa e com sua marca. Cada pequena interação pode contribuir com uma venda (ou um *upsell*). E isso significa que qualquer funcionário que investe tempo conversando com visitantes, *leads* e/ou clientes deve ser capaz de fazer um trabalho extraordinário de comunicação e fornecer o tipo de serviço em tempo real que os compradores de hoje esperam.

Mas como se mensura isso? Como saber qual membro do seu time está fazendo um ótimo trabalho e quem está ficando para trás? Continue lendo para descobrir.

▲ Respostas

Esta é uma das maneiras mais simples para medir a produtividade do marketing e das vendas conversacionais no seu time: observar quem está respondendo à maioria das conversas que surgem.

Na Drift, monitoramos – semana a semana e mês a mês – em quantas conversas novas cada um de nós está participando. Assim, se o volume das conversas está baixo, conseguimos identificar potencialmente áreas onde as pessoas podem entrar e começar a se engajar com mais *leads* e clientes.

▲ Tempo médio de resposta

Qual é o tempo médio que seu time leva – e funcionários em particular desse time – para responder a visitantes quando eles começam conversas? Esse é o tempo médio de resposta.

Como comentei no Capítulo 1, ter um tempo de resposta rápido é absolutamente crucial quando se trata de qualificar *leads*. Mesmo que você demore somente 5 minutos para responder a um novo *lead*, suas chances de se conectar de novo com ele diminuem numa magnitude de dez. Espere dez minutos e haverá uma queda de 400% de chances de qualificar esse *lead* (conforme pesquisa da InsideSales.com, publicada na *Harvard Business Review*).

É claro que usando *chatbots* você pode garantir que um *lead* sempre obtenha respostas instantâneas. Mas não é isso que estamos medindo aqui. Se está usando *chatbots* para calcular o tempo de resposta é preciso observar quanto tempo passa entre o momento em que uma pessoa solicita conversar com um ser humano e o instante em que uma pessoa de seu time consegue entrar e responder.

◢ Duração média da conversa

Após observar quem de seu time está respondendo à maioria das conversas que surgem, bem como quem de seu time está respondendo mais rapidamente, você pode observar quem tem as conversas mais longas (e as mais curtas) calculando a duração média da conversa. Essa métrica indica a quantidade média de tempo que se passa entre o momento em que um funcionário responde a uma conversa e o instante em que esse funcionário encerra a conversa.

Ao monitorar a duração média da conversa, você conseguirá identificar quaisquer correlações que existam entre quanto tempo um funcionário passa conversando com clientes e quantas reuniões esse funcionário consegue agendar, ou quantos acordos consegue fechar. Por exemplo, você pode descobrir que vendedores com durações médias de conversa mais longas acabam gerando mais receita porque são capazes de engajar potenciais clientes por mais tempo e se aprofundar mais em quais problemas esses clientes estão tentando resolver. Por outro lado, para representantes de atendimento ao cliente, você pode descobrir que durações médias de conversa mais curtas são superiores, já que indicam que representantes conseguem oferecer respostas concisas e resolver problemas dos clientes o mais rápido possível.

◢ Desempenho da conversa no time

Para obter uma imagem instantânea e em tempo real de como seu time está se saindo durante uma semana específica, recomendo configurar um "placar" de desempenho de conversa contendo as três métricas que acabamos de abordar: respostas a novas conversas, tempo médio de resposta e duração média das conversas (veja a Figura 17.7). Ainda que cada métrica possa revelar seus próprios insights, em conjunto elas podem contar uma história mais complexa sobre como sua equipe – e cada funcionário em particular – está se saindo.

Em última instância, o objetivo de mensurar as métricas de desempenho do time é conseguir responsabilizar a si mesmo e ao time por proporcionar a melhor experiência possível do cliente. Lembre-se: todas as conversas são importantes. E todas elas apresentam uma oportunidade para aprender.

CONSIDERAÇÃO FINAL

Sempre fui obcecado por experiência do cliente. Eu a sinto todo santo dia em minha vida pessoal: Quero comprar das empresas que tornam o processo fácil e proveitoso, e que me tratem como se eu fosse importante. Mas minha obsessão com a experiência do cliente não vem apenas de ser satisfatório obter um ótimo atendimento como consumidor. É porque a história nos conta que times que se aproximam mais de seus clientes e oferecem a melhor experiência possível sempre vencem.

FIGURA 17.7 Modelo de "placar" de desempenho de conversas

Onde as conversas novas estão acontecendo?
Última semana

NOME	MEDIANA DO TEMPO DE RESPOSTA	MEDIANA DA DURAÇÃO DA CONVERSA	Nº DE NOVAS CONVERSAS
Karl	2m 29s	20m 45s	40
Jeremy Lucas	1m 30s	10m 45s	38
Tyra Earl	5m 45s	12m 56s	33
Sara Pion	3m 24s	4m 9s	25

Seja Amazon *versus* Borders, Netflix *versus* Blockbuster, ou Uber e Lyft *versus* táxis, as empresas que presenciaram o crescimento mais extraordinário nos últimos anos são as que ignoraram as boas práticas ultrapassadas da indústria a favor do desenvolvimento de uma abordagem voltada para o cliente. Em vez de dependerem do que já foi feito antes, o que certamente facilitaria as coisas *para elas* (as empresas), as organizações com hipercrescimento de hoje estão colocando as novas necessidades e expectativas de seus clientes à frente de quase tudo. Elas estão ultrafocadas em proporcionar experiências incríveis, mesmo que isso signifique serem chamadas de loucas – ou ouvirem que suas ideias nunca poderiam escalar.

No início do marketing e das vendas conversacionais, as pessoas me diziam o tempo todo que não achavam que ter conversas individualizadas ou que oferecer atendimento em tempo real era escalável. Mas em vez de me concentrar no que a sabedoria coletiva do universo do marketing e das vendas estava me dizendo, ouvi o que os clientes me diziam.

Se não fosse pelas milhares de conversas que tive com clientes ao longo dos anos, este livro que você está lendo neste instante não existiria. Todos os princípios e as boas práticas que compartilhei aqui com você têm raízes em conversas com clientes. Todos começaram como ideias (ou, na verdade, lampejos de ideias) para resolver problemas do cliente que obtive ouvindo feedback de conversas individualizadas. Independentemente de ser uma conversa via mensageria, e-mail ou telefone, ou pessoalmente no escritório do cliente ou numa cafeteria, o mais importante é que você está conversando. Isso ficou de fora do marketing e das vendas.

Espero que agora você entenda quais passos pode dar e quais ferramentas pode usar para voltar a colocar conversas em tempo real no centro do marketing e das vendas, que é o lugar delas.

Se quiser continuar *esta* conversa, visite o site Drift.com e dê um oi. Um ser humano (ou um *chatbot*) estará lá para cumprimentá-lo.

SOBRE OS AUTORES

David Cancel é o cofundador e CEO da Drift, a plataforma líder mundial em marketing conversacional e vendas, citado na Cloud 100 da *Forbes*, nas 50 Maiores Startups no LinkedIn, e Top Company Cultures da *Entrepreneur*. Cancel também é empreendedor em série, host de podcast (*Seeking Wisdom*), investidor-anjo e consultor.

Cinco vezes fundador e duas vezes CEO, Cancel foi o fundador e CTO da Compete.com (adquirida pela WPP), fundador e proprietário da Ghostery (adquirida pela Evidon), e cofundador e CEO da Performable (adquirida pela HubSpot). Após a aquisição da Performable, Cancel tornou-se CPO da HubSpot, onde aumentou a equipe de produtos de 20 para mais de cem engenheiros. Cancel apareceu em meios de comunicação como *The New York Times, Forbes, Fortune, Wired* e *Fast Company*, e deu palestras como convidado sobre empreendedorismo em Harvard, Harvard Business School, MIT, Sloan School of Management do MIT, e Bentley. Em 2017, a Harvard Business School nomeou Cancel Empreendedor Residente em seu Arthur Rock Center for Entrepreneurship.

O blog de Cancel, davidcancel.com, foi lido por mais de um milhão de empreendedores, e sua conta no Twitter, @dcancel, tem mais de 60 mil seguidores e é considerada um "must-follow" para empreendedores e executivos. Ele também é palestrante regular em conferências sobre marketing e vendas, entre elas, SaaStr, SaaSFest, Converted, Revenue Summit e HYPERGROWTH.

Dave Gerhardt é VP de Marketing na Drift e defensor aficionado de construção de marcas em torno de histórias cativantes que se conectam com clientes. Desde que entrou na Drift, em 2015, como o 6º funcionário, Dave ajudou a criar a categoria de marketing conversacional e trazer a bordo mais de 150.000 empresas com a Drift, e o perfil da Drift apareceu em mais de 100 publicações, entre elas, *The New York Times*, *Forbes*, *Fortune*, *TechCrunch* e a *Harvard Business Review;* e ganhou reconhecimento na Forbes Cloud 100, nas 50 Maiores Startups no LinkedIn, Top Company Cultures da *Entrepreneur*, na SaaS Company of the Year da NVCA e Best Places to Work no Boston Business Journal. Dave liderou a criação da conferência anual da Drift HYPERGROWTH, que cresceu para mais de 12 mil profissionais de marketing e vendas até o momento. Dave também é coanfitrião do *Seeking Wisdom*, o podcast popular da Drift que explora crescimento pessoal e profissional.

Antes de entrar na Drift, Dave trabalhou nas companhias de marketing B2B e SaaS de maior crescimento na região metropolitana de Boston, incluindo a HubSpot e Constant Contact.

ÍNDICE REMISSIVO*

* Referências de páginas seguidas por *fig.* indicam uma ilustração; seguidas por *t.*, indicam tabela.

A

Account-based experience (ABX), 226

Account-based marketing (ABM): descrição e importância de, 226; como uma abordagem em tempo real pode resolver o maior problema do, 227; escalando a experiência, 228; uso amplamente difundido de, 226

Account-based marketing, etapas do processo (ABM): 1. use e-mails de *outbound* para começar a conversa, 229; 2. crie mensagens personalizadas de boas-vindas para suas contas-alvo, 230-231*fig.*; 3. receba notificações quando contas-alvo estão *online*, 232

Account-based selling (ABS): descrição, 225; uso generalizado, 226

Abordagem conversacional "segunda opção", 106

Acrolinx, 108

Agendando reuniões de vendas: como métrica de desempenho, 271*fig.*; usando *chatbots* para, 70, 278; usando frases empáticas para, 199

Anúncios, 27

A.L.I.C.E. (Artificial Linguistic Internet Computer Entity), 61-62

Amazon, 17, 18*fig.*, 280

America *Online* (AOL), Messenger Instant Messenger (AIM), 44

Analogia da "loja vazia", 29, 105, 221, 223*fig.*

Anúncio de novas características, 16

Apple: iPhone, 45, 62; Siri, 62

Apps: mensagens direcionadas *in-app*, 36, 162, 265; variedade e uso da mensageria, 151; usuários de WhatsApp, 15, 43*fig.*, 46-47*t*. *Ver também* Smartphones

Apps de mensageria: aumento no número de usuários, 43*fig.*, 209; terceira onda da mensageria, 43*fig.*; WhatsApp, 15, 43*fig.*, 46-47*t*.

Aprendizado de máquina, 61

ARPANET, 123

Ataques de *phishing*, 124

B

Bain & Company, 261

Blockbuster, 18, 19*fig.*, 39, 280

Blog *Entrepreneur* (David Skok), 264, 282

Blog Sales Hacker, 97

Borders, 17, 18*fig.*, 39, 280

Botão "Contatar vendas", 187*fig.*-188

C

Cabane, Guillaume, 124-125, 129-130, 158-160, 211*fig.*

Call-to-action (CTA): comumente

colocados na base de posts de blog, 38, 159, 175; inserindo em um *chatbot*, 176*fig.*; conversa em tempo real ativada por "Contatar vendas" do site 187*fig.*-188

Campanhas Google AdWords, 99

Canal de comunicação por e-mail: fazendo uma mudança para tempo real em seu, 49*t.*, 125, 128; como maneira principal de contatar consumidores, 117; abuso do "disparar e rezar", 127, 129, 210, 222

Canal de comunicação por telefone, 49*t.*, 183, 199. *Ver também* Celulares; Smartphones

Captura de *leads*: o componente do marketing e vendas conversacionais de, 31, 74, 88*fig.*, 120; mensageria ("*chats* ao vivo") usados para qualificação em uma só etapa e, 49; processo de acrescentar mensageria em tempo real a, 104; repensando nosso conteúdo e estratégias para gerar, 85. *Ver também* Formulários de captação de *leads*

Carnegie, Dale, 139

Carpenter, Rollo, 61

"Cartão de visitas digital" 188*fig.*-189

CEB, 261

Celulares: fazendo chamadas iniciais, 256; notificações em dispositivos móveis, 67*fig.*, 161; surgimento dos mais acessíveis, 45; smartphones, 45, 161; mensagens de texto SMS (Short Message Service), 44-45. *Ver também* Canal de comunicação por telefone

Chamadas de vídeo, 206, 207*fig.*

Chamadas iniciais, 256

"*Chat* ao vivo." *Ver* mensageria em tempo real ("*chats* ao vivo")

Chatbots: breve história dos, 59; construir uma qualificação de *leads*, 136, 164; construir um *onboarding*, 256; *call-to-action* (CTA), 38, 159, 175; Uso da captura, 74; Conectar o uso, 184; descrição de, 56; o DriftBot da Drift, 118*fig.*; e-mails *versus*, 126*fig.*; como a internet mudou, 39, 61; manter a conversa fluindo usando, 174; chamadas iniciais agendadas por, 256; o impacto da mensageria no desenvolvimento de, 59; horários *online/offline*, 106, 114*fig.*; potenciais obstáculos à adoção pelo consumidor, 32-34, 75-76; proativamente usado em marketing e vendas, 71; qualificar o uso, 33*fig.*, 36-37; perguntas, 119, 126*fig.*, 139-142; RapidMiner convertendo seus formulários de *leads* para, 82-85, 95, 236; orientar clientes para os departamentos certos, 58, 118*fig.*; Six & Flow, 35, 80, 96, 199*fig.*; otimizando marketing/vendas com, 90; mensagem de boas-vindas a consumidores, 111*fig.*, 116*fig.*, 129*fig.*, 158*fig.*

Ver também IA (inteligência artificial); sites B2B *(business-to-business)*; Tecnologia

Chatbot Eugene Goostman (2014), 60

Chatbot de *onboarding*, 256-257

Chatbots de qualificação de *leads*: *call-to-action* (CTA), 38, 159, 175; elaborando perguntas e respostas para, 167*t.*-175; considerações para construir, 162-163; cinco dicas para tornar atraentes, 177; testando-os, 178; ligando respostas a ações, 174; usando-os como ferramentas para entrar em contato, 189

Chernov, Joe, 226, 228

Chief financial officers (CFOs), 214

Chief marketing officer (CMO), 71

Churn: definição de cliente, 260; conversas em tempo real para lutar contra, 261

Ciclo contínuo de feedback, 241, 244-245

Clientes *cross-selling*, 264

Clientes *upselling*: estratégia para mensagens de "capacidade máxima", 255, 264; benefícios de, 264; estratégia para enviar anúncios de novos recursos, 264; estratégia para mensagens *in-app* segmentadas, 265-266

Clientes: Amy Gallo sobre o custo de adquirir novos, 255; criando uma melhor experiência de compras com conversas em tempo real, 183-184, 186; importância de continuar conversando com os seus, 269, 275, 278; compradores *millennials*, 68*fig.*; experiência positiva de marca oferecendo suporte ao seus, 243, 255; *upselling* existente, 255, 264. *Ver também* Experiência de compras; Consumidores; *Leads*

Colby, Kenneth, 60

Como Fazer Amigos e Influenciar Pessoas (Carnegie), 139

Compradores *baby boomers*, 68*fig.*

Compradores *millennials*, 68*fig.*

"Computing Machinery and Intelligence" (Turing), 60

Conectar *leads*: o componente de marketing e vendas conversacionais de, 31, 74, 88*fig.*, 120; sequências de e-mail para, 208

Conflitos entre times de vendas e Marketing: encerrando a batalha sobre *leads*, 70; o tradicional, 70*fig.*

Consumidores: esforços B2B para atraí-los para os sites, 96, 105, 109; estudo Drift-Clearbit (2017) sobre vendas por conversas em mensageria por, 50, 51*fig.*, 234; experiência com *chatbot* de *millennials versus baby boomers*, 68*fig.*; a maioria não preenche formulários de sites, 21; relatório da Pingup (2016) sobre experiências positivas com *chatbot* por, 59, 63; potenciais obstáculos à adoção de *chatbots* por, 32-34, 75-76; preferência por *chat* ao vivo por, 29, 47; enviando sequências de vendas por e-mail com que os compradores vão engajar, 197-198, 220; três principais canais de comunicação para conversar, 41; usando dados para ter conversas melhores com, 142; mensagem de boas-vindas de seu *chatbot* para, 111*fig.*, 116*fig.*, 129*fig.*, 158*fig.*

Ver também Experiência de compra; Clientes

Conversas de marketing e vendas: *account-based marketing and sales* (ABM/AMS) para começar, 226; equilibrando *chatbots* e humanos em, 63; semelhança da linguagem da receita em, 99; estudo Drift-Clearbit (2017) sobre a mensageria para, 51*fig.*; sequências de e-mail para começar, 208; como elas unem times de marketing e vendas, 90; métrica de performance da existência de, 268; o argumento da escalabilidade contra a mensageria, 53; tendência para o tempo real, 14. *Ver também* metodologia do marketing e vendas conversacionais; mensageria em tempo real ("*chats* ao vivo")

Conteúdo. *Ver* conteúdo de site B2B

Conteúdo de site B2B: estratégia para criar dois posts de alta qualidade por semana para, 76; desenvolvendo uma estratégia sem formulários para, 82; repensando estratégias para geração de *leads* e, 85-87; por que o conteúdo é mais marcante sem formulários, 82

Conversation-qualified leads (CQLs): habilidade de fechar dentro de horas, 84*fig.*; comparando SQLs, MQLs e PQLs com, 88*t.*; descrição e função de, 56, 225-226; como ele une times de marketing e vendas, 90; pontuando, 147; espectro de, 146. *Ver também Leads*; *Marketing-qualified leads* (MQLs); Qualificar *leads*

Conversas de acordo com horário do dia, 275, 276*fig.*

Cookies, 161

Correspondência de endereço IP, 145*fig.*

Customer success: uma abordagem conversacional para, 236, 243; *upselling* conversacional 255, 264; quatro e-mails de clientes para enviar, 261; revisão da abordagem tradicional do *onboarding* de clientes para, 256; conversas em tempo real para evitar *churn*, 260; respeitando o tempo do cliente para, 259-260

D

Dados: "firmografia", 156; ter melhores conversas usando, 142; correspondência de endereços IP, 145*fig.*; perfil do visitante anônimo na página de entrada da Drift, 143*fig.*

Databox, 274-275*fig.*

"The Death of E-Mail" (PCMag.com), 123

Dicas de engajamento de conversas por *chatbot*, 177

Direcionamentos de segmentos, 162-163

Drift: valor central do "aprenda sempre", 269; método de construir *chatbots* na, 64, 185; e-mail automático enviado a potenciais clientes por, 211*fig.*; estudo de sites B2B (2017) pela Clearbit e, 51*fig.*; *chatbots versus* e-mail (2018) relatório publicado pela, 126*fig.*; método de pontuação de *conversation-qualified leads* (CQLs), 146-148*fig.*; estratégia de criar dois posts de alta qualidade por semana, 68; recursos publicados pela *Hypergrowth*, 86; modelos de assinaturas de e-mail usados na, 217*fig.*; logo #NoForms da, 88*fig.*; oferecendo versão gratuita ou *freemium* do produto, 87, 92; e-mail de texto simples enviado a novas inscrições de newsletter na, 133*fig.*; falta de pesquisa que confirme respostas de B2B a formulários de *leads*, 50; modelo Holofote para processar feedback de clientes, 250*t.*; método #NoForms para marketing e vendas conversacionais, 31, 74, 88*fig.*, 120; 2018 *Lead* Response Report da, 29*fig.*; modelo de perguntas por *chatbot* "O quê? Quem? Como?" da, 167*t.*

Duração média da conversa, 279, 280*fig.*

E

ELIZA (o primeiro *chatbot* do mundo), 60

E-mails de texto simples, 131, 133*fig.*

E-mail de aviso de renovação de 30 dias, 263

E-mails de clientes: o check-in do cliente inativo, 263; o aviso da renovação de 30 dias, 263; os três dias posteriores, 262; as boas-vindas, 221*fig.*

E-mail de verificação de clientes inativos, 263

E-mails frios, 124

E-mails HTML, 131

E-mail de três dias depois, 262

E-mails "disparar e rezar", 127, 129, 122

E-mails segmentados, 129

eMarketer, 27

Empresas B2B (*business-to-business*): preferência do consumidor para conversar, 27, 29; mensagens de boas-vindas customizadas para específicas, 111*fig.*, 116*fig.*, 129*fig.*, 158*fig.*; não respondem a *leads* rápido o bastante, 31; esforços para estimular as pessoas a ir aos sites, 154; necessidade de prover experiências de compras em tempo real e sob demanda, 66; três principais canais de comunicação usados por, 41; mensagens de boas-vindas em, 111*fig.*, 116*fig.*, 129*fig.*, 158*fig.*

Empresas SaaS: taxa média de abertura de e-mails em, 18; mensagens customizadas de boas-vindas para específicas, 111*fig.*, 116*fig.*, 129*fig.*, 158*fig.*; com diferentes níveis de planos de produtos, 265; sites "lojas vazias" usados por várias, 27-28, 58, 75, 221; enviando anúncios com novas características ao cliente, 274

Enriquecimento de dados, 143, 144*fig.*

Era "das vendas difíceis", 165

Estratégia de marketing por e-mail: 1. conectar e-mail à mensageria em tempo real, 128, 129*fig.*; 2. enviar e-mails segmentados em menor quantidade e mais segmentados, 129; 3. usar filtros inteligentes, 130; 4. enviar e-mails com texto simples, 131, 133*fig.*

Modelo dos "cinco porquês", 203

Modelo Holofote (Drift), 250*t.*
Estudo da BoldChat (2012), 48
Estudo da Drift-Clearbit sobre mensageria (2017), 51*fig.*
Estudo da CSO Insights (2016), 192
Estudo da Econsultancy (2013), 48
Estudo Twilio, 48
Etapas da metodologia do marketing e vendas conversacionais: 1. Adicionar mensageria em tempo real ao seu site, 104; 2. Reformular sua estratégia de marketing por e-mail, 122; 3. Dominar a arte de qualificar *leads* por meio de conversas, 136; 4. Segmentando seus melhores *leads*, 150; 5. Desenvolver um *chatbot* de qualificação de *leads*, 164
Exibição de rostos confiáveis, 116*fig.*
Experiência de marca: o papel do feedback do cliente na construção de uma, 240-244; exemplo de *chatbot* da Drift respondendo a uma pergunta do suporte, 243*fig.*; oferecendo suporte ao cliente e criando uma positiva, 242
Experiência de compra: pedir permissão antes de fazer perguntas, 197; continuando a conversa após a, 240; como equipes de vendas podem criar uma melhor, 183, 184; deixe a personalidade de seus vendedores brilhar, 188*fig.*; escutando e frases empáticas para o comprador, 199; necessidade de empresas B2B oferecerem em tempo real, sob demanda, 59; mostrar o valor de sua solução, 187, 201; chamadas de vídeo para personalizar a última pergunta em, 205. *Ver também* Experiência com *chatbot*; Consumidores; Clientes
Experiência com *chatbot*: comparando o *online* tradicional com, 70*fig.*; criando melhor experiência de compras com tempo real, 184; permitindo uma experiência de compras melhor, 58; encontrando o equilíbrio perfeito entre seres humanos e, 63; compradores *millennials versus baby boomers*, 68*fig.*; relatório Pingup (2016) sobre consumidor, 59, 63; oferecendo respostas rápidas a perguntas comuns, 53, 65*fig.*; oferecendo serviço 24/7, 24, 58, 68*fig.*, 113-114, 126*fig.*, 183, 231, 270; dicas para criar uma atraente, 177; dois cenários mostrando o valor de, 53. *Ver também* Experiência de compra

F

Faces exibidas em sites, 115-116*fig.*
Facebook: queda no número de usuários, 42; Facebook Messenger, 46*t.*, 63; Messenger Platform, 154
Feedback. *Ver* feedback do cliente
Feedback do cliente: construindo um ciclo de feedback para, 240-252; modelo Holofote da Drift de processamento, 250*t.*; como melhor coletar e processar o seu, 246; priorizando, 251; ficando perto por meio de contínuo, 244
Ferramentas de análise: descrição de, 95; Google Analytics, 106
Ferramentas de automação de marketing, 110
Ferramentas de colaboração de equipe, 109
Filosofia "aprenda sempre", 269
"Filtros inteligentes" (listas de audiência por e-mail), 130
"Firmografia", 156
"5 Scientific Reasons Why Email Is the Absolute Worst" (*Mic*, 2014), 123
FloBot (Six & Flow), 35, 80, 96, 199*fig.*
FOMO (*fear of missing out*), 213
Ford, Henry, 247
Ford Motor Company, 247
Formulários de captação de *leads*: benefícios de converter para conversas a partir de, 51; o movimento #NoForms da Drift, 31, 74, 88*fig.*, 120; como relíquias do marketing, 28*fig.*; a mensageria oferece uma alternativa mais rápida a, 183; os múltiplos problemas com, 95; como manual ultrapassado, 77*fig.*; parar de usar ultrapassado, 51.

Ver também Capturar *leads*
Frases empáticas, 199
Funil de vendas: métrica fechamento/ganho, 272, 273*fig.*; métrica de oportunidades adicionadas, 264; métrica influenciada por funil de vendas, 272
Funil de vendas no piloto automático: sistema CRM integrado a seu, 272; ferramenta de cartões de visita digitais, 188*fig.*; como a tecnologia permite a criação de um, 188; *chatbots* de qualificação de *leads* como ferramentas alcance para, 184; passando da entrada manual de dados para, 192; configurar regras de roteamento para conectar *leads* a vendedores a, 184; *call-to-action* (CTA) "Fale conosco" do site, 186; o que fazer após configurar um, 170
Funil de vendas: sistema CRM integrado em seu piloto automático, 272; ferramenta de cartões de visita digitais do, 188*fig.*; como a tecnologia permite um piloto automático no, 192; *chatbot* de qualificação de *leads* como ferramentas de contato para, 184; mudando da entrada manual de dados para o piloto automático, 192; configurar regras de direcionamento para conectar *leads* a vendedores em, 186; *call-to-action* (CTA) "Contatar vendas" do site no, 187*fig.*-188; o que fazer após configurar um piloto automático, 192

G
Gallo, Amy, 255
Gchat, 45
Gerentes de *customer success*, 259-260
Gerhardt, Dave, 80, 133, 144*fig.*
Gibbons, Robert, 197
Gillespie, Robert, 260
Google Analytics, 106
Google Talk, 45
Goostman, Eugene (*chatbot*), 60

H
Halbert, Gary C., 132
Harvard Business Review: Brad Power sobre a força do agente da IA em, 30, 71; Gallo sobre o custo de adquirir novos clientes, 255; estudo líder InsideSales.com sobre, 30; sobre a pesquisa da InsideSales.com sobre tempo de resposta, 278; Tom Wentworth sobre sua experiência com *chatbots*, 82; Vlaskovits sobre a famosa citação de Henry Ford, 248
HelpDocs, 155*fig.*
Helping: mantra de vendas "Sempre ajudando", 191, 196; transformando palavras em ações de, 191
HipChat (hoje Stride), 109
Hoffer, Robert, 62
Hopkins, Jeanne, 99
Horários *online/offline* (*chatbot* do site), 106, 114*fig.*
"How Email Became the Most Reviled Communication Experience Ever" (*Fast Company*, 2015), 123
HubSpot, 110, 246, 282
Hypergrowth (Drift), 86

I
IA (inteligência artificial): Brad Power, sobre a força da, 33, 71; *chatbot* da Jabberwacky com, 61; aprendizado de máquina, 61; abordagem moderna à compreensão, 64, 185; processamento de linguagem natural (NLP), 59, 94; para otimizar a transferência de marketing/vendas, 94, 105; serviço 24/7 por meio de *chatbot*, 24, 58, 68*fig.*, 113-114, 126*fig.*, 183, 231, 270; cancelar inscrições de pessoas não interessadas, 184-185. *Ver também Chatbots*; Technology
Inboxes (*chatbot*), 117
Information Technology Services Marketing Association (ITSMA), 226
InsideSales.com, 30, 278

InsightSquared, 226
Ipswitch, 98-99, 197
Isted, Jarratt, 154, 156

J

Jabberwacky (*chatbot*), 61
Jaffe, Joseph, 34
Join the Conversation (Jaffe), 34

K

Kik (serviço de mensageria), 43*fig.*

L

Leads: *Lead* Response Report da Drift de 2018 sobre, 29*fig.*; obter notificações em tempo real quando eles estão *online*, 189; mensageria para Capturar e Qualificar em uma única etapa, 36, 37*fig.*; a maioria das empresas B2B não responde rápido o suficiente, 31, 33; batalha atual entre Marketing e Vendas sobre, 64, 90; configurar regras de direcionamento para conectar vendedores a, 184; segmentando seus melhores, 152; tratando como pessoas, 58; dois cenários mostrando o valor do *chatbot* para, 60. *Ver também* Clientes; Qualificar *leads*
Lents, Nathan H., 115
Line (serviço de mensageria), 43*fig.*
"Lista de amigos" (lista de cousuários *online* definida pelo usuário), 44
Lista de usuários *online* definida pelo usuário ("lista de amigos"), 44
Locais de conversas, 277
Lyft, 47, 243

M

Magdalein, Scott, 185
MailChimp, 42
Mantra de vendas "Sempre ajudando", 191, 196
Marketing e Vendas: *account-based marketing and sales* (ABM/AMS) abordagem para, 226; IA usada para otimizar a transferência entre, 94; criando acordos em nível de serviço (SLAs) entre, 92; como as conversas se unem, 90; aumentando a cooperação entre, 127; métrica de performance do conversacional, 278-281; repensando nosso conteúdo e estratégias para gerar *leads*, 85; surgimento da mensageria para, 51*fig.*; abordagem "sorrir e discar" *versus* conversas em tempo real, 53. *Ver também* Times de marketing; Times de vendas
Marketing por e-mail: *chatbots versus* e-mails e, 126*fig.*; quatro e-mails para clientes para evitar *churning*, 260; história e queda em efetividade, 52; necessidade de mudar o seu, 108; taxas de abertura e de cliques, 124; problemas com o tradicional, 125; respostas são a métrica mais importante de, 105-106; enviando sequências com que compradores vão se engajar, 183; taxas de sucesso similares de e-mails frios e *phishing*, 124; "filtros inteligentes" (listas de públicos de e-mail) para, 127, 130
Marketing-qualified leads (MQLs): comparando SQLs, PQLs e CQLs com, 88*t.*; descrição e função de, 88; substituindo por CQLs, 88; mudando para CQLs de, 146. *Ver também Conversation-qualified leads (CQLs)*
Marketo, 110, 166
Marlabot (*chatbot* da RapidMiner), 84*fig.*
Massachusetts Institute of Technology (M.I.T.), 143
Meios de difusão, 34
Mensagens de boas-vindas (*chatbot*): customizadas para empresas específicas, 111*fig.*, 116*fig.*, 129*fig.*, 158*fig.*; descrevendo e elaborando, 170; site da Drift, 111*fig.*, 114*fig.*; customizadas da HelpDocs, 154; modelo do que alguém da IBM veria em personalizadas, 234, 235*fig.*; personalizadas para prospectos segmentados ABM, 226

Mensagens de boas-vindas (e-mails): *customer success*, usando, 236, 243; modelo de personalizadas, 219, 221*fig.*; personalizadas para pessoas que abrem seus e-mails, 221*fig.*

Mensagem personalizada de boas-vindas da IBM, 235*fig.*

Mensageria em tempo real ("*chats* ao vivo"): atingir hipercrescimento usando, 49, 104; para capturar e qualificar *leads* em uma só etapa, 36, 37*fig.*; evolução de *chatbots* na era do, 40; conectar e-mail ao, 130; criando uma melhor experiência de compras com, 166-167; assinaturas de e-mail da Drift com links de ativação, 217*fig.*; Estudo Drift-Clearbit (2017) sobre, 51*fig.*; resultados iniciais do uso da Drift de, 11-12; exemplos de estilos diferentes de *widget* para mensageria, 86; baixa porcentagem de sites de empresas com, 49*fig.*; necessidade de acrescentar a sites B2B, 21; processo para adicionar ao seu site, 86; conversas em tempo real usando, 13-15, 29; substituir formulários de *leads* no site por, 21, 28, 31, 33*fig.*; surgimento no marketing e nas vendas, 51*fig.*; argumento da escalabilidade contra marketing e vendas, 53; SMS permitindo smartphone, 44-45; usado por consumidores para falar com empresas, 47. *Ver também* Conversas de Marketing e Vendas; Mensageria; Tecnologia

Mensageria: evolução das três ondas do, 42; apps de mensageria usadas para, 43*fig.*; mensagens de texto SMS (Short Message Service), 44-45. *Ver também* Mensageria em tempo real ("*chats* ao vivo")

Mensagens de textos SMS (Short Message Service): celulares usados para, 44-45; surgimento da tecnologia do, 20; terceira onda de apps de mensageria causando ruptura, 42

Mensageria instantânea, 42

Messenger do BlackBerry, 45

Messenger do MSN (reformulado como Windows Live Messenger), 44

Mensagens *in-app* segmentadas, 265

Mensagens de aviso "capacidade máxima", 266

Mensagens de ausência, 114

Mensageria: evolução das três ondas do, 42; apps de mensageria usados para, 42; mensagens de texto SMS (Short Message Service), 44-45. *Ver também* Mensageria em tempo real ("*chats* ao vivo")

Metodologia de marketing e vendas conversacionais: Capturar, qualificar, conectar componentes de, 31, 74, 88*fig.*, 120; criar melhor experiência de compras com tempo real, 13-15, 29; como abordagem do sucesso do cliente, 259; aplicação de sequências de vendas por e-mail da, 208; como a tecnologia pode impulsionar a, 34-35; importância de continuar falando com seus clientes, 221, 225; mensurando a performance de, 278-281; visão geral de, 37*fig.*; usada para Capturar e Qualificar *leads* em um único passo, 36, 37*fig.*

Ver também Conversas de marketing e vendas

Métrica: conversas, 246, 256; modelo de performance de conversão de equipe "por pontuação". 147; performance, 268; receita como, 264; performance de time, 277

Métrica de desempenho de conversa em equipe, 277

Métrica de desempenho de equipe, 268

Métrica de performance: fechamento/ganho, 246, 256, 268; de marketing e vendas conversacionais, 31, 74, 88*fig.*, 120; modelo de conversão de performance do time "por pontuação", 147; oportunidades adicionadas após reunião de vendas, 271; funil de vendas influenciado, 273; reuniões de vendas agendadas, 270; time, 277

Métrica fechamento/ganho, 246, 256, 268; *The Cluetrain Manifesto* (Weinberger), 34
Métricas de conversas: por locais de conversas, 277; novas conversas, 273; novas conversas por horário do dia, 275, 276*fig*.; compreendendo todos os elementos de, 273
Métrica de receita, 268
Microsoft, 44
Microsoft Teams, 109
Mídias sociais: canal de comunicação B2B de, 27; perfis LinkedIn, 31, 282; perfis no Twitter, 145
Modelo de tela "visão ao vivo", 191
Modelo T (Empresa Ford Motor), 248
MongoDB, 272
Movimento #NoForms: para marketing e vendas conversacionais, 80, 88*fig*.; logo "No Forms" da Drift, 82*fig*.; ganhando impulso, 82; origens da Drift, 82
myclever, 66, 125

N

Net Promoter Score (NPS), 247
Netflix, 75, 280
Nettesheim, Ben, 79
Notificações de navegador, 220, 232
Notificações por celular, 189, 190*fig*.
Nova métrica de conversas: por locais, 277; visão geral de, 246, 256, 270; por horário do dia, 275, 276*fig*.

O

1-800-Flowers, 63
Onboarding de clientes: construindo um *bot* de *onboarding* para, 256; fazer *chatbots* agendarem suas chamadas iniciais, 256; apresentar as diferentes partes do seu produto aos clientes, 257
Opções de respostas (*chatbot*), 160
Oportunidades adicionadas, 264, 266

P

Padelford, Loren, 97
Palavras-chave: exemplo de uma lista usada na Drift, 170; usada para configurar respostas de *chatbots*, 167*t*.
PARRY (*chatbot*), 60
PCMag.com, 123
Perfecto Mobile, 89, 108, 157
Perfis do LinkedIn, 144*fig*., 145
Perfis no Twitter, 145
Performable, 245
Perguntas "O quê? Quem? Como?": *template* da Drift para usar, 167*t*.; melhorar a experiência de compras usando as, 192
Personalizando e-mails de vendas, 205
Pesquisa ThinkingPhones, 42
Peters, Jake, 154
Pew Research Center: sobre remetentes ativos de SMS (2005) nos EUA, 44; sobre porcentagem de donos de smartphones (2018), 45, 161
Plataforma Messenger (Facebook), 42, 46
Poncho (*chatbot* do clima), 63
Pontuação de Conversation-qualified *leads* (CQLs): aplicando a, 146, 147; uma divisão de como a Drift usa raios para, 147*fig*.; orientações para, 119
Power, Brad, 33
Prêmio Loebner (competição de teste *Turning*), 60
Problemas com formulários de captação de *leads*: 1. Formulários são obstáculos, 76; 2. A experiência de *follow-up* é terrível, 77*fig*.; 3. Formulários não funcionam tão bem quanto antes, 78; 4. Formulários são estáticos e impessoais, 79
Processamento de linguagem natural (NLP), 64
Processo de adoção da mensageria em tempo real: exemplos de estilos diferentes de *widgets* para mensageria, 86; exibição de rostos, 116*fig*.; integrando com as ferramentas que você já tem, 109; saiba o que você tem, ferramentas e dicas sobre, 109; a abordagem #NoForms para marketing e vendas conversacionais, 80, 88*fig*.;

oferecendo alternativa mais rápida a formulários de captura de *leads*, 81*fig.*; configurar uma mensagem de boas-vindas, 230-231*fig.*; a abordagem "segunda opção" para marketing e vendas conversacionais, 88*fig.*; separar caixas de entrada de *chatbot* para serviços diferentes, 117; definir expectativas com horários *online*/*offline*, 106, 114*fig.*

Product Hunt, 154

Product-qualified leads (PQLs): comparando SQLs, MQLs e CQLs com, 88*t.*; descrição e função de, 88

Produtos: diferentes níveis de planos de produtos, 229-230; famosa citação de Henry Ford sobre, 247; introduzir clientes a diferentes partes de seus, 264; falta de conexões pessoais em anúncios, 27; conversas em tempo real para evitar *churn*, 260; mostrar o valor de sua solução ou, 203

Profissionalismo, 211

Prospecções de *account-based marketing* (ABM): minerando seu próprio site em busca de novas, 226; modelo de resposta de *chatbot* quando *offline*, 231*fig.*; configurando notificações no navegador e no celular, 190*fig.*, 191*fig.*; etapas para aplicar processos a, 192*fig.*

Público do SurveyMonkey, 125

Psychology Today, 115, 200

Q

Qualificar *leads*: construir um *chatbot* de qualificação de *leads* para, 139; o componente conversacional de marketing e vendas para, 36; como *chatbots* podem, 37*fig.*; *marketing-qualified leads* (MQLs), 88*t.*; mensageria ("*chats ao vivo*") usada para capturar em uma só etapa e, 49; *product-qualified leads* (PQLs), 88*t.*; *sales-qualified leads* (SQLs), 88*t.* Ver também Conversation-qualified leads (CQLs); Leads

Qualificando conversas de *leads*: fazer perguntas, 148; *chatbots* de qualificação de *leads* usados para, 148, 193, 269; pontuando seus *leads*, 136; mostre que você é humano, e não um robô, 138; comece com um "Olá", 138; use dados para ter melhores e mais eficazes, 142; CTA "Contatar vendas" ativando em tempo real, 187*fig.*-188

Questões (*chatbot*): peça permissão aos compradores antes de, 197, 202; as melhores conversas são estimuladas por, 154; as melhores para fazer a quem visita seu site, 112-113; respostas de *chatbot* ao suporte ao cliente, 243*fig.*; criando respostas de *chatbot* para qualificação de *leads* e, 166; *onboarding* da Drift, 256; modelo dos "cinco porquês", 203; deixe-as curtas e simples, 149; uma lista de qualificação comum, 113-114; "O quê? Quem? Como?," 167*t.*, 204

R

Racine, Andrew, 35

RapidMiner, 82-85, 95, 236, 247, 272

Reichheld, Frederick, 261

Reinhardt, Peter, 246

Relatório *app* Annie (2016), 47

Relatório Pingup (2016), 59, 63

Representantes de desenvolvimento de *leads* (LDRs), 92

Representantes de desenvolvimento de negócios (BDRs), 92, 96

Representantes de desenvolvimento em vendas (SDRs), 92, 157

Vendedores: mantra de vendas "Sempre ajudando" de, 191, 196; criando cartões de visita digitais para os seus, 188*fig.*; exemplo de mensagem individual proativa enviada aos *leads* pelos, 161*fig.*; receber notificações em tempo real quando os *leads* estão *online*, 159-162 *fig.*; como um profissional do marketing pode usar *chatbots* para agendar reuniões com, 45; deixe as personalidades aparecerem durante conversas em tempo real, 168-169*fig.*; modelo de conversa por *chatbot* e acréscimo de, 154*fig.*; enviar *follow-up* por e-mail com que os compradores vão se engajar, 177-190; configurar regras de direcionamento para conectar com, 154*fig.*-155; configurar sistema de "rodízio" para distribuir *leads* entre, 155; capacidade 24/7 de agendar reuniões de vendas com, 270

Respostas a e-mails, 132-133*fig.*

Respostas (chatbot): falha em enviar na hora, 5-6; como *chatbots* proporcionam rápidas, 40*fig.*, 42-43; baixos níveis de formulários de *leads*, 50; tempo médio de resposta, 241; métrica de performance de equipe, 241, 243*fig.*; 2018 *Lead* Response Report em, 6*fig.*; ligando-as a ações no site de visitantes, 146, usando palavras-chave e respostas de botão para configurar, 142-146

Respostas de botão, 145*fig.*-146

Reuniões de vendas: *chatbots* para agendamento 24/7 de *demos* e, 270; assinaturas de e-mail da Drift com links de ativação, 217*fig.*; métrica de agendadas, 232-233, 234*fig.*; métrica de oportunidades acrescentadas depois, 233-234; usando frases empáticas para agendar, 172-173

S

Sales-qualified leads (SQLs): comparando MQLs, PQLs e CQLs com, 88*t.*; descrição e função de, 87; mudando o foco para CQLs em vez de, 146

Salesforce, 184

SalesRabbit, 79

Schafer, Jack, 200

Search Engine Land, 31

Segmentando *leads*: estratégias adicionais para aumentar taxas de conversão, 204; com base no comportamento do visitante no site, 142-143*fig.*; com base nas empresas para as quais trabalham, 156; com base nos sites de onde vêm os visitantes, 155*fig.*; mensagens customizadas de boas-vindas para, 111*fig.*, 116*fig.*, 129*fig.*, 158*fig.*; filtrando o ruído de, 157; comece segmentando páginas de alta intenção em seu site, 154

Segment, 159*fig.*, 246

Segmentos dinâmicos, 162-163

Seeking Wisdom (podcast), 124

Semco, 205

Semler, Ricardo, 204

Sequências de e-mail: seja profissional mas sem a "voz profissional", 208; criando mensagens personalizadas de boas-vindas para as suas, 111*fig.*, 116*fig.*, 129*fig.*, 158*fig.*; customizando com links de calendários, 217; dicas de simplificação, 214; personalize suas, 212; cancelando inscrições de pessoas que não estão interessadas, 215

Service-level agreements (SLAs), 92

Serviço 24/7: *chatbots* para oferecer suporte ao cliente, 241-244; *chatbots* usados para agendar reuniões de vendas, 185, 270; como os *chatbots* oferecem, 24, 58, 68*fig.*, 113-114, 126*fig.*, 183, 231, 270; qualificando *leads* para você, 153

Serviços: falta de conexão pessoal em anúncios, 27; conversas em tempo real para evitar churn, 260; mostre o valor de sua solução ou, 187, 201

Shopify Plus, 97

Short, John, 78

Sistema de gestão de conteúdo (CMS), 107

Sistema de gestão de relacionamento com o cliente (CRM): funil de vendas no piloto automático integrado a, 184; *chatbots* capazes de atualizar, 95; mensageria Ipswitch combinando e sincronizando com o seu, 98-99; *leads* adicionados ao, 78; configurando regras de direcionamento, 184; Salesforce, 184

Sites B2B (*business-to-business*): acrescentando mensageria em tempo real aos seus, 104; vantagens de serviço de *chatbots* 24/7 em, 24, 58, 68*fig.*, 113-114, 126*fig.*, 183, 231, 270; detalhes sobre quem está iniciando conversas por função em, 235*fig.*; detalhes sobre quem está iniciando conversas por tempo de experiência em, 233*fig.*; comparando experiência *online* tradicional com *chatbot*, 70*fig.*; esforços para incentivar pessoas a visitar, 115, 118; "lojas vazias", 27-28, 58; exemplos de diferentes estilos de *widget* de mensageria para usar em, 86; baixos níveis de resposta a formulários de *leads* por, 112; baixa porcentagem com mensageria em tempo real, 6; minerando novos prospectos ABM em seu, 226; Movimento #NoForms para evitar o uso de formulários, 52-57; o antigo manual para converter visitantes em clientes, 4*fig.*; Perfect Mobile, 80; RapidMiner passando de formulários para *chatbots*, 54-57; substituir formulários por conversas, 9-12, 28-29, 47-48; repensando nosso conteúdo e estratégias para geração de *leads*, 85; parar de usar formulários ultrapassados no seu, 7-9; segmentando *leads* com base em dados/comportamentos de visitantes em, 124-132. *Ver também* Chatbots; site da Drift; Visitantes

Site da Drift: mensagem de ausente do, 86*fig.*; divisão de quem está começando as conversas por experiência, 200*fig.*; *chatbots* direcionando consumidores aos departamentos certos, 90-91*fig.*; *chatbot* respondendo a perguntas do suporte no, 207*fig.*; DriftBot (*chatbot*) no, 140; resultados iniciais do marketing por conversas na, 11-12; exemplo de lista de palavras-chave usadas para respostas de *chatbots* em, 143*fig.*; rostos exibidos no, 87-89*fig.*; como as conversas são administradas no, 40*fig.*-41; como as respostas são monitoradas no, 241; modelo de monitoramento de locais de conversa em, 240*fig.*; modelo de mensagem de boas-vindas personalizada para segmentar visitantes, 111*fig.*, 116*fig.*, 129*fig.*, 158*fig.*; *chatbot* de *onboarding* no, 221; perfil de visitante anônimo na *homepage* da Drift do, 143*fig.*; perguntas de qualificação feitas a consumidores sobre, 113-114; mensageria em tempo real conectado ao e-mail, 184; perfis de vendedores em, 189; segmentando suas páginas de alta intenção, 154; valor de usar a mensageria para marketing e vendas em, 26; mensagens de boas-vindas no, 111*fig.*, 116*fig.*, 129*fig.*, 158*fig.*. *Ver também* Sites B2B (*business-to-business*)

Sites. *Ver também* Sites B2B (*business-to-business*)

Sites de referência, 155*fig.*

Six & Flow (Manchester), 35, 80, 96, 199*fig.*

Skok, David, 264

Skype, 44-45

Slack, 93, 109

SmarterChild (*chatbot*), 62

Smartphones: o iPhone da Apple, 45, 161; notificações por celular, 190*fig.*, 232; SMS permitindo mensageria em tempo real de, 44-45; terceira onda da mensageria usando, 42. *Ver também* Apps; Canal de comunicação por telefone

Smith, Dan, 97

Stanford University, 60

Segmentos estáticos, 162

Stride (ex-HipChart), 109

Suporte ao cliente: *chatbots* para oferecer serviço 24/7, 24, 58, 68*fig.*, 113-114, 126*fig.*, 183, 231, 270; exemplo de *chatbot* da Drift oferecendo, 243*fig.*

Swipii, 224

T

Taxas de abertura, 124

Taxas de cliques, 124

Tecnologia: metodologia de vendas e marketing conversacional alimentada por, 79; correspondência de endereço IP, 145*fig.*; colocando o funil de vendas no piloto automático, 166, 182. *Ver também* IA (inteligência artificial); *Chatbots*; mensageria em tempo real ("*chats* ao vivo")

Telegram (serviço de mensageria), 43*fig.*

Tempo médio de resposta, 278

"Tesouro enterrado" 130

Testando *chatbots* de qualificação de *leads*, 164

Teste Turing, 60

The Boron Letters (Halbert), 123

The Radicati Group, 124, 209

Times de marketing: como as conversas unem equipes de vendas e, 90; métrica de performance ao usar a abordagem conversacional, 278-281; usando *chatbots* de maneira proativa, 71; linguagem de receita comum a vendas e às, 99; usando *chatbots* para agendar reuniões com vendedores, 58 *Ver também* Marketing e Vendas; equipes de vendas

Times de vendas: mantra de vendas "Sempre ajudando" e ações por, 191, 196; benefícios de usar *chatbots* de maneira proativa, 71; como as conversas unem marketing e, 90; métrica de performance do uso da abordagem conversacional, 278-281; linguagem de receita comum ao marketing e às, 99; enviar acompanhamento por e-mail com que os compradores vão se engajar, 183-197. *Ver também* Marketing e Vendas; Equipes de Marketing da Salesforce, 95, 97

Tipos de e-mail: check-in do cliente inativo, 263; o aviso de renovação de 30 dias, 263; os três dias posteriores, 262; as boas-vindas, 221*fig.*

Toyoda Sakichi, 204

Toyota Motor Corporation, 204

TrainedUp, 185, 270

Transparência, 271

Turing, Alan, 59

U

Uber, 19, 63, 75, 280

Universo B2C (*business-to-consumer*), 75

Upserve, 98

V

Vaudreuil, Jonathan, 98

Visitantes: abordagens ABM/AMS para começar conversas com, 226; as melhores perguntas para fazer no site, 139; sugerir caminhos para todo tipo de, 178; modelo de mensagem de boas-vindas personalizada para o site da Drift, 111*fig.*, 116*fig.*, 129*fig.*, 158*fig.*; perfil de visitante anônimo na *homepage* da Drift, 143*fig.*; segmentando *leads* com base em sites de referência, 155*fig.*; segmentando *leads* com base em dados/comportamentos de, 152-153; digitando respostas de *chatbot* para ações no site para, 166; mensagens de boas-vindas no site, 111*fig.*, 116*fig.*, 129*fig.*, 158*fig.* Ver também Sites B2B (*business-to-business*)

Vlaskovits, Patrick, 248

W

Wallace, Richard, 61

Wentworth, Tom, 82, 95, 236, 247, 272

WhatsApp, 46-47*t.*, 189

Willis, Chris, 89, 108, 157

Windows Live Messenger, 40

Wood, Richard, 35, 80, 96

Workable, 78

Y

Yahoo! Messenger, 44

LEIA TAMBÉM

A BÍBLIA DA CONSULTORIA
Alan Weiss, PhD
TRADUÇÃO Afonso Celso da Cunha Serra

A BÍBLIA DO VAREJO
Constant Berkhout
TRADUÇÃO Afonso Celso da Cunha Serra

ABM ACCOUNT-BASED MARKETING
Bev Burgess, Dave Munn
TRADUÇÃO Afonso Celso da Cunha Serra

BOX RECEITA PREVISÍVEL (LIVRO 2ª EDIÇÃO + WORKBOOK)
Aaron Ross, Marylou Tyler, Marcelo Amaral de Moraes
TRADUÇÃO Marcelo Amaral de Moraes

CONFLITO DE GERAÇÕES
Valerie M. Grubb
TRADUÇÃO Afonso Celso da Cunha Serra

CUSTOMER SUCCESS
Dan Steinman, Lincoln Murphy, Nick Mehta
TRADUÇÃO Afonso Celso da Cunha Serra

DIGITAL BRANDING
Daniel Rowles
TRADUÇÃO Afonso Celso da Cunha Serra

DOMINANDO AS TECNOLOGIAS DISRUPTIVAS
Paul Armstrong
TRADUÇÃO Afonso Celso da Cunha Serra

ECONOMIA CIRCULAR
Catherine Weetman
TRADUÇÃO *Afonso Celso da Cunha Serra*

ESTRATÉGIA DE PLATAFORMA
Tero Ojanperä, Timo O. Vuori
TRADUÇÃO *Luis Reyes Gil*

INGRESOS PREDECIBLES
Aaron Ross, Marylou Tyler
TRADUÇÃO *Julieta Sueldo Boedo*

INTELIGÊNCIA EMOCIONAL EM VENDAS
Jeb Blount
TRADUÇÃO *Afonso Celso da Cunha Serra*

IOT: COMO USAR A INTERNET DAS COISAS
Bruce Sinclair
TRADUÇÃO *Afonso Celso da Cunha Serra*

KAM: KEY ACCOUNT MANAGEMENT
Malcolm McDonald, Beth Rogers
TRADUÇÃO *Afonso Celso da Cunha Serra*

MARKETING EXPERIENCIAL
Shirra Smilansky
TRADUÇÃO *Maira Meyer Bregalda*

TRANSFORMAÇÃO DIGITAL COM METODOLOGIAS ÁGEIS
Neil Perkin
TRADUÇÃO *Luis Reyes Gil*

MITOS DA GESTÃO
Stefan Stern, Cary Cooper
TRADUÇÃO Afonso Celso da Cunha Serra

MITOS DA LIDERANÇA
Jo Owen
TRADUÇÃO Afonso Celso da Cunha Serra

MITOS DO AMBIENTE DE TRABALHO
Adrian Furnham, Ian MacRae
TRADUÇÃO Afonso Celso da Cunha Serra

NEGOCIAÇÃO NA PRÁTICA
Melissa Davies
TRADUÇÃO Maíra Meyer Bregalda

NEUROMARKETING
Darren Bridger
TRADUÇÃO Afonso Celso da Cunha Serra

NÔMADE DIGITAL
Matheus de Souza

POR QUE OS HOMENS SE DÃO MELHOR QUE AS MULHERES NO MERCADO DE TRABALHO
Gill Whitty-Collins
TRADUÇÃO Maíra Meyer Bregalda

RECEITA PREVISÍVEL (2ª EDIÇÃO)
Aaron Ross, Marylou Tyler
TRADUÇÃO Marcelo Amaral de Moraes

VENDAS DISRUPTIVAS
Patrick Maes
TRADUÇÃO *Maíra Meyer Bregalda*

VIDEO MARKETING
Jon Mowat
TRADUÇÃO *Afonso Celso da Cunha Serra*

TRANSFORMAÇÃO DIGITAL
David L. Rogers
TRADUÇÃO *Afonso Celso da Cunha Serra*

WORKBOOK RECEITA PREVISÍVEL
Aaron Ross, Marcelo Amaral de Moraes

INOVAÇÃO
Cris Beswick, Derek Bishop, Jo Geraghty
TRADUÇÃO *Luis Reyes Gil*

CUSTOMER EXPERIENCE
Martin Newman, Malcolm McDonald
TRADUÇÃO *Maíra Meyer Bregalda, Marcelo Amaral de Moraes*

ONBOARDING ORQUESTRADO
Donna Weber
TRADUÇÃO *Maíra Meyer Bregalda, Marcelo Amaral de Moraes*

AGILE MARKETING
Neil Perkin
TRADUÇÃO *Luis Reyes Gil*

Este livro foi composto com tipografia Adobe Garamond Pro e impresso em papel Off-White 90 g/m² na Formato Artes Gráficas.